은밀한 세계관

IVP(InterVarsity Press)는
캠퍼스와 세상 속의 하나님 나라 운동을 지향하는
IVF(InterVarsity Christian Fellowship)의 출판부로
생각하는 그리스도인을 위한 문서 운동을 실천합니다.

Hidden Worldviews
Copyrights ⓒ 2009 by Steve Wilkens·Mark Sanford
Translated by permission of InterVarsity Press
P. O. Box 1400, Downers Grove, IL 60515, U. S. A.
All rights reserved.

Korean edition ⓒ 2013 by Korea InterVarsity Press
156-10 Donggyo-ro, Mapo-gu, Seoul 04031, Republic of Korea.

은밀한 세계관

우리를 조종하는 8가지 이야기

스티브 윌킨스·마크 샌포드 | 안종희 옮김

세계관에 대해 많은 것을
가르쳐 준 나의 자녀
티파니, 숀, 케이틀린과
진정한 형제 잭, 조, 진에게
이 책을 바친다.

차례

감사의 글   9

1. 커피 안에 녹아 있는 세계관   11
2. 나는 우주의 중심이다: 개인주의   31
3. 나의 소유물이 곧 나다: 소비주의   53
4. 하나님의 선택을 받은 우리나라: 국가주의   75
5. 나의 판단은 너의 판단과 다르다: 도덕적 상대주의   97
6. 오직 물질만이 중요하다: 과학적 자연주의   127
7. 우리도 신이 될 수 있다: 뉴에이지   153
8. 나의 부족이 곧 나의 세계관이다: 포스트모던 부족주의   179
9. 이보다 더 좋을 수 없다: 종교가 된 심리 치료   207
10. 기독교·세계관·이야기   237
11. 기독교 세계관 개발하기   267

주   283

감사의 글

이런 종류의 책은 저자들의 노력만으로는 감당하기 힘든 법이다. 우리를 다방면으로 도와준 사람들의 헌신에 깊이 감사드린다. 먼저 스티브 그린 박사에게 감사를 전한다. 그는 자신이 개발한 "근본적인 변화 모델"을 이 책에서 수정하여 사용하도록 허락해 주었다. 친구이자 목사인 마이크 플레터는 몇몇 장에서 중요한 통찰을 제시해 주었다. 아주사퍼시픽 대학의 동료 교직원이자 친구인 크리스 애덤스는 9장 "종교가 된 심리 치료"에 대한 유용한 제안을 해주었다. 루이스 몬테스는 연구를 도와주고 몇몇 장에 관한 자세한 자료를 찾아 주었다. 아주사퍼시픽 대학은 자유로운 시간, 연구 지원, 그리고 집필 내용을 숙고하면서 원고를 작성할 수 있도록 휴가 등 제도적 지원을 아끼지 않았다. 익명의 독자 세 명이 우리의 원고를 검토하고 매우 유용한 비평과 참고사항을 제공해 주었다. 우리는 모든 사람이 예리하게 제시한 의견을 고맙게 받아들였으며, 그 의견들은 이 책의 최종 내용에 중요한 도움을 주었다. 우리는 IVP와 편집자 게리 데도가 출판 과정에서 보여 준 지원과 인내에 대해 놀라운 감탄을 금치 못하며, 아울러 감사의 마음을 전한다. 마지막으로, 아주사퍼시픽 대학의 학생들이 세계관에 대해 질문하고 자료를 제공해 준 것에 대해 감사한다. 학생들과의 대화 덕분에 이 책의 내용이 더 명확해졌다.

1
커피 안에 녹아 있는 세계관

그리스도인들은 세계관에 관한 책을 읽을 때, 으레 책 내용이 변증론적, 곧 기독교 신앙을 변호하는 내용일 것이라고 짐작한다. 이 책 역시 그런 내용을 담고 있다. 하지만 몇 가지 점에서 중요한 차이가 있다. 세계관을 다루는 다른 책들과 마찬가지로, 우리는 비기독교적인 사상 체계나 삶의 방향의 부적절함을 입증하고, 기독교가 더 나은 사상과 삶의 방향을 제시할 수 있음을 설득할 것이다. 하지만 그것이 우리의 일차적인 목적이나 유일한 목적은 아니다. 오히려 기존 책들과 달리 이 책은 그리스도인들에게 기독교 세계관을 채택하도록 촉구하기 위해 쓰였다. 그리스도인들은 대체로 비기독교적 세계관들이 교회와는 동떨어져 있다고 생각한다. 그러나 사실은 그렇지 않다. 실제로 이 책의 많은 내용은, 우리의 삶에 은밀하게 스며들어 우리의 사상과 생활방식의 일부가 된 나머지 잘 보이지 않는 비기독교적 세계관들을 확인하고 떨쳐내도록 도와줄 것이다.

무신론적 실존주의, 포스트모던 해체주의, 마르크스주의 또는 이와 유사한 철학 체계를 기독교의 주요 경쟁자로 삼는 기독교 세계관 관련 책들은 그리스도인들이 비기독교적 사상 체계의 영향에 대체로 면역성이 있다는 견해를 은연중에 깔고 있다. 물론 그런 세계관들은 기독교 세계관과 근본적으로 다르며, 기독교 세계관을 그런 세계관에 대한 지적 대응 틀로 제시하는 것은 매우 적절하다. 그러나 지적 대응 틀을 제시하는 것에는 분명 한계가 있다. 첫째, 그런 틀을 따르다 보면, 그리스도인들은 대학에서 만들어진 사상 체계만이 기독교 세계관의 최대 적이라고 여기게 된다. 물론 그렇지 않다. 무신론적 실존주의자가 될 것인지, 아니면 그리스도인이 될 것인지를 놓고 깊은 갈등에 빠진 사람을 주변에서 본 적이 있는가? 아니면 일상생활에서 헌신적인 마르크스주의자들을 실제로 만난 적이 있는가? 사실 우리가 만나는 사람들 중에 일반적인 세계관을 다룬 책에 소개된 사상을 깊이 추종하는 사람은 그리 많지 않다.

대부분의 세계관 관련 책들이 가진 두 번째 한계는 그리스도인 독자들을 너무 쉽게 곤경에서 벗어나게 해준다는 점이다. 독자들은 흔히 저자들이 경쟁 관계에 놓인 사상들의 문제점과 기독교 사상의 탁월함을 제대로 지적했을 것이라고 여긴다. 그래서 자신의 신앙이 다른 세계관들에 오염되지 않았다고 결론을 내린다. 그러나 그리스도인과 비그리스도인 모두의 마음과 정신에서 일어나는 실제적인 경쟁이, 세계관이 형성되고 발표되는 대학에서 나온 것이 아니라면, 이런 결론은 위험한 상황을 초래하고 만다. 우리 주변에 널려 있지만 우리가 전혀 알지 못하는 세계관들과 기독교 세계관이 실제로 경쟁을 벌이고 있다면 어떻게 될까?

우리는 지금의 상황이 그렇다고 믿는다. 사람들의 삶과 신념을 형성하는 세계관은 대부분 이론이나 지식 체계에서 비롯된 것이 아니다. 우리의 삶에 가장 강력한 영향을 미치는 세계관은 문화에서 비롯된다. 그런 세계관들은 우리 주변에 널려 있지만 문화 속에 은밀하게 스며들어 있기 때문에 그것을 볼 수 없다. 달리 말하면, 그런 세계관들은 평범한 눈에는 숨겨져 있다. 때로 이것을 "일상생활의 세계관"이라고 부른다. 우리가 세계관을 받아들일 때, 서로 경쟁하는 이론들을 합리적으로 평가하여 채택하기보다는 문화적 접촉을 통해 받아들일 가능성이 높기 때문이다. 이런 일상생활의 세계관은 대중적인 인생철학이며, 그 속에는 지성적인 요소가 별로 없지만 엄청나게 많은 사람이 따르고 있다.

우리가 은밀한 세계관으로 선정한 여덟 가지의 신념 체계-개인주의, 소비주의, 국가주의, 도덕적 상대주의, 과학적 자연주의, 뉴에이지, 포스트모던 부족주의, 종교가 된 심리 치료-는 일상생활의 세계관에 해당한다. 그것들은 분명 모든 세계관을 망라한 목록은 아니지만[1] 우리 문화에서 가장 널리 퍼져 있으며 우리의 삶을 형성하는 관점이다. 주의 깊게 관찰한다면, 그런 세계관은 어디서나-사무실, 기숙사, 인터넷 메신저, 카페에서 커피를 마시며 나누는 대화-듣고 볼 수 있다. 또한 그것들은 세속적인 영역에만 제한된 것이 아니다. 그런 세계관의 은밀한 속성 때문에 교회 뒷문으로 스며들어 기독교 사상과 뒤섞이고 때로는 기독교적인 견해로 행세하기도 한다.

바로 이 부분이 책의 서두에서 언급한 "차이"에 해당한다. 많은 그리스도인들이 그런 세계관을 무의식적으로 받아들인다. 우리 문화에 깊이 스며들어 있어서 그것을 피하기란 쉽지 않다. 게다가 그런 세계관을 지식 체계로 만나지 않기 때문에 보통 우리의 의식 레이더망 아래로 날아다닌다. 따라서 우리를 지배하는 은밀한 세계관이 우리의 삶과 생각을 어떻게 형성하는지 모르기 때문에 그것들이 우리를 지배하는 힘은 증가하게 마련이다. 간단히 말해서, 어느 누구도 그런 세계관의 영향에서 벗어날 수 없다. 은밀한 세계관은 실제로 기독교와 경쟁하며, 그리스도인과 비그리스도인 모두의 삶에 영향을 미친다.

이 책의 구조와 접근방식은 여러 다른 "세계관" 관련 책들과 다르다. 합리적인 평가를 통해 채택하기보다는 문화를 통해 흡수된 세계관을 살펴보기 때문이다. 대부분의 세계관 관련 책들은 지적인 사상 체계를 제안한 사람들의 저작을 우선 살펴본 다음, 그런 사상들의 논리적 일관성을 철저하게 평가한다. 그런 방식은 처음부터 이론 체계를 갖추고 출발한 세계관들을 조사할 때 타당하다. 그러나 우리가 살펴보려는 세계관—가령, 카페에서 커피를 마시며 나누는 대화에서 드러나는 세계관—들은 그런 방식으로 시작되지 않았다. 실제로 그런 세계관들에도 철학적이고 학문적인 관련성이나 기원이 있을지 모른다. 하지만 그런 사상들이 우리 대중문화에 서서히 스며들 때는 전혀 다른 형태로 등장했다. 예를 들어, 이른바 포스트모던 부족주의는 포스트모던 철학에 뿌리를 둔다. 하지만 포스트모던 철학과는 엄연히 다르다. 그 명칭이 암시하듯이 말이다. 자본주의 경제 이론은 이 책에서 나중에 살펴볼 두 가지 세계관인 소비주의와 개인주의에 모두 영향을 미친다. 그러나 두 세계관을 자본주의와 같은 것으로 보거나, 그런 이유로 자본주의가 두 세계관에 유일하게 영향을 미쳤다고 추정하는 것은 타당하지 않다. 따라서 우리는 세계관을 다룰 때, 보다 순수한 이론적인 형태가 아니라 일상생활에 나타난 형태를 살펴볼 것이다. 대부분의 사람들은 이런 방식으로 세계관을 경험하고 영향을 받기 때문이다. (또한 이런 방식은 각주의 수를 상당히 줄여 준다.)

기존의 세계관 접근방식과 두 번째로 다른 점은 세계관을 단순히 지식 체계로 간주하여 접근하지 않는다는 것이다. 일부 독자들은, **세계관**을 삶의 가장 깊은 질문에 대한 답을 제시하려는 의도적인 시도라고 정의하면서 우리에게 문제를 제기할 것이다. 그런 시도들은 처음부터 하나님, 실재, 지식, 선, 인간 본성, 다른 근본적인 문제에 대한 질문을 직접 다루려는 목적을 갖고 출발한다. 우리가 살펴보려는 일상생활의 세계관은 대부분 그렇게 출발하지 않는다. 그럼에도 일상생활의 세계관은 이론적 세계관이 다루려고 시도하는 모든 질문에 대한 답을 암시해 준다. 게다가 일상생활의 세계관은 이와 비슷한 이론적 세계관이 추구한 것과 같은 영향을 미친다. 이 세계관은 우리가 무엇을 사랑하고 혐오해야 하는지, 무엇이 소중하고 그렇지 않은지, 무엇이 선하고 악한지를 말해 준다. 모든 세계관은 근본적인 인간 문제에 대한 정의와 해결방법을 제시한다.

세계관을 깊이 살펴보면, 모든 세계관은 "우리가 무엇을 하여야 구원을 얻습니까?"라는 질문에 답하려고 시도한다. 세계관이 우리에게 이론적 형태로 다가오든, 문화를 통해 서서히 스며들든 간에, 우리의 세계관은 우주 그리고 우리 자신과 행동을 바라보는 방식에 깊은 영향을 미친다.

이런 은밀한 세계관이 이론적 세계관이 하는 일(근본적인 질문에 대한 답을 제시하고 우리의 삶을 형성한다)을 수행하기 때문에 이 책에서 우리는 이론적 체계를 설명하기 위해 당연히 **세계관**이라는 용어를 사용한다. 우리는 이런 질문에 대한 계획적이고 합리적인 연구의 타당성을 거부하지 않는다. 하지만 그런 연구는 너무 빨리 중단되고 만다. 인간은 합리적인 존재이지만 삶이 늘 합리적이지는 않다. 대부분의 사람들은 경쟁하는 철학들을 순수하게 지성적으로 비교하여 그중 가장 논리정연한 것을 선택하는 식으로 세계관을 채택하지 않는다. 우리는 세계관을 고심하는 것이 아니라 그저 **경험할** 뿐이다.

대부분의 사람들에게 세계관은 여러 이론적 대안 중에서 선택하는 사상 체계가 아니라 이야기나 신앙적 열정에 가깝다. 우리는 각 세계관의 특징을 이루는 사상을 끄집어내어 그 사상적 내용을 이 책의 각 장에서 매우 주의 깊게 다루었다. 하지만 무엇보다도 우리는 세계관이 대부분의 사람들에게 상호 연결된 사상과 신념 체계가 아니라, 삶의 한복판에서 경험되고 흡수되고 표현되는 것이라는 점을 강조하고 싶다.

실제적인 삶 전체로서의 세계관

지금까지 우리가 말한 내용이 타당하다면, 그것은 삶 전체로서의 세계관이 이런 주제를 다룬 다른 책들에서 흔히 보는 것보다 훨씬 더 비체계적이라는 뜻이 된다. 세계관에 대한 제임스 사이어(James Sire)의 관점은 그런 비체계적인 특징이 나타나게 된 몇 가지 이유를 이해하는 데 유익하다. 그는 세계관을 이렇게 정의한다. "세계관은 신념, 곧 마음의 근본적인 방향이다. 이것은 실재의 기본적인 구조에 관해 우리가 (의식적으로나 잠재의식적으로, 일관성 있게 또는 일관성 없게) 주장하는 이야기나 일련의 전제(참일 수도 있고, 부분적으로 참이거나 전부 거짓일 수도 있는 가정)로 표현할 수 있고, 또 우리가 살고 행동하며 존재하는 기초를 제공한다."[2] 사이어의 정의를 앞으로 자세히 살펴보겠지만, 그가 사용한 **마음**이라는 단어의 의미를 처음부터 명확하게 밝히는 것이 중요하다. 우리 문화에서는 마음을 감정이나 정서와 관련지어 말하는 경향이 있다. 그러나 사이어는 마음의 성경적 개념이 이보다 훨씬 풍부하다고 일깨운다. 여기에는 감정뿐 아니라 지혜·욕구·의지·영성·지성도 포함된다. 간단히 말해서, 마음은 "인간을 규정하는 중심적인 요소"다.[3]

마음을 인간 전체와 동일하게 보면, 일상생활의 세계관에 나타나는 비체계적인 특징에 영향을 미치는 한 가지 중요한 요소를 잘 이해할 수 있다. 세계관은 그 속에 포함된 진리와 오류의 상대적인 양이 삶의 상대적인 성공이나 실패를 결정하는 단순한 인식체계가 아니다. 진정한 인간은 "마음"에서 출발하며 다차원적인 존재다. 우리의 삶은 육체적·경제적·심리적·정치적·

영적·사회적·지적 측면을 지닌다. 그러므로 지적 진리를 명료하고 조리 있게 파악한 사람이라도 경제적으로 부주의하거나, 심리적으로 신경이 과민하다면(또는 영적으로 무관심하다면) 온전한 삶을 살지 못한다는 것을 직관적으로 알 수 있다. 많은 세계관 관련 책들이 그렇듯이, 지적인 요소를 세계관 형성의 배타적인 관심 영역으로 한정하는 것은 환원주의적이다. 이것은 다차원적인 사람을 단 하나의 측면으로만 축약하는 것이다. 분명히 우리의 지성은 중요하다. 그러나 지성만 고려한다면 사람들을 실제적이고 온전하게 이해하지 못할 것이다.

이후의 장에서 환원주의를 비판하는 내용을 자주 접할 것이다. 우리가 탐구하는 각 세계관의 장점이 절대화될 때 그것이 그 세계관의 "아킬레스건"이 되기도 하기 때문이다. 예를 들어, 인간이 환경 자원을 소비하지 않으면 멸망할 수밖에 없는 유한한 존재임을 소비주의가 상기시켜 주는 것은 옳다. 그러나 소비주의의 큰 오류는 인간을 오로지 육체적이고 소비하는 존재로만 규정한다는 점이다. 달리 말하면, 소비주의가 환원주의적 세계관인 이유는 이 세계관이 우리의 육체적·경제적 차원을 절대화하고 인간 존재의 나머지 측면에는 그다지 관심을 기울이지 않기 때문이다. 한편, 다른 세계관들은 경험의 다른 측면을 절대화하고 그 이외의 측면을 배제한다.

예상하겠지만, 우리는 기독교가 이런 세계관의 환원주의를 바로잡고, 인간의 삶에 대한 온전한 이야기를 제시해야 한다고 주장할 것이다. 따라서 이 책에서는 비기독교적 세계관으로부터 우리가 동의하고 배울 수 있는 내용을 상당 부분 찾아낼 것이다. 그러나 우리는 하나님이 창조하신 인간의 삶의 모든 차원을 정당하게 다루지 못하는 어떠한 관점도 기독교 세계관이 될 수 없다고 주장한다. 사이어가 정의에서 사용한 용어로 이것을 표현하자면, 만일 "마음"이 전인(whole person)을 나타낸다면 우리는 환원주의를 극복하는 온전한 세계관을 추구해야 한다.

이야기로서의 세계관

세계관이 "마음의 방향", 곧 인간 전체를 포괄하는 신념이라는 사이어의 정의는 우리의 과제에 다양한 내용이 포함되어야 한다는 것을 보여 준다. 아울러 세계관을 하나의 이야기로 이해한다는 그의 제안은 우리의 접근방식이 비체계적이고 복잡할 것이라는 점을 시사한다. 세계관 관련 책들의 일반적인 서술방식은 제시된 세계관들을 서로 비교하고 평가하는 것이다. 세계관들은 사상 체계이기 때문에 깔끔하고 논리정연하다. 반면, 이야기는 그다지 깔끔한 방식이 아니다. 그러나 세계관에 대한 은유로서의 이야기라는 개념이 우리가 진실하다고 믿는 장황한 명제보다 실제적인 삶을 더 잘 나타낸다고 믿는 이유는 두 가지다.

세계관을 이야기로 보는 개념을 선호하는 첫 번째 이유는 하나님에 관한 지식을 나타내는 방식이 일련의 명제보다 이야기와 더 유사하다고 믿기 때문이다. 성경을 깊이 연구하지 않더라도 성경이 논리적이고, 긴밀하게 연결되어 있으며, 서로 참조할 수 있는 명제 형태로 기록되지 않았다는 것을 쉽게 알 수 있다. 성경에서 그런 체계를 뽑아낼 수도 있겠지만, 성경은 그런 방식으로 제시되지 않는다. 그 대신, 이 책의 10장에서 보듯이, 성경의 전체 구조는 창조부터 역사의 완성에 이르기까지 오랜 세월 다양한 문화적 배경 속에서 사람들과 하나님의 관계를 다룬 서사적 이야기와 비슷하다. 하나님과 우리의 관계를 다룬 더 큰 이야기, 이른바 "하나님의 이야기"는 기독교 세계관을 찾기 위한 시도의 기초를 제공하며, 개인적인 삶(또는 이야기)을 살아가는 데 폭넓은 지평을 제시한다.

둘째, 이야기와 비슷한 방식으로 주어지는 하나님의 계시와 더불어, 우리의 세계관은 이야기와 같은 방식으로 드러난다. 우리가 어떻게 다른 사람들을 알게 되는지 생각해 보자. 우리가 누군가에게 그 사람이 인정하는 명제가 무엇인지 질문한다고 해도—비록 명제가 그 사람의 일부라고 해도—그가 진짜 어떤 사람인지 알지 못한다. 그것보다는 그의 출신, 중요한 삶의 경험, 그가 사랑하는 것, 그가 맺고 있는 관계, 그 외의 여러 다른 이야기를 앎으로써 그의 정체성을 파악한다. 이런 문제를 명제적 용어를 사용하여 표현할 수 있지만, 그런 명제들조차도 경험의 산물일 뿐이다. 따라서 명제적 신념은 세계관 연구에 꼭 필요한 내용이지만, 그것 역시 이른바 "우리의 이야기"라는 비체계적인 과정에서 비롯된다.

우리의 이야기와 세계관 형성

우리는 태어나면서부터 대의, 진리, 선 등 서로 경쟁하는 비전들로 가득한 세계에 들어오고, 다양한 방식으로 그것을 경험한다. 세계관은 완벽하게 잘 짜인 사상 체계가 아니라 이러저런 파편처럼 다가온다. 우리는 민족 유산, 종교, 가족의 영향, 교육제도, 동료 집단, 다양한 매체와 그 외의 여러 수단을 통해서 세계관을 경험한다. 세계관은 음악, 정치 연설, 광고, 친구나 가족들의 청하지도 않은 충고와 같은 다양한 형태를 통해 전달된다. 물론 카페에서 커피를 마시며 나누는 대화를 통해서도 전달된다. 때로 이런 다양한 의사소통 수단을 통해 명시적으로 언급되지 않은 것도 명시적으로 언급된 내용만큼이나 우리의 세계관을 형성한다. 간단히 말해서, 이런 영향들이 문화 전반에 스며들어 있기 때문에 우리는 그것을 알아채지도 못한다.

1. 커피 안에 녹아 있는 세계관

게다가 이야기와 같은 세계관의 형성은 결코 정적이지 않다. 우리 자신의 이야기를 비롯해 모든 좋은 이야기는 역동적이다. 이야기와 마찬가지로, 삶에는 시작, 중간, 결말이 있다. 거기에는 구체적인 상황, 독특한 등장인물, 반전이 있는 줄거리, 갈등이나 위기, 그리고 다음 사건의 배경이 되는 결말이 포함된다. 결과적으로 세계관의 기본 내용은 평생 지속된다 해도, 세부 내용은 우리의 심리적 발달, 새로운 사건이나 관계, 새로운 사상이나 다른 많은 요인들로 인해 수정된다.

이야기가 펼쳐질 때 가장 두드러지는 특징은 사건 순서, 등장인물, 줄거리 전개다. 그러나 사실 우리의 이야기는 대부분 그 이면에 놓인 힘들에 의해 구성된다. 내가 하는 행동은 나의 자기 이해, 확신, 가치관의 보이지 않는 영향을 드러낸다. 나와 내 주변에서 일어나는 일들은 대체로 나의 직접적인 통제를 벗어나 있으며 내 이야기의 배경이 된다. 그럼에도 인생의 중요한 여러 사건들과 나의 인물성격 역시 내가 믿는 것과 소중히 여기는 것에 의해 만들어진다. 이제 다음의 그림을 통해 우리의 이야기, 곧 우리의 세계관의 구성요소를 살펴볼 것이다. 이 구성요소들은 우리의 내부적 이야기로부터 외적 표현과 행동으로 나타난다.

이야기:	삶의 중심적인 이야기
정체성:	자신을 바라보고 타인에게 자신을 나타내는 방식
확신:	현실에서 유효하다고 믿는 신념
가치관/윤리:	마땅히 해야 한다고 믿는 것과 최우선 순위로 삼는 것
도덕/행동:	모든 활동을 포함하는 행동 영역

그림 1. 근본적인 변화 모델(스티브 그린 박사가 개발한 모델)

이야기: 행동을 향한 움직임

영화 "지붕 위의 바이올린"의 시작 장면에서 테비에가 전통 때문에 "모든 사람은 자신이 누구인지 안다"고 말한다. 이것이 바로 우리의 이야기가 말하는 것이다. 이야기는 우리에게 정체성을 제공한다. 우리 존재의 정체성에는 성공이나 상황에 알맞은 것에 관한 자신의 개념이 포함된다. 수많은 관계─하나님, 자기 자신, 타인, 물질세계와의 관계─에서 나의 이야기는 내가 만나는 다양한 "타인"의 중요성과 가치를 나타내는 해석의 틀을 제공한다. 나의 정체성이 우정보다는 풍족한 경제생활에 있다면, 높은 연봉을 주는 꿈의 직장을 제안 받을 때 그 직장이 멀리 있어서 오랜 친구들과 헤어져야 한다고 해도 주저 없이 그 직장을 선택할 것이다. 그러나 내 정체성이 직장의 지위나 풍족한 경제생활과 한동안 긴밀하게 연결되어 있었다면, 그런 제안을 받을 때 이직 때문에 고민해야 할 진정한 친구 관계가 많지 않을 것이다. 소비주의적 세계관의 성공 개념은 관계 지속을 강조하는 세계관을 가진 사람들과는 많이 다를 것이다.

우리의 확신은 우리의 정체성과 밀접하게 연결된다. 우리의 확신은 우리 이야기의 정수라고 볼 수도 있다. 이것은 우리의 정체의식을 통과하여 걸러진 명제 체계로서 우리 이야기의 이데올로기적 체계를 형성한다. 이런 확신

1. 커피 안에 녹아 있는 세계관

은 우리의 이야기에서 핵심적인 역할을 한다. 이런 확신이 사이어의 정의에서 "실재의 기본적인 구조"라고 일컫은 것에 대한 올바른 표현이라고 믿기 때문이다. 확신은 전 세계의 모습, 세계가 돌아가는 방식, 우리가 세계를 적절하게 이해하는 수단, 세계의 목적에 대한 우리의 생각을 표현한다.

이런 확신이 매우 중요한 이유는 세계를 이해하고 해석하는 방식을 나타내기 때문이다. 확신은 우리가 세계관을 명확하게 표현하는 수단이다. 과학적 자연주의의 확신과 기독교적 유신론의 확신을 비교함으로써 이것을 분명하게 설명해 보겠다. 과학적 자연주의의 핵심적인 확신은 세계는 폐쇄된 체계로서 물질적 구성요소들만 존재하며, 견고하고 절대적인 법칙에 따라 이 구성요소 간의 상호작용이 결정된다고 주장한다. 이것은 하나님을 비롯해 모든 비물질적 실재의 존재를 배제한다. 이와 반대로, 기독교적 유신론자들은 세계가 하나님의 활동에 열려 있다고 본다. 유신론자들은 자연을 지배하는 법칙들이 하나님에게서 비롯되었고, 창조 개념 안에서 물리적 상호관계를 정확하게 묘사한다고 본다. 그러나 그런 법칙들은 하나님의 창조물이기 때문에 절대적이지 않다. 따라서 자연법칙을 초월하는 실재도 존재한다.

자연주의자와 유신론자가 가진 확신의 이면에 깔린 이야기는 근본적으로 다르다. 두 이야기는 같은 사실을 보지만, 그 사실을 해석하는 확신이 전혀 다르다. 자연주의자와 유신론자가 같은 집에 살면서 전혀 다른 두 개의 우주에 산다고 할 수 있다. 내 우주에 존재하는 것(그리고 존재하지 않는 것), 우주를 가장 정확하게 아는 수단, 이 우주 안에서의 내 위치, 그 외의 수많은 다른 질문들에 대한 답이 나의 확신에 따라 결정된다. 내 확신이 바뀌면, 그에 따라 나의 세계, 적어도 내가 경험하는 세계가 바뀐다.

실재의 본질과 실재를 알 수 있는 방법에 관한 확고한 신념은 바깥으로 표출되어 우리의 윤리(마땅히 해야 하거나 하지 말아야 한다고 믿는 것)와 가치관(우선순위로 삼는 것)을 형성한다. 선한 삶 또는 올바른 삶이란 무엇인가? 더 이상 양보할 수 없는 도덕원리는 무엇인가? 상대적이거나 조건부적인 도덕원리는 무엇인가? 우리의 정체성과 시간을 사용하는 방식을 결정하는 우선적인 가치는 무엇이어야 하는가? 우리는 종종 어떤 일을 할 시간이 충분하지 않다고 말한다. 사실 이 말은 대부분 진실이 아니다. 우리가 정직하다면, "충분한 시간이 없다"는 말은 대부분 "그 일이 나의 우선순위가 아니라서 하지 않았다"라고 해석할 수 있다. 개인주의적 세계관의 추종자와 뉴에이지 추종자의 하루 일정은 서로 다를 것이다. 마찬가지로, 민족주의자의 최고의 윤리 덕목은 헌신적인 그리스도인의 윤리 덕목과는 상당히 다를 것이다.

마지막으로, 우리의 윤리가 우리의 행동을 만든다. 이것은 투표를 하는 것에서부터 돈을 사용하는 것, 가족과 시간을 보내는 것에 이르는 모든 활동을 포함하는 행동 영역이다. 그리고 우리의 이야기 일부 가운데 주변 사람들에게 가장 분명하게 드러나는 부분이다. 또한 대부분의 사람들이 우리가 자신에 대해 생각하는 바와 우리가 인정하는 윤리 원칙들, 우리의 삶을 지배하는 확신들을 알게 되는 확실한 수단이기도 하다. 간단히 말하면, 우리의 행동은 우리의 이야기를 전개해 나가는 무대다.

우리의 이야기 바깥층에 도달한 지금, 삶의 더 공적인 측면을 형성하는 행동과 우리의 이야기의 더 사적인 측면 사이의 관계를 생각할 때 두 가지가 분명해진다. 첫째, 우리의 행동은 진공 상태에 홀로 존재하지 않으며, 삶의 다른 측면들과 연결되어 있다는 점이다. 격언이 말하듯이, 눈에 보이는 것보다 훨씬 더 많은 것이 존재한다. 둘째, 보이는 행동이 "눈에 보이지" 않는 삶의 다른 부분과 항상 일치하는 것이 아니라는 점이다. 나의 행동이 나의 믿음과 항상 일치하지는 않는다. 사실 이 책의 중요한 전제는 우리가 **진정으로** 믿는 내용이 우리가 믿는다고 말하는 내용이나 믿고 싶다고 생각하는 것과 항상 일치하지 않는다는 것이다. 예를 들어, 기독교 신앙을 고백하면서도 개인주의자처럼 살 수 있다. 우리는 이런 모습을 고쳐야 한다. 아마 세계관에 대한 신중한 평가가 그런 수정 과정의 중요한 부분이 될 것이다.

일관성 있는 이야기

수년 전, 73세의 가톨릭교인 엘리노어 보이어에 관한 아주 흥미로운 이야기가 뉴스로 보도되었다. 뉴저지 주 복권에 당첨된 그녀는 연방세와 주세를 공제하고도 8백만 달러가 넘는 당첨금을 받았다. 우리의 이목을 끌기에 충분한 금액 아닌가! 하지만 그녀는 형편이 어려운 사람들을 돕는 지역사회의 교회와 기관에 전액을 기부했다. 기자가 왜 당첨금을 전부 기부했는지 묻자, 그녀는 "하나님이 저를 돌보아 주시기 때문이지요"라고 대답했다.

우리 자신의 그림을 이 이야기에 접목한다면, 자신의 세계관에 일치하여 행동하는 것이 얼마나 어려운지를 금방 깨닫게 된다. 많은 사람이 곧잘 하나님이 자신의 필요를 공급하실 것이라고 말하거나, 절박하게 도움이 필요한 어려운 사람들이 있는데도 돈을 흥청망청 쓰는 것은 잘못이라고 말한다. 하지만 8백만 달러라는 뜻밖의 횡재를 얻는다면, 우리는 그녀와 달리 자신의 확신을 따르지 않을지도 모른다. 이 사례를 비롯해 다른 수많은 사례들은 이른바 입술로만 **고백하는** 신념(곧 지적인 차원으로만 머물러 있는 생각)과 **확신하는** 신념(곧 우리의 행동으로 나타나는 신념) 사이에 엄청난 간극이 있음을 일깨워 준다.

세계관을 신중하게 검토하기 위해서는 행동이라는 거울에 우리의 확신을 끊임없이 비춰 봐야 한다. 고백하는 신념과 행동하는 신념 사이에 일치하지 않는 부분이 있는지 살펴야 한다. 그리스도인들은 흔히 올바른 신조를 인용하고 타당한 교리를 인정하며 그럴듯한 말을 하면서도 그 속에 내포된 원칙대로 살지 않는 경우가 많다. 물론 그리스도인들만 언행이 불일치한 (또는 위선적인) 모습을 보이는 것은 아니다. 극단적인 환경에서는 과학적 자연주의자들도 하나님께 기도할 수 있다. 도덕적 상대주의자들은 보편적 도덕 기준이 정말 존재하는 것처럼 살 수도 있다. 자신이 어떤 세계관을 가지고 있든지 간에, 우리가 믿는다고 말하는 것과 실제로 행동하는 것을 통합하는 것이 중요하다. 우리가 삶을 성찰하고 우리의 생각과 행동이 일치하는지 신중하게 살피지 않으면 이것은 불가능하다. 따라서 말과 행동을 통합하는 것은 이 책의 중요한 과제 중 하나다.

다양한 세계관들을 엄밀하게 조사해야 하는 두 번째 이유는 기독교 세계관과 경쟁하는 다른 사상들을 대조하는 좀더 전통적인 변증론적 과제를 수행할 수 있기 때문이다. 그리스도인들은 자신의 확신과 일치하는 삶을 사는 것이 힘들다는 것을 인정할 것이다. 그와 동시에 (1) 기독교 세계관의 핵심적인 확신들은 서로 간에 논리적 일관성이 있으며, (2) 기독교적 확신에 일치하는 행동은 삶에서 선한 열매를 맺는다는 것에도 동의할 것이다. 그러나 이 책에서 살펴보려는 유력한 다른 세계관들은 그렇지 않다고 생각한다. 예를 들어, 도덕적 상대주의의 근본적인 신념은 보편타당한 도덕원리는 존재하지 않는다는 것이다. 그러나 상대주의자들의 두 번째 확신은 자신의 도덕적 견해와 다른 견해를 가진 다른 사람에게 관대해야 한다는 것이다. 여기에서 모든 사람이 모든 사람에게 관대해야 한다는 요구는 보편적인 도덕 기준은 존재하지 않는다는 상대주의적 주장과 일치하지 않는 도덕 기준이라는 점이 확연히 드러난다. 이것은 (1)의 내용, 즉 세계관은 내부적으로 일관성이 있어야 한다는 점과 맞지 않는다.

또한 도덕적 상대주의는 (2)의 내용, 곧 자신의 세계관대로 살면 선한 결과를 낳아야 한다는 점과 충돌한다. 우리는 도덕적 상대주의자들이 사실은 첫 번째 확신(보편적인 도덕원리는 없다)대로 살지 않는다는 점과, 그렇게 하지 않는 것이 다행이라는 점을 주장할 것이다. 이런 확신의 논리적 결과는 서로 먹고 먹히는 혼란이며, 선한 세계관을 통해 추구하려는 선한 결과가 결코 아니다. 요약하면, 우리가 여러 세계관을 숙고해 보라고 권면하는 이유는 그렇게 함으로써 여러 세계관의 논리적 또는 실천적 문제점을 알고 그것을 피하는 데 도움이 되기 때문이다.

세계관의 비일관성을 자세히 숙고해야 할 세 번째 이유는 특히 그리스도인들이 기독교 세계관을 발전시키는 데 도움이 되기 때문이다. 숙고하지 않으면, 기독교 세계관과 반대되는 사상들이 우리의 확고한 신념 안으로 슬금슬금 기어들어 와도 그것을 알아채지 못할 것이다. 여기서의 문제는 세계관에 관한 사이어의 정의가 일깨워 주듯이, 고백하는 신념이 의식 차원에서 존재하지만(우리가 그것을 "고백한다면") 우리가 확신하는 신념은 대부분 잠재의식 차원에서 작용한다는 점이다. 우리의 진정한 확신이 무엇인지 모를 수도 있다. 하지만 그렇다고 해서 그런 확신이 우리의 삶에서 덜 실제적이거나 결정적이지 않은 것은 아니다. 예를 들어, 포스트모던 부족주의를 신중하게 조사해 보면 그리스도인들이 인종, 성별 또는 민족우월주의에 관한 비기독교적 사상들이 자신들의 세계관 안으로 흘러들어오도록 허용하는 영역을 볼 수 있다. 아니면, 앞선 사례에서 보듯이 뜻밖의 엄청난 횡재를 어떻게 처리하는지를 살펴보면, 하나님을 경외한다고 주장함에도 불구하고 맘몬을 숭배하는 소비주의자가 되었는지를 알 수 있을 것이다. 따라서 그리스도인들은 이런 유력한 이야기들이 무엇을 말하는지 깨달아야 한다. 그러면 우리의 확신이 우리가 믿기 원하는 것과 양립하지 않는 세계관들에 의해 어떻게 형성되었는지 알 수 있다. 신중하고 의식적인 성찰 없이는, 기독교 이야기는 우리의 삶을 원하지 않는 방향으로 끌고 가는 낯선 이야기에 끌려가기 쉽다. 우리가 의식하지 못하는 것들이 우리에게 해를 입힐 수 있으므로 우리의 진정한 확신들을 자세히 살펴봐야 한다.

이 책에서 다루는 각각의 세계관은 우리가 숨 쉬는 문화적 공기와 같다. 게다가 이 세계관들은 기독교 이야기를 왜곡하는 힘을 갖고 있으며, 그런 힘에 대한 우리의 인식 부족에 비례하여 성장한다. 바울은 "너희는 이 세상의 본을 따르지 말고"(롬 12:2, 개역개정 성경에는 '너희는 이 세대를 본받지 말고'라고 번역되어 있다-역주)라는 말씀을 통해 이런 점을 일깨워 준다. 여기에서 "세상"이라고 번역된 헬라어 아이온(Aion)을 보다 문자적으로 옮기면 "시대"라고 번역할 수 있다. "이 시대의 본"이라는 표현은 우리 주변의 세상을 형성하는 지배적인 사고방식, 곧 이야기를 일컫는다. 따라서 바울은 특정한 종류의 활동을 피하라고 말하는 것이 아니다. 그는 우리를 위한 하나님의 이야기와는 다른 이야기를 따르는 위험, 곧 더 깊고 널리 퍼져 있는 위험을 피하라고 경고한다.

하나님의 이야기에 부합하는 근본적인 변화

바울은 "이 시대의 본"을 따르는 것을 막는 해결책을 이 구절의 마지막 부분에 제시한다. "오직 마음을 새롭게 함으로 변화를 받아 하나님의 선하시고 기뻐하시고 온전하신 뜻이 무엇인지 분별하도록 하라." 우리 시대의 이야기

1. 커피 안에 녹아 있는 세계관

를 따르는 대신 바울은 하나님의 이야기, 즉 하나님의 "선하시고 기뻐하시고 온전하신 뜻"에 따라 변화되어야 한다고 말한다. 이것은 우리가 너무 자주 망각하는 요점을 제시한다. 즉 그리스도인의 세계관이 계속해서 기독교 세계관으로 존속하려면 하나님의 이야기 안에 세워져야 한다는 것이다.

바울은 하나님의 이야기와 일치하는 변화는 우리의 마음에 영향을 주어야 한다는 점을 분명하게 보여 준다. 바울의 이 말은 단순히 수많은 고백하는 신념에 대해 말하는 것이 아니다. 알다시피, 믿는다고 주장한다고 해서 삶이 항상 바뀌지는 않는다. 오히려 마음(mind)을 새롭게 함으로써 우리의 전 존재―우리의 지성, 의지, 욕구, 관계, 영성[앞에서 사이어가 "마음"(heart)이라고 지칭한 것을 포함한다]―가 바뀔 수 있다. 마음을 새롭게 하라는 바울의 요청은 우리의 이야기의 가장 바깥 원, 곧 행동을 바꾸는 것에 초점을 맞추는 대부분의 기독교적 설교나 가르침과는 반대된다. 그리스도인의 행동이 철저하게 변화해야 하지만 행동의 변화만으로는 그리스도인이 근본적으로 변화했다고 볼 수 없다. 그것은 질병 자체보다는 증상을 공격하는 것이다. 결국, 따지고 보면 단순한 행동의 변화는 마음으로부터 시작된 전 인격의 근본적인 변화를 모방한 흐릿한 모조품일 뿐이다.

마음이 포함되지 않은 변화는 많은 대가를 치른다. 스티브 가버(Steve Garber)는 『성숙한 신앙의 기본 구조』(The Fabric of Faithfulness)에서 이런 질문을 던진다. "왜 어떤 그리스도인들은 대학을 졸업하고 나서 4-5년이 지나면 기독교를 떠날까? 그런가 하면 왜 어떤 그리스도인들은 대학을 졸업한 후에도 자신의 기독교 신앙과 새로운 생활환경을 계속 통합시킬까?" 그의 연구결과는 매우 흥미롭다. 신앙과 삶을 성공적으로 통합한 사람들은 예외 없이 세 가지를 실천했다. 우선, 그들은 기독교적 삶을 적극적으로 실천하는 멘토와의 관계를 발전시켰다. 둘째, 그들은 기독교적 삶을 사는 데 깊이 헌신된 동료와 정기적으로 만났다. 마지막으로, 그들은 대학을 떠난 후 당면하는 유력한 다른 세계관들의 도전에 충분히 맞설 수 있는 기독교 세계관을 발전시켰다.

이 책은 가버가 찾아낸 중요한 세 번째 요소에 분명하게 초점을 맞춘다. 우리의 마음이 삶 전체에 대한 성찰을 통해 지속적인 변화를 경험하지 않으면, 우리의 이야기는 하나님의 이야기 줄거리에서 벗어나고 만다. 그러나 기독교 세계관과 경쟁하는 여러 세계관의 도전에 충분히 맞설 수 있는 기독교 세계관을 발전시키는 것은 가버가 언급한 다른 두 가지 요소와 무관하지 않다. 우리의 관계는 우리의 이야기의 상황을 조성하고, 바로 그런 책임 있는 관계 속에서 우리의 이야기는 하나님의 이야기와 일치하게 된다. 삶을 성찰하는 일은 개인뿐 아니라 공동체에서도 일어나야 한다. 실제로 이 책은 성인대상 성경공부반과 대학 제자그룹에서 나눈 이런 주제에 대한 토론을 통해서 탄생했다. 세 가지 요소―멘토링, 동료와 함께 나누는 성찰, 세계관 형성―가 없다면, 언제 어디서나 존재하는 비기독교적 세계관이 우리의 삶에 파괴적인 영향을 미치기 시작한다.

이후의 장에서 우리는 우리 문화에 널리 퍼져 있고, 기독교 세계관과 경쟁하는 여덟 가지 세계관을 살펴볼 것이다. 이 이야기들은 어느 정도는 인위적으로 구성한 것이다. 아마 어떤 사람도 이런 이야기 유형대로 살지는 않을 것이다. 앞서 말했듯이, 이런 영향들은 다방면에서 이런저런 파편의 형태로 우리에게 다가오며, 실제로 대부분의 삶은 이런 힘들에 의해 복합적으로 구성된다. 그리스도인도 예외가 아니다. 이 책의 핵심에는 이런 전제가 놓여 있다. "우리의 삶을 성찰하지 않는다면, 우리의 세계관은 은밀한 요소에 의해 더럽혀져 희석되고 오염될 것이다."

　기독교 세계관과 경쟁하는 다른 세계관을 평가할 때 우리는 각 세계관의 특징적인 신념에 주로 초점을 맞출 것이다. 이런 지적인 요소가 반드시 필요한 이유는 우리의 신념이 세계관에서 핵심적인 역할을 하기 때문이다. 그러나 이런 접근방식이 어떤 이데올로기가 승자인지를 놓고 벌이는 단순한 경쟁보다 훨씬 더 위험하다는 점을 기억해야 한다. 결국 세계관은 온전하고 다차원적인 실제 인간의 삶에 관한 것이다. 또한 어떻게 삶으로부터 가장 많은 것을 얻을 것인가에 관한 것이다. 간단히 말해서, 모든 세계관은 비록 직접적으로 표현하지 않는다 해도 궁극적으로 구원에 관한 것이다.

　기독교 세계관은 생명에 최고의 가치를 둔다. 바로 이런 이유 때문에 기독교는 구원에 깊은 관심을 가진다. 생명이 소중하다면, 하나님이 우리에게 바라시는 풍성한 생명을 확실히 경험하기 위해 우리의 삶을 형성하는 이야기를 살펴보는 것이 당연하다. 그래서 이 책의 마지막 두 장은 기독교 세계관을 다룬다. 첫 번째 장(10장)은 기독교 세계관의 개요를 이야기 형식으로 소개하고, 이 책에서 검토한 다른 세계관들과 어떤 부분에서 다른지를 살펴본다. 마지막 장(11장)은 실제적이고 온전한 삶을 살 수 있는 세계관을 만들고 발전시키는 방법을 탐구한다.

2
나는 우주의 중심이다: 개인주의

개념을 정의할 때, 그에 해당하지 않는 것을 먼저 언급하는 것이 도움이 되기도 한다. 이 장에서 개인주의를 다룰 때, 우리는 각 개인의 고유한 위엄과 거룩함에 대한 건전하고 성경적인 믿음은 언급하지 않을 것이다. 또한 개인의 필수적이고 다양한 관심과 능력에 대해서도 언급하지 않을 것이다. 이 장에서 말하는 개인주의는, 개인이 일차적인 실재이며 우주와 삶의 방식에 대한 이해는 자기 자신을 중심에 두어야 한다는 신념이다. 개인주의는 적절한 모든 수단을 이용해 나의 특별한 관심과 목표를 최대한 추구해야 한다고 말한다. 따라서 개인은 자율성과 자기 충족을 얻기 위해 노력하며, 자신의 개인적인 목표에 도움이 될 때에만 다른 사람에게 의존한다. 가족, 공동체, 사회는 기껏해야 이차적인 고려대상일 뿐이다.

개인주의에 대한 이런 설명이 익숙한가? 그렇다면 충격으로 다가오지 않을 것이다. 개인주의는 초기부터 미국문화에 깊이 뿌리내렸다. 자수성가하여 백만장자가 된 무일푼의 이민자든, 다지 시티(Dodge City)에서 말을 타며 홀로 사는 카우보이든, 전통에 도전하는 가난한 예술가이든 간에 미국인들은 자신의 고유한 인생길을 만들어 가는 개인을 축복했다. 이 책에 언급된

다른 세계관들과 마찬가지로, 개인주의도 초기에는 지적 체계가 아니라 우리의 바람직한 정체성에 관한 이야기 형태로 시작되었다.

오늘날 미국적 개인주의에 관한 최고의 분석은 로버트 벨라(Robert Bellah)와 그의 동료들이 함께 쓴 「마음의 습관」(*Habits of the Heart*)에서 찾아볼 수 있다. 이 책은 미국 문화에 널리 퍼져 있는 두 가지 형태의 독특한 개인주의를 언급한다. 첫째 형태인 "공리주의적 개인주의"는 건국 이후의 지배적인 힘이자 "아메리칸드림"을 추구하는 힘이었다. 공리주의적 개인주의는 개인의 성취와 물질적 성공을 강조한다. 사회적 선은 개인이 자기 이익을 추구할 때 저절로 따라온다고 믿기에 사회제도와 규칙을 한사코 거부하지는 않는다. 오히려 사회제도와 규칙은 사회 안에서 개인이 일을 효율적으로 수행하도록 돕는 지침이나 도구로 여긴다. 쉽게 말하면, 뇌물을 금지하는 법과 같이 개인의 행동을 제한하는 내용을 기꺼이 받아들인다. 정직한 사업 거래를 요구하는 사회제도는 궁극적으로 열심히 일하는 사람들에게 이롭기 때문이다.

벨라가 제시하는 두 번째 개인주의는 "표현적 개인주의"다. 이것은 공리주의적 개인주의가 가진 한계에 대한 반발로 나왔다. 공리주의적 개인주의는 일반적으로 사회의 규칙과 관행을 따름으로써 개인의 성공을 추구하라고 권고한다. 반대로 표현적 개인주의는 제한과 전통에 대항하여 우리의 고유한 독특성을 표현할 자유를 소중하게 여긴다. 규칙과 사회적 전통은 순응을 장려하기 때문에 개인의 표현과 개성에 대한 위협으로 간주한다. 우리가 군중으로 흡수되는 것은 위험한 일이다. 따라서 자유와 자아실현은 표현적 개인주의의 중심주제다. 표현적 개인주의는 이렇게 말할 수 있다. "나 자신이 되기 위해 나는 자유로워져야 한다." 자유는 나의 자율성이나 자아실현을 제한한다고 여겨지는 모든 책임—사회적·도덕적·종교적 책임이나 가족의 의무 등—을 줄이는 근거가 된다. 공리주의적 개인주의는 사회제도를 개인의 목표를 달성하는 수단으로 보지만, 표현적 개인주의는 사회제도를 개인의 자유를 막는 장애물로 여긴다.

그리스도인들에게 개인주의는 상당한 유혹으로 다가온다. 앞서 언급한 것처럼 이 철학이 우리의 문화구조에 깊이 스며들어 있기 때문이다. 개인주의가 그리스도인들에게 미치는 영향은 "신앙은 하나님과 나 사이의 문제야." "종교는 개인적인 일이지." "나는 하나님을 믿어. 그렇다고 꼭 교회에 갈 필요는 없잖아"라는 흔한 말에서 확연히 드러난다. 개인주의는 하나님이 각 개인의 삶에 관심을 갖고 개입하신다는 기독교 진리를 받아들인다. 하지만 매우 극단적으로 받아들여 더 이상 기독교 진리가 되지 못하게 한다. 이 장에서 우리는 개인주의의 이면에 놓인 확고한 신념을 살펴볼 것이다. 또한 개인주의를 아주 매력적으로 보이게 하는 개인주의 세계관에 내포된 진리와 왜곡된 내용을 좀더 자세히 들여다볼 것이다.

나는 우주에서 가장 중요한 실재다

각 개인이 우주의 중심이라는 신념이 개인주의의 중심에 놓여 있다. 얼핏 보면, 대부분의 사람들이 이런 관점을 드러내 놓고 받아들이는 것 같지는 않다. 우리는 다른 사람들에게도 관심을 갖고 그들을 돌보라는 말은 자주 듣는다. 게다가 어떤 사람도 대놓고 자기중심적인 사람을 좋아하지 않는다. 그러나 우리는 자기중심적인 삶으로 이끄는 힘이 강하고, 비이기적인 말을 사용하여 이기적인 의도를 숨기려는 유혹을 받음을 인정할 수밖에 없다. 우리가 정직하다면, 우리가 단지 옳기 때문에 희생적으로 일한다고 주장하는 많은 행동이 사실은 자신의 이익을 제공하는 일이라는 점을 인정할 것이다. 우리의 동기를 솔직하게 살펴보면, 개인의 이익을 추구하는 성향이 강함을 부인하기 어렵다. 이의를 제기할 수도 있겠지만, 우리 자신이 기꺼이 인정하는 것보다 더 자기중심적이라고 주장하는 것은 어렵지 않다.

도덕적·종교적 교훈이 우주의 중심에 개인의 자아를 놓지 말라고 숱하게 가르치는데도 왜 개인주의가 우리 문화에 깊이 뿌리내렸을까? 어쩌면 개인주의가 단순히 악한 본성의 일부라서 그렇다고 말할 수 있다. 이것이 큰 이유를 차지한다. 그러나 (우리 시대보다 덜 악했다고 보기 힘든) 이전 시대가 훨씬 덜 개인주의적이었다. 고대나 중세 시대에는 사람들이 복종과 순응을 통해 영웅이 되었다. 그런데 오늘날에는 권위에 대한 복종과 순응과 같은 사상이 왜 부정적인 것이 되었을까? 우리는 지금의 개인주의적 충동의 대부분은 법인조직에 대한 깊은 실망감에서 비롯된다고 여긴다. 역사는 교회, 정부, 금융기관과 같은 조직들이 심각하게 부패하여, 그들이 보호하고 양육해야 할 사람들을 오히려 심하게 학대해 왔다는 사실을 보여 준다.

개인주의의 뿌리에 관한 질문의 간단한 대답은, 개인주의를 일종의 보호 행동으로 볼 수 있다는 것이다. 공리주의적 개인주의자들은 보통 교회, 정부, 기업을 필요악으로 본다. 그런 조직은 나의 이익을 보호하기 위해 항상 의존할 수 있는 기관이 아니다. 따라서 그런 조직의 목적을 위해 나의 일차적인 충성을 바치라고 요구해서는 안 된다. 그런 조직은 개인적인 목적을 달성하기 위한 수단으로서만 유용하다.

반면에 표현적 개인주의는 법인조직을 반드시 필요한 것이라기보다는 악한 것으로 본다. 그래서 그런 조직이 순응을 요구하면 우리의 생명을 빼앗는 것으로 여기고 두려워한다. 표현적 개인주의의 특징은 자기 정체성을 지키기 위해 대중문화를 반대하는 것이다. 어느 쪽이든 간에, 개인주의는 사회적·종교적 조직이 가하는 위협에서 자신을 보호하려는 시도이다. 그런 조직을 통제하여 우리의 이익을 위해 일하게 만들 수 없다면, 우리는 뒤로 물러나 스스로 더 많이 통제할 수 있는 것 – 곧 자신의 삶과 관심사 – 을 우리의 일차적 실재로 삼을 것이다. 달리 말하면, 우리는 자신을 우주의 가장 일차적 실재로 삼게 된다.

목적이 수단을 정당화한다

그리스의 도시국가는 정책 투표를 할 때 매우 흥미로운 방법으로 시민을 소집했다. 가령 다른 도시국가들이 전쟁을 하려고 진군해 오면, 한 사람이 나팔을 불며 거리를 지나면서 도시 밖에 있는 원형경기장으로 모두 모이라고 알린다. 나팔소리를 들은 시민들은 가게 문을 닫고 원형경기장으로 가서 소식을 듣고 요구에 응답함으로써 시민의 의무를 수행했다. 그러나 일부 시민은 다른 가게가 문을 닫는 동안 좀더 장사를 하려고 했다. 그리스인들은 이런 사람들을 **바보**라고 불렀는데, 개인의 목표에만 신경을 쓰느라 더 큰 선을 무시하고 자기 세계로 들어가 버린 사람을 의미한다.

    개인주의가 **바보**로 가득한 세상을 만드는 이유는 분명하다. 나 자신을 우주의 일차적 실재라고 이해하면, 이것은 내가 일을 하는 **방식**을 결정한다. 나 자신을 중심적인 실재라고 여기면, 나의 목적은 다른 사람이나 집단의 목적보다 더 중요할 것이다. 그렇다면 나의 구체적인 목적을 가장 직접적으로 이루는 것이 최선의 길이 될 것이다. 나의 일차적인 목적이 사회의 요구를 무시하고 빨리 돈을 벌어서 달성된다면, 나는 가게 문을 계속 열어 놓을 것이다. 이런 원리를 더 넓은 관점에서 설명하자면, 개인주의는 목적이 수단을 정당화하거나, 더 정확하게는 **나의** 목적이 **나의** 수단을 정당화하는 사상으로 자연스럽게 기울게 된다. 물론 이것은 새로운 신념이 아니다. 하지만 우리 문화에서 공리주의적 개인주의를 통해 새로운 협력자를 발견했다. 무조건적인 성공이 높은 가치를 지닌 목적이 될 때, 이런 논리는 다른 사람들이 의문을 제기할 수 있는(그런 목적이 그들의 필요를 채워 주지 않기 때문에) 행동을 정당화한다. 그러나 그런 행동을 통해 내가 성공을 거두고, 내가 어떤 식으로 성공을 정의하든 간에, 나의 성공이 나의 일차적인 목적이라면, 그것은 올바른 선택이 되고 만다.

목적이 수단을 정당화한다는 사상은 표현적 개인주의와도 자연스럽게 연결된다. 나는 몇몇 동료와 함께 일광욕을 즐기려고 캘리포니아 남부지역의 해변으로 간 적이 있다. 해변에서 화장실을 다녀오다가 스무 명 남짓한 성인들이 발리볼을 하는 곳을 지나게 되었다. 그때 한 여자가 이렇게 말하는 소리가 들리는 것이 아닌가. "패배자보다는 거짓말쟁이가 되는 게 낫겠어." 다른 사람이 우리를 승리자로 봐주기를 바라고, 거짓말이 우리에게 성공을 가져다줄 것이라고 여기는가? 그렇다면 진실의 가치뿐 아니라 우리에게서 진실을 들을 것이라고 기대하는 사람들을 무시하는 처사다. 따라서 개인주의는 매우 놀라운 결론에 도달한다. 진실을 말함으로 패배자가 된다면, (패배자가 되는 것이 우리의 목적이 아니라고 가정할 때) 우리는 거짓말을 해야 한다.

내 도덕적 양심은 바로 나다

앞에서 암시했듯이, 나의 목적이 그 목적을 추구하는 수단을 결정한다면, 이것을 윤리의 영역으로 확대하는 것은 자연스러운 순서다. 결국 나의 목적이 내가 가치 있게 여기는 것을 결정한다. 따라서 나의 목적이 다른 사람이 추구하는 목적과 다르고, 내가 다른 사람의 목적이 아니라 나의 목적을 추구한다면, 나의 목적에 도달하게 하는 가치를 이해하는 데 가장 적절한 사람은 바로 나다. 아울러 나의 목적이 나만의 고유한 것이기 때문에 당연히 나의 가치 역시 내게 고유한 것이라고 생각한다. 이것으로부터 나는 다른 사람보다 더 좋은 위치에서 내가 얼마나 나의 가치를 잘 따르는지 판단할 수 있다고 결론을 내릴 수 있다. 달리 말하면, 내가 내 실재의 중심이고, 그 실재를 다른 사람보다 더 잘 안다면, 다른 사람이 내가 살아가는 방식을 비판할 권리가 없다고 확신하게 된다. 어떤 사람이 누군가에게 당신은 이렇게 살아야 한다고 어찌 말할 수 있겠는가?

개인주의자들이 자신의 도덕적 행동에 대해 다른 사람이 의문을 제기할 권리가 없다고 주장할 때, 이것은 흔히 개인적인 책임을 회피하려는 시도로 간주된다. 실제로 그런 경우가 많다. 그러나 개인주의를 적절히 이해한다면, "내가 도덕적 책임을 갖고 있는가"가 아니라, "내게 도덕적 책임을 부여하는 권위는 무엇인가"를 질문해야 한다. 개인주의가 옳다면, 다른 사람이 자신의 도덕적 신념과 기준을 내게 부과하도록 하는 것은 무책임한 일일 것이다. 앞에서 말했듯이, 다른 사람은 나의 목적과 가치관에 대한 직접적인 지식이 없기 때문이다. 이것은 수학법칙으로 시를 판단하는 일과 비슷할 것이다. 따라서 개인주의는 내가 자신에 대한 옳고 그름을 판단하는 권위의 원천임을 보여 준다.

자유와 자아실현은 나의 권리다

수년 전, 데니스 로드먼이 시카고 불스 팀에서 뛰고 있을 때, 유타 재즈 팀과 경기하는 동안 모르몬교를 비하하는 발언을 했다. 이 발언은 유타 주 모르몬교 회중들로부터 거센 비판을 받았고, NBA 위원이 그에게 벌금을 부과했다. 스포츠해설자가 인터뷰를 하면서 로드먼에게 자신의 행동에 대해 책임을 느끼는지 물었다. 로드먼은 "나는 사람을 죽이지 않는 한, 자신이 원하는 것은 무엇이든 할 자유가 있는 나라에 살고 있다고 생각한다"고 대답했다. 살인을 제외하고는 무엇이든 행하거나 말할 자유가 있다는 생각은 아마 대부분의 사람들이 적절하다고 여기는 수준을 넘어선 자유 원리일 것이다. 하지만 우리에게 익숙해진 극단적인 관점이기도 하다. 자아실현이 나의 권리이며(우리가 우주의 중심이라는 신념의 논리적 결론이다), 타인의 감정이나 규칙 또는 전통이 나의 자아실현에 방해가 된다면, 나는 이런 제한에서 자유로워져야 한다는 것이다.

대부분의 세계관은 개인이 어느 정도 자유롭게 행동할 권리를 인정한다. 그러나 자유가 덕목의 위계질서에서 최고의 위치를 차지할 경우, 가치관에서 어떤 일이 벌어지는지를 살펴보는 것은 흥미롭다. 전통사상에서 네 가지 핵심적인 (또는 기본적인) 덕목은 신중, 용기, 절제, 정의였다. 전통사상은 인간이 이런 덕목에 따라 살 때 자유로워진다고 보았다. 달리 말하면, 자유에 대한 제약을 내적·도덕적 장애물로 여기고, 이런 미덕을 개발하고 내면화함으로써 이런 장애물을 극복할 수 있다고 보았다.

자유가 핵심적인 덕목이 되면, 앞서 열거한 전통적인 덕목이 근본적으로 다시 정의된다. 내 개인적인 목적이 일차적이라면, 두 당사자의 권리와 의무가 동일하다고 보는 정의의 원리가 더 이상 존속할 수 없다. 개인주의는 나를 우주의 중심에 놓기 때문에 "타인"을 동일한 존재로 고려하지 않는다. 둘째, 개인의 자유를 일차적 가치로 삼으면, 우리는 자기 인격의 내적 결함보다는 자기 밖의 것(가령 다른 사람들, 대중문화, 정부의 규제)들을 자아실현의 장애물로 여기게 된다. 달리 말하면, 선은 내적 변화가 아니라 외부 환경의 재조정을 통해 이루어지게 된다. 마지막으로, 앞의 내용과 관련되는 것으로서, 용기와 같은 전통적인 미덕은 자유를 제한하기 때문에 더 이상 바람직한 특성이 아닌 것이 된다. 용기 있는 사람이 되어야 한다는 말을 들을 때, 이것은 우리가 외부적인 기준에 따라 행동을 조절하고 자유를 제한해야 한다는 점을 가정한 것이다. 그러나 자유가 최고의 가치가 되면, 용기(그리고 다른 전통적인 미덕)는 나의 자아실현 사상과 충돌할 경우 방해물이 된다.

성과가 가치를 결정한다

목적이 수단을 정당화한다는 개인주의의 주장은 필연적으로 우리가 어떻게 우리의 목적을 결정하는지에 대한 질문으로 이어진다. 각 개인이 자기 우주의 중심이라면, 각 우주의 가치는 각자의 개인적인 가치에 의존할 것이다. 간단히 말해서, 내가 대단한 존재가 아니라면 내 우주 역시 대단한 것이 아닐 것이다. 나의 성과가 나 자신의 가치를 결정한다. 우리가 하는 일과 우리가 얻은 성과가 곧 우리의 정체성이다.

우리의 가치가 성과로 평가된다는 사고는 우리의 영웅 사상에서 볼 수 있다. 나중에 비디오 대여점에 갈 기회가 있으면, 액션 장르를 살펴보기 바란다. 이 장르가 사람과 지역사회, 국가 또는 제임스 본드처럼 전 세계를 구하는 고독한 영웅들로 가득 차 있음을 곧 알게 될 것이다. 이런 영화에서는 수백 명의 사람들이 사악한 외계인들에게 폭탄 공격을 받거나 사살되거나 납치되고, 피에 굶주린 뱀파이어에게 물려 말라 죽지만 그들은 대단한 존재가 아니다. 우리의 눈길은 절망적인 곤경을 가까스로 해결하는 특별한 개인에게 고정된다. 곤경을 해결하는 일은 사람을 가치 있게 만들기 때문이다.

좀더 나은 영화의 경우, 고독한 영웅도 타인의 도움이 필요하다는 점을 인정한다. 우주를 구하는 사람에게는 보통 동료가 있지만, 그들이 실제적으로 도움을 주기보다는 방해물에 가까운 경우가 많다. 그러나 우리는 자신을 갈팡질팡하는 동료가 아니라 이런 영화에 나오는 영웅이라고 상상한다. 공리주의적 개인주의에서 일상적인 영웅은 기존의 사회분야(가령 경제계, 학계, 체육계)에서 탁월한 성취를 이룬 사람을 일컫는다. 표현적 개인주의에서 영웅은 개인이 이룬 새로운 성과가 기존 사회와 얼마나 거리가 있는지를 기준으로 평가된다. 예를 들어, 예술가는 일반대중에게 호소하는 작품을 창작해서는 인정을 받지 못한다. 고독한 영웅이 어떤 모습으로 나타나든 간에, 개인이 성취를 통해 가치와 존경을 얻는다는 사상이 문화에 미치는 영향을 간과하기는 쉽지 않다. 우리는 이런 렌즈를 통해 세상을 바라본다.

개인주의에 담긴 진리

1. 개인주의는 자유와 그 자유에 따르는 책임을 인정한다. 우리는 점점 더 자유가 제한되는 세상에 직면하고 있다. 거리를 건너는 단순한 행동을 하려고 해도 횡단보도 신호등이 있는 곳까지 가야 한다. 그렇게 하지 않으면, 정부가 발행한 자동차 운전면허증을 의무적으로 소지하고 안전띠를 반드시 착용한 채 법정속도로 규정 차선을 달리는 자동차에 부딪힐 수 있다. (그렇지 않다면, 틀림없이 무단횡단 벌금을 많이 내야 할 것이다.) 외부의 힘들이 우리 삶의 매우 많은 부분에 영향을 주기 때문에 우리에게는 더 이상 자유가 없다고 말해도 될 정도다.

개인주의 주창자들은 대체로 외부적인 제한을 줄이려고 노력한다. 하지만 우리에게는 빼앗길 수 없는 내적 자유가 있음을 일깨워 주기도 한다. 빅터 프랭클(Victor Frankl)은 2차 세계대전 동안 강제수용소의 공포에 시달린 수백만 유대인 가운데 한 사람이었다. 어느 날, 그는 어두운 방에 끌려가서 발가벗긴 채로 의자에 앉혀졌다. 단 하나의 전구만이 그를 비추었다. 심문하는 군인이 그의 주위를 빙빙 돌면서 질문과 함께 후춧가루를 뿌렸다. 그는 모든 것―부모, 아내, 가정, 돈, 자유, 이제는 자신의 옷까지―을 잃었다는 생각이 들었다. 그러나 그에게는 자신이 어떻게 반응할지를 선택할 수 있는 자유가 있었다. 그것은 강제수용소의 나치군이 그에게서 빼앗을 수 없는 유일한 것이었다.

프랭클이 그를 심문하는 군인보다 더 자유로울 수 있었을까? 이런 질문이 이상하게 들리겠지만, 우리는 투옥 이외에도 다양한 종류의 포로상태가 있다는 것을 안다. 나치 강제수용소에서 일했던 나치 군인도 그들이 포로들에게 했던 것처럼 다른 인간을 대우하는 것을 진정으로 원하지는 않았을 것이다. 그들은 자신에게 선택의 여지가 없다고 믿었다. 달리 말하면, 마치 프랭클이 자신의 의지와는 반대로 어떤 일을 할 수밖에 없었듯이, 많은 나치 군인들도 외부의 힘 때문에 시키는 일을 할 수밖에 없다고 느꼈다. 그렇다면 누가 외부의 강요에 자신의 반응을 결정할 자유를 더 많이 가진 사람일까?

가장 건전한 개인주의는 우리가 아무리 어려운 상황에서도 책임을 져야 한다는 점을 일깨워 준다. 개인주의는 우리가 자신의 능력을 벗어나는 힘들에 자주 굴복하고, 우리를 보살피고 보호해야 하는 사람들과 조직들이 그 의무를 종종 이행하지 못한다는 것을 인정하지만, 어떤 변명도 받아들이지 않는다. 나의 고유한 목적이 내 삶에 의미를 제공한다면, 나는 궁극적으로 그 결과에 책임을 져야 한다.

이런 고도의 책임성에서 핵심적인 것은 자유를 이해하는 개인주의적 관점이다. 이 관점은 최악의 여건에서도 우리에게는 반응할 수 있는 내적 자유가 있다는 점을 강조한다. 프랭클과 함께 갇혔던 많은 사람이 희망을 포기하고 힘든 여건 속에서 죽었다. 하지만 프랭클은 자신의 내적 자유에 의지했다. 그는 부모와 아내를 다시 만날 것을 대망하는 꿈을 꾸기로 선택했다. 그가 풀려난 후, 부모와 아내가 강제수용소에서 이미 죽었다는 사실을 알고는 그 비극을 극복하기 위해 자신의 내적 자유를 다시 이용했다. 그는 의미요법(Logotheraphy)이라는 혁신적인 심리 치료 방법으로 유명해졌다. 이 방법은 우리가 직면한 모든 환경에 대해 반응할 수 있는 우리의 엄청난 자유를 강조한다.

너무나 많은 일들이 우리의 직접적인 통제에서 벗어나 있기 때문에 항상 자신의 삶에 대한 책임을 축소하고 싶은 크나큰 유혹을 받는다. 그러나 대부분의 사람들은 우리의 삶에 작용하는 강한 힘들 속에서도 우리에게 여전히 자유와 책임이 있다는 것을 직감적으로 안다. 개인주의는 자유와 책임이 좋은 환경에서만 가능한 것이 아님을 깨닫게 해준다. 우리가 이것을 인식할 때, 개인주의가 각 개인에게 부과하는 고도의 책임성이 자연스럽게 따라온다. 비록 개인주의가 자신을 책임의 일차적인 대상으로 규정함으로써 정상 궤도에서 이탈한다는 점을 나중에 주장하겠지만, 그럼에도 우리가 자신의 신체적·감정적·사회적·정신적·영적 안녕을 돌볼 책임이 있다는 사상은 매우 훌륭하다.

2. 개인주의는 달라지려는 나의 욕구를 분명히 인정한다. 지속되는 우리의 문화적 신념 중 하나는 사람은 달라질 수 있다는 것이다. 개인주의는 종종 진정한 영웅주의에 대한 왜곡된 모습을 제시하지만, 실은 우리 각자의

내면에 의미 있는 일을 하거나 중요한 존재가 되려는 힘이 있다는 점을 인정한다. 모든 시대마다 세상을 바꾸는 사람, 위인, 슈퍼히어로에 관한 이야기가 있는 것은 우연이 아니다. 우리의 흔적을 이 세상에 남기려는 욕구는 우리의 DNA에 새겨져 있는 것처럼 보인다.

우리가 대학에서 근무하다 보니, 모험적인 삶을 살고 특별한 유산을 남기고 싶은 욕구와 그냥 기존 사회에 순응하며 안락한 삶을 살려는 욕구 사이에서 갈등하는 학생들을 자주 만나게 된다. 개인주의는 큰 꿈을 꾸고 위험을 감수하고 현재 상태를 뛰어넘는 어떤 것을 목표로 삼으라고 권한다. 개인주의는 우리로 하여금 현재 상황에 대해 의문을 갖게 하고 평범한 것에 대해 만족하지 못하게 한다. 새로운 길을 개척하고 탁월함을 추구하는 일을 강조함으로써 자신만의 영웅을 발견하려는 우리의 깊은 욕구에 호소한다.

3. 개인주의는 선택한 신념의 힘을 인정한다. 당신은 스스로 자유롭게 선택한 신념과 강요된 신념 중 어떤 것에 더 강한 열정을 보이겠는가? 아마 이것을 수사적인 질문이라고 생각할 것이다. 사실 그렇다. 당연히 우리는 자신이 결정하여 받아들인 세계관, 철학, 종교, 정치적 신념에 대해 더 큰 주인의식을 갖는다. 그러나 쿠이우스 레지오 에이우스 레리지오(*cuius regio eius religio*: 그의 왕국에, 그의 종교)의 원리를 찾기 위해 아주 먼 역사까지 거슬러 올라갈 필요는 없다. 이 원리에 따르면, 특정 지역의 백성은 통치자의 종교를 받아들여야 하며, 그렇지 않으면 박해를 받는다. 심지어 최근에도 전 세계의 다양한 종교 단체들이 힘없는 사람들에게 자신들의 관점을 강요하고 있다.

시민을 억압하는 국가의 후원을 받는 종교와 세습 군주제의 위험을 절실하게 깨달았기 때문에 아메리카 대륙에 정착한 초기 이민자들은 새로운 제도를 만들었다. 새로운 국가는 정부 권력과 종교를 분리하고 사회 규칙을 제정하는 책임을 시민에게 맡겼다. 그래서 각 개인이 자신의 정치적·사회적·종교적 견해와 소속을 자유롭게 선택할 수 있었고, 이것은 개인주의의 비옥한 토대가 되었다. 이러한 새로운 정치제도를 옹호하는 일반적인 근거는, 사람들이 강요된 사상보다 스스로 선택한 사상에 더 높은 충성을 보인다는 것이다.

오늘날 미국의 많은 그리스도인들은 이 나라의 종교 다원주의 때문에 난감해 한다. 그러나 이런 점을 문제시하는 사람들은 종교 다원주의가 정부와 종교 문제를 분리하고 개인이 자유롭게 자신의 소속을 선택할 수 있는 정치제도에 깊이 결합되어 있다는 점을 기억해야 한다. 다른 제도를 채택할 경우, 외부의 힘에 의해 강요된 신념에 대해 어정쩡한 열정을 갖는 문제를 비롯하여 엄청난 문제들이 야기된다. 게다가 기독교는 초기부터 다종교사회에서 출발했으며(그 속에서 박해가 자주 일어났다), 그런 환경에서도 아주 건강하게 성장했다는 점을 기억할 필요가 있다. 정확히 말하면, 이것은 초기 그리스도인들이 기독교 신앙을 받아들이기 위해 의식적으로 어려운 결단을 해야 했기 때문이었다. 일반적으로 말해서, 개인주의는 자유롭게 선택한 신념―정치적·종교적·도덕적 신념 등―이 그렇지 않은 경우보다 더 큰 확신을 갖고 유지된다는 것을 확실하게 입증한다.

개인주의의 잠재적 문제점
1. 개인주의는 잘못된 현실 인식에 기초한다. 개인주의의 표준적인 세 가지 확신은 자아가 우주의 궁극적인 실재이며, 각 개인은 자기 충족을 추구해야 하고, 우리가 자신의 운명을 통제한다는 것이다. 이것은 철학자들이 형이상학적 주장이라고 부르는 것으로서 실재에 관한 거대 담론이다. 실재가 대단

히 중요하기 때문에 아마 언급할 가치가 있겠지만, 우리는 형이상학에 대한 심층 토론을 시작할 의도는 없다. 그러나 개인주의의 형이상학이 현실을 직시할 필요가 있다고 확신한다.

우리의 현실을 직시하기 위해서 우선 주변 환경에 대한 생각을 간단히 확인해 보자. 한 개인으로서 나는, 상상할 수 없을 만큼 광대한 우주의 극히 작은 구석에 있는 아주 작은 행성에 사는 60억 이상의 인간 거주민 가운데 한 사람일뿐이다. 이 우주의 나이와 비교할 때 나의 수명은 기껏해야 순간일 뿐이다. 나는 이 행성에서 누릴 수 있는 비교적 보잘것없는 수명을 더 짧게 만드는 수많은 위협—사고, 질병, 전쟁, 테러—에 직면한다. 그렇다면 통제권이 있고, 자기 충족할 수 있으며, 일차적인 실재로서의 인간이라는 개인주의의 이상이 이런 현실과 어떻게 부합할 수 있는가?

오래된 "캘빈과 홉스" 만화에서 캘빈이 헤아릴 수 없을 정도로 많은 별이 반짝이는 밤하늘을 바라보다가 "난 중요해"라고 외친 후, 곧이어 "먼지알갱이가 그렇게 말했어"라고 조용히 중얼거린다. 캘빈과 같은 어린이가 그런 말을 하면 우스갯소리로 봐줄 수 있다. 그러나 우주(그리고 우주의 창조자)가 한 개인에 비해 얼마나 광대한지를 어렴풋하게나마 아는 성인에게는 먼지알갱이가 자신이 중요하다고 외치는 것은 한심한 생각일 뿐이다.

또한 우주의 실재에 대해 잠시만 생각해 보면, 우리에게 통제권이 있고, 외부의 힘에 대해 독립적이라는 생각은 금세 사라질 것이다. 우리는 우리가 숨 쉬는 공기나 식량을 재배하는 토양을 만들지 않으며, 태양과 지구의 거리나 생물이 살 수 있는 기후를 만들어 주는 지구축의 기울기를 조정하지 않는다. 이런 것들은 우리의 기본적이고 필수적인 생존환경의 극히 일부에 지나지 않는다. 우리의 삶이 의존하는 크고 작은 사물과 다른 사람들에 대해 장황하게 언급하자면 믿기 어려울 만큼 놀라울 것이다.

통제할 수 있고 자기 충족할 수 있다—그리고 그렇게 되어야 한다—는 신화는 매력적이다. 아주 많은 외부적인 힘에 영향을 받고 의존한다는 점을 인정할 때 우리는 가장 깊은 두려움에 빠진다. 내가 통제할 수 없다면, 그러면 누가 (또는 무엇이) 통제하는가? 그런 힘들이 나의 관심사를 염두에 둘 것이라고 믿을 수 있는가? 미래는 나를 위해 무엇을 갖고 있는가? 비교적 안전하고 안정된 시기에는 비록 착각이긴 하지만 우리는 통제와 자기 충족이라는 환상에 빠질 수 있다. 그러나 2001년 9월 11일의 테러 공격 같은 사건들은 삶을 이끄는 우리의 힘이 생각보다 훨씬 더 제한적이라는 사실을 일깨워 준다.

2. 개인주의는 인간 본성에 대한 잘못된 관점에 기초한다. 공정하게 말하면, 개인주의는 때로 많은 사건과 상황이 우리 자신의 노력으로 완전히 통제되지 않는다는 점을 인정한다. 더 세련된 형태의 개인주의는 내적인 측면의 통제를 강조한다. 자기 충족을 향한 내적인 추구를 노래한 가장 오래된 노래 중 하나는 윌리엄 E. 헨리(1849-1903)의 시 "굴복하지 않으리"(Invictus)이다. 이 시의 일부 내용은 이렇다.

운명의 막대기 내리쳐

내 머리 피투성이가 되어도 굴복하지 않으리…

나는 내 운명의 주인

내 영혼의 선장.

폴 사이먼이 수십 년 전에 이와 비슷한 자기 충족을 표현하는 노래 가사를 썼다. 그는 벽, 요새, 바위, 섬 같은 은유를 사용하여 삶의 투쟁과 우여곡

절에 수반되는 고통에 맞서려는 자신의 확고한 결심을 표현했다. 그러나 사이먼의 "나는 바위"(I Am a Rock)는 "굴복하지 않으리"보다 한걸음 더 나아가 자기 충족에 대한 대가를 말한다. "우정은 필요 없다네/ 우정은 고통만 줄 뿐/ 웃음과 사랑은 내가 경멸하는 것."

요새와 벽은 자기 영혼의 "선장"이 되고 싶은 사람들이 쉽게 선택하는 것이다. 그러나 요새는 사람들이 접근하지 못하도록 설계된 것이다. 이것은 개인적인 통제권의 어두운 면을 보여 준다. 다른 사람이 우리를 실망시킬 때 찾아오는 고통과 절망을 피하고, 통제권을 유지하기 위해 "선장"과 "주인"은 모든 사람을 벽으로 가로막힌 다른 방에 밀쳐놓아야 한다. 우리는 이렇게 할 수 있지만, 사이먼의 가사는 우리가 자신의 요새나 섬에 계속 홀로 남아야 한다는 것을 일깨워 준다.

인생과 컨트리 음악은 두 가지 분명한 진실을 보여 준다. 첫째, 우리의 깊은 내면은 사랑을 갈망한다는 것이다. 둘째, 사랑의 관계가 큰 고통을 줄 수 있다는 것이다. 이런 관점에서 보면, 다른 사람이 우리에게 줄 수 있는 상처를 피하기 위해 관계의 조건을 통제하고 싶은 것은 자연스럽다. 그러나 곧장 우리는 다른 사람이 우리를 통제하려고 할 때 생기는 파괴적인 고통을 인식하게 된다. 결론은 인간관계에서 위험과 자유가 없다면, 진정한 사랑은 불가능하다는 것이다. 개인주의는 사랑의 관계에 필요한 자유를 두려워하기 때문에 우리의 필수적인 욕구인 진정한 사랑의 관계를 맺는 데 큰 장애가 된다. 개인주의적 요새라는 사고방식에서 비롯되는 공허함은 인간 본성에 내재한 사랑의 욕구가 이런 세계관으로는 충족될 수 없다는 것을 말해 준다.

3. 개인주의는 자유와 성취에 대한 잘못된 관점을 갖고 있다. 개인주의는 인간의 가치를 성과로 평가한다. 당신은 자신의 기준이나 목적을 설정한 다

음 그것에 비추어 자신의 가치를 평가한다. 적어도 이론상으로는 그렇다. 그러나 우리가 이론이 암시하는 만큼 이런 평가과정에 독립적이지 않다고 믿을 만한 충분한 이유가 있다.

이 문제는 공리주의적 개인주의자에게서 가장 분명하게 나타난다. 첫째, 그들의 성과는 다른 사람이 설정한 기준과 목적에 따라 평가된다. 운동능력, 경제력, 학문적 성취를 훌륭한 것으로 인정하지 않는 사회를 상상해 보자. 사실 공리주의적 개인주의자들은 이런 능력들을 경멸하고, 사회적으로 파괴적인 것으로 여긴다. 분명히 이런 가상세계의 공리주의적 개인주의자들은 운동 경기, 돈, 학문을 갈망하지 않을 것이다. 왜 그럴까? 다른 사람이 무엇이 성공인지를 결정하는 기준을 최종적으로 설정하기 때문이다. 공리주의적 개인주의자는 다른 사람이 가치 있다고 여기는 것을 만들어 내지 않고는 성공할 수 없다.

표현적 개인주의자도 이런 비판에서 벗어날 수 없다. 자신이 가치 있다는 의식이 사회적 규칙과 가치관의 체계 내에서 활동할 때 생겨나든(공리주의적 개인주의), 기존 체계들과 맞설 때 생겨나든(표현적 개인주의), 두 가지 모두 다른 사람이 결정한 기준에 궁극적으로 의존한다. 따라서 자유와 자기 신뢰, 자기 가치에 관한 개인주의자들의 허세는 다른 사람의 평가와 연결된다.

사실 우리는 타고난 사회적 존재이며 심지어 개인주의자들의 자기 이미지도 다른 사람의 인식과 가치관에 의해 결정된다. 내 삶의 의미가 나의 성취에 의해 평가된다면—기존 사회제도 안에서의 성공이든, 사회제도와 맞서서 이룬 성공이든 간에—궁극적으로는 다른 사람이 나의 성공 여부를 결정한다는 결론을 피할 수 없다. 여기에서 벗어나는 유일한 길은 인간의 삶을 초월하는 기준을 삶의 가치를 평가하는 수단으로 고려하는 것이다.

결론

개인주의는 우리 문화에 깊이 뿌리내린 세계관이기 때문에 그리스도인들의 마음에도 깊이 자리 잡고 있다. 수십 년 전 신앙수련회 때 나는 이것을 가슴 깊이 느꼈다. 신약학자인 강사가 경건회를 인도하면서 히브리서를 인용했다. 그는 히브리서를 25년 동안 연구한 후에야, 한 가지 예외를 제외하고 이 서신의 모든 명령이 개인이 아니라 공동체를 향한 것이라는 사실을 깨달았다고 말했다. 나는 그에게 물었다. "그 사실을 발견하는 데 왜 25년이나 걸렸을까요?" 무엇보다도, 히브리서는 영어와 달리 헬라어의 2인칭 복수형과 2인칭 단수형을 구분하여 다른 단어로 표기한다. 즉시 그는 그 원인이 개인주의 때문이라는 것을 알아차렸다. 성경 본문에서 분명하게 다른 단어로 기록되어 있음에도 불구하고, 그는 우리 문화에서 흡수한 개인주의적 태도 때문에 교회 공동체에게 주어진 명령을 개인에게 주어졌다고 추정했던 것이다.

이런 예는 세계관이 일단 문화 속에 뿌리내리면 우리에게 얼마나 큰 영향을 미치는지를 보여 준다. 세계관이 우리 삶에 미치는 영향을 의식하지 못할 때 그 영향력은 더 커지고 만다. 그 결과, 우리는 뛰어난 성취를 이루지 못한 자신을 가치 있다고 느끼기 어렵게 된다. 우리는 "예수님이 나를 사랑하신다"는 노래를 너무 크게 부른 나머지 "하나님이 세상을 이처럼 사랑하신다"는 선언을 놓쳐 버린다. **자유**라는 단어는 무엇을 **위한** 자유보다는 무엇으로**부터** 자유에 대한 생각을 유발시킨다. 기독교 신앙은 **나의** 신앙으로 축소될 수 없다. 다른 사람에 대한 헌신은 행복의 원천이기보다는 행복의 잠재적 장애물로 여겨진다. 하나님은 내 목적을 성취하기 위한 강력한 원천이지만 나는 내 삶이 얼마나 하나님의 목적에 부합하는지는 결코 묻지 않는다.

세계관이 우리를 지배하는 힘은 우리가 그것의 영향력을 알지 못할 때 더 커진다. 그래서 우리는 곁길로 새지 않도록 중요한 세계관 문제를 계속 주시해야 한다. 우리가 세계관에 대해 물어야 할 우선적인 질문은, "누가 하나님이 되려고 하는가"이다. 개인주의는 우주의 중심에 개인을 놓음으로써 우리를 하나님의 위치에 놓으려고 한다. 비록 이것을 분명하게 말하지 않는다 해도, 우리가 주변을 회전하는 우주를 배후조종하는 상상을 하는 것만으로도 매력적이다. 코믹하고 생각에 잠기게 하는 영화 "브루스 올마이티"는 이런 욕망을 잘 보여 준다. 브루스는 자신이 몸담고 있는 뉴스 방송국에서 앵커 자리를 얻기 위해 남을 속이고, 조종하고, 가혹하게 대하지만 결국은 실패한다. 마침내 하나님의 힘을 부여받아 그 능력으로 큰 사건을 일으켜 선망하는 앵커 자리를 얻는다. 그는 자신이 원하는 것이 앵커만이 아님을 발견하고 자기중심적이고 통제하는 생활방식을 받아들이게 된다. 하나님 앞에 섰을 때, 그는 상대방을 통제하는 자기 집착을 없애고 상대방에게 베푸는 삶을 살 기회를 얻는다.

    성경은 다양한 세계관의 관점에 볼 때 완전히 모순처럼 보이는 역설을 말씀한다. "누구든지 제 목숨을 구원하고자 하면 잃을 것이요 누구든지 나를 위하여 제 목숨을 잃으면 찾으리라"(마 16:25)는 말씀을 개인주의적 관점에서 읽는다면, 터무니없는 소리로 들릴 것이다. 개인주의자가 자기 생명을 잃는다면, 우주의 중심이 무너지고 모든 것은 사라질 것이다. 그러나 기독교는 우리의 가치가 우주의 진정한 중심이신 하나님으로부터 비롯된다고 말한다. 따라서 우리가 하나님 안에서 죽을 때 우리는 실재의 중심에 계신 그분과 연합하게 된다. 이러한 기독교 이야기는 인간이 만물 질서의 중심이라는 개인주의의 주장과는 완전히 상반된다.

개인주의적 세계관에서 잘못된 또 다른 중요한 요소가 있다. 내가 우주에서 일차적인 실재라고 주장할 때, 이것은 다른 사람을 내 지위를 유지하기 위한 도구나 나의 중심적 위치를 노리는 경쟁자로 보게 한다. 다른 사람은 다만 효용적 가치만 있거나(그들은 나에게 도움이 될 때에만 가치가 있다), 내 개인적인 사업과 목적의 장애물일 뿐이다. 그러나 기독교 이야기에서 하나님은 하나님의 왕국에 들어와서 즐기라고 우리 모두를 초대한다. 바로 이것이 우리의 사회적 본성의 비밀이다. 하나님은 단순히 그분과 함께 있는 것이 아니라, 그분이 소중하게 여기는 모든 것과 함께 공동체 안에 있도록 창조하신다. 이것은 모든 것을 바꾼다. 다른 사람은 더 이상 도구나 적대적인 경쟁자가 아니다. 우주의 진정한 중심이신 분에게 위대한 가치를 부여받은 동료 인간이다. 따라서 하나님 왕국에 참여하기 위해 양보할 수 없는 한 가지 내용은, 하나님의 일차적인 목적이 **내**가 아니라 **우리**라는 것을 인정하는 것이다. 공동체에 대한 이런 이해 때문에 기독교는 개인주의와 충돌한다.

3
나의 소유물이 곧 나다: 소비주의

성경은 설교 강단이나 성경공부반에서 좀처럼 듣기 어려운 사상을 분명하게 가르친다. 성경이 처음부터 제시하는 이 사상은 하나님이 우리를 소비자로 창조하셨다는 것이다. 게다가 하나님은 우리가 소비를 즐기기 원하신다. 정말이다! 창세기 2장에서 하나님은 인간을 창조하시고 그가 복된 삶을 사는 데 필요한 것을 주셨다. "여호와 하나님이 그 땅에서 보기에 아름답고 먹기에 좋은 나무가 나게 하[셨다]"(창 2:9). 하나님이 아담에게 준 선물 중 하나는 동산이었는데, 그것도 매우 아름다운 동산이었다. 하나님은 아담과 하와 (몇 구절 뒤에 아담과 함께한다)가 아름다운 동산을 즐기고, 그곳에서 나는 열매를 먹을(소비할) 때 만족을 누리기 원하셨다.

인간에게 필요한 것이 더 많겠지만, 우리가 사물을 소비하지 않고는 살수 없다는 사실을 부정할 수는 없다. 인간은 기본적으로 사물을 소비해야 한다. 우리가 먹고, 마시고, 입고, 거주하는 데 필요한 모든 것을 자연에서 얻어야 한다. 이것은 피할 수 없는 사실이다. 또한 인간만이 아니라 생명을 가진 모든 것에 해당한다. 그러나 인간은 단순한 생명체 이상이며, 우리의 사회적·교육적·문화적·영적 필요와 욕구를 채우기 위해서는 자연자원을 어느 정도 가공하거나 사용해야 한다. 간단히 말하면, 생명은 사물을 소비하지 않고는 유지되거나 온전할 수 없다. 따라서 생명(그것도 온전한 생명)이 선한 것임을 가정할 때, 생명을 가능하게 만드는 소비가 나쁜 것이라고 말할 수는 없다.

성경과 일상생활의 경험은 우리가 생명을 유지하고 개선하는 수단으로 사물을 소비해야 한다는 점을 분명히 말하지만, 하나님이 의도하신 소비가 **소비주의**로 변질할 위험은 항상 존재한다. 소비주의를 **물질주의**라고 부르기도 한다. 하지만 전혀 다른 의미를 가진 과학적 물질주의(6장을 보라)와 혼동을 피하기 위해 여기서는 물질주의라는 용어를 사용하지 않을 것이다. 소비주의 세계관은 처음에는 상대적이었던 선-소비-을 결국 절대적인 선으로 대체한 관점이다. 소비주의는 부와 그에 수반되는 모든 것을 축적함으로써 만족감을 느낄 수 있다고 믿기 때문에 소비를 절대화한다. 소비주의는 우리의 모든 필요는 물질적 소비로 충족될 수 있다고 말한다. 더 많이 소비할수록 더 많은 욕구가 채워진다. 욕구 충족이 구원의 핵심내용이기 때문에 사실상 소비주의는 세속 종교다.

소비주의 세계관의 한 가지 고유한 특징은, 어떤 사람도 자신이 물건을 얻고 소비함으로써 구원을 이룰 수 있다고 믿는다는 점을 인정하지 않는 것이다. 그러나 소비주의가 미국인의 삶에 미친 영향을 보여 주는 증거는 압도적이다. 다큐멘터리 "어플루엔자"(Affluenza)는 미국인들이 1950년 이전 지구의 총인구가 소비한 양보다 더 많은 자원을 지난 50년 동안 소비했다고 밝힌다. 대부분의 미국인은 인도인보다 30배 이상 소비한다. 다큐멘터리 영화 "머천드 오브 쿨"(Merchants of Cool)에 따르면, 1999년에 십대들은 1,000억 달러를 소비했고, 그들의 부모들은 십대 자녀들에게 추가로 500억 달러를 사용했다. 이와 비슷한 통계를 더 많이 인용할 수 있지만 그런 수치들은 이미 분명한 사실을 다시 확인시킬 뿐이다. 우리가 실제로 필요한 것보다 훨씬 더 많이 소비하며, 또한 그 사실을 알고 있다는 것을 말이다. 그러나 우리가 그렇게 많이 소비하는 이유를 분명하게 알지 못하는 경우가 많다.

소비주의의 핵심적 확신

물건을 축적하고 사용함으로써 만족감을 느낄 수 있다. 우리 각자는 성취감을 주고 만족스러우며 의미 있는 삶을 살기 바란다. 성취감을 주거나 만족스럽게 되는 것이 무엇을 뜻하는지 각자 의견이 다를 수 있지만 우리는 소유하고 소비하는 많은 것들을 통해 일정 수준의 만족을 느낀다. 게다가 우리는 소유한 대상에 의미를 부여한다. 자동차는 단순히 차가 아니다. 그것은 우리에게 자유, 지위, 안전을 의미할 수도 있다. 사물에 의미를 부여하는 것 자체가 나쁜 것은 아니다. 사실 그런 일은 피할 수도 없다. 다만, 물건의 축적과 사용에 부여하는 의미가 우리의 적절한 **모든** 요구를 만족시킬 때 우리는 경계를 넘어 소비주의로 전락한다.

몇 년 전, 포드자동차 회사가 우리의 충족 욕구를 자극하는 아주 멋진 광고를 만들었다. 광고의 배경 화면에는 네 개의 차 문을 열어 놓은 포드 레인저 슈퍼 캡이 있었다. 서핑 보드, 카약, 스노우 스키, 산악자전거, 슬리핑 백, 등산 장비, 전자기타, 앰프, 스쿠버다이빙 장비, 낚시 장비가 그 트럭 앞에 진열되어 있고 이 모든 용품들 중앙에는 젊은 남자가 명상을 하듯이 다리를 꼬고 손을 벌린 채 앉아 있었다. 광고문구에 이렇게 적혀 있었다.

스펜스는 자신의 오랜 철학을 새롭게 바꾸었다. 그는 모든 것을 다 가지려면 모든 것 중 하나를 가져야 한다고 말한다. 이것이 그가 신형 포드 레인저를 소유하게 된 이유다. 그는 산 정상에 올라 지혜를 구할 수 있다. 깨달음을 추구하기 위해 일상을 떠날 수 있고 지구와 만날 수 있다. 이 지구상에서 가장 멋진 4도어 소형 픽업 트럭만 있으면 가능하다. 그는 이 자동차가 내적 평화로 가는 길을 열어 준다고 말한다. 그의 영혼은 행복하다.

마케팅의 관점에서 볼 때, 이것은 훌륭한 광고다. 이 광고는 활동을 즐기는 청년층 시장을 겨냥한 것이지만, 일반적인 추세인 정신적 충족 욕구 차원에서도 꽤 설득력이 있다. 그러나 그 함축적 의미는 내적 평화와 행복은 모든 것 중 한 가지, 곧 특히 신형 포드 레인저를 소유하는 데 달려 있다는 것이다. 물질과 정신 사이의 경계를 흐릿하게 만드는 것은 매우 성공적인 판매전술이다. 또한 이것은 성취감을 구매할 수 있거나, 적어도 적절한 상품이 있어야만 성취를 이룰 수 있다는(명시적으로 언급되지 않지만) 우리 문화의 더 큰 확신 중의 하나이기도 하다.

이런 확신은 오직 "적절한 선물"(가령, 아주 비싼 선물)만이 배우자와 자녀, 부모가 얼마나 특별한지를 전해 준다고 암시하는 광고에도 나타난다. 다이아몬드 반지나 목걸이는 남편이 아내를 얼마나 사랑하는지를 보여 주는 증거로 묘사된다. 크리스마스 선물로 준 신형 메르세데스는 가장 깊은 애정을 전달한다. 여기서 일차적인 메시지는, 당신이 그들을 얼마나 깊이 사랑하고 고맙게 여기는지를 보이는 방법은 값비싼 선물을 주는 것이라는 것이다. 행간에 숨은 의미는 물건이 더 비쌀수록, 당신이 상대방을 더 많이 사랑한다는 것이다. 다시 말하면, 소비상품과 사랑을 구분하는 경계가 모호하다.

돈이 곧 힘이다. 돈을 이용해 다양한 형태의 힘을 가질 수 있다. 소비주의는 부를 통해 획득할 수 있는 다양한 힘이 바람직한 것이라는 가정에 기초한다. 가장 기본적인 차원에서 볼 때, 돈은 우리에게 필요한 의식주를 해결할 수 있는 구매력을 제공한다. 돈이 많을수록 의식주에 대한 선택권이 많아진다. 이런 기본적인 사항 이외에도, 금전적 부는 내가 몰고 다니는 차종, 내가 다니는 대학, 언제든지 어디로든 여행을 떠날 자유, 그 외의 수많은 것들을 결정한다.

또한 돈은 지위에 따른 힘을 부여한다. 솔직히 우리는 다른 사람이 우리를 중요한 사람으로 보아 주기를 원한다. 돈은 다른 사람이 우리를 보는 방식을 결정하는 데 핵심적인 역할을 한다. 오늘날 사회적 지위를 나타내는 상징은 허머 자동차다. 허머가 고속도로를 벗어나 달리는 경우가 거의 없지만, 모든 광고에서는 가장 접근하기 힘든 지역을 달릴 수 있는 이 차의 성능을 크게 부각시킨다. 그러면 사람들은 왜 이 차를 구입할까? 이 차를 통해 경제력을 과시할 수 있기 때문이 아닐까? 소비주의는 임금수준과 그 임금으로 구입 가능한 것을 기준으로 다양한 직업과 그 직업 종사자들이 어느 정도 가치가 있는지를 표시한다.

돈은 삶의 불확실성에서 우리를 보호하는 힘을 제공한다. 아마 가장 좋은 예는 보험에 대한 집착일 것이다. 당신의 생명, 주택, 자동차, 혈통이 좋은 강아지 등 당신이 소유한 모든 구체적인 물품은 보험을 들 수 있다. 이들 중 일부는 신중함과 책임의 문제다. 하지만 안전을 확보하기 위해 얼마나 많은 돈을 사용하는지 살펴본다면, 우리가 물품을 잃는 것을 얼마나 두려워하고 불안해하는지 알게 될 것이다. 물품을 잃는 것에 대한 두려움은 우리가 물품에 얼마나 큰 가치를 부여하는지를 드러낸다. 소비주의는 잠재적 위협을 막는 적절한 보호수단을 구입하는 것이 불안에 대한 해결책이라고 우리를 설득하려고 한다. 우리의 정체성이 우리의 소유물로 포장된다면, 소유물을 잃는 것은 곧 자신을 잃는 것을 의미한다.

돈은 또 다른 특별한 영향력, 곧 우리가 중요하다고 생각하는 것을 규정하는 힘을 갖는다. 여러 지표는 점차 부가 추구해야 할 가장 중요한 목표가 되는 추세를 보여 준다. 알렉산더 애스틴(Alexander Astin) 박사는 1969년부터 대학 신입생들을 대상으로 설문조사를 진행해 왔다. 1970년대 초에는 청년층의 70퍼센트가량이 의미 있는 삶의 철학을 발전시키기 위해 대학에 갔다. 오늘날 이 비중이 40퍼센트로 줄었다. 현재 신입생의 75퍼센트는 경제적으로 더 잘 살기 위해 대학에 간다고 말한다.[1] 이 조사는 우리의 순수한 가치를 개선하려는 욕구가 의미 있는 삶의 철학을 발전시키는 것보다 더 중요해진 것이 아니라, 많은 사람들에게 재정적으로 잘 살려는 목적(소비주의의 뿌리)이 삶의 철학이 되었다는 것을 보여 준다. 이 과정에서 소비주의는, 거의 모든 삶의 틀에 대한 이해방식과 마찬가지로 우리가 교육의 역할을 이해하는 방식을 바꾸었다. 그대로 내버려둔다면 돈이 우리의 세계를 규정할 것이다.

조금만 더. 우리 대부분은 기본적인 생존 욕구를 충족하는 수준 이상의 자원을 갖고 있다. 그럼에도 우리는 여전히 더 많은 것을 얻으려고 애쓴다. 왜 그럴까? 우리가 돈을 자유, 지위, 안정을 주는 원천으로 본다면, 더 많이 가질수록 더 행복해진다는 생각으로 쉽게 이어질 수 있다. 당대 세계최고의 부자였던 존 D. 록펠러에게 얼마나 많은 돈이면 만족할 것인지 묻자 그는 이런 태도를 압축적으로 보여 주었다. "조금만 더요."

소비주의가 우리에게 "조금만 더"를 추구하라고 주장할 때, 무엇을 조금만 더 추구해야 하는지를 질문하는 것이 현명하다. 소비주의가 돈과 그 돈으로 얻을 수 있는 것을 기준으로 우리의 욕구를 정의하기 때문에 구매하거나 수량화할 수 있는 것을 더 많이 추구하는 것이 핵심 가치가 된다. 기업은 수익의 기준으로 "더 많이"를 정의하고, 교회는 건물과 교인수를 기준으로 "더 많이"를 생각한다. 소비자는 소비재의 측면에서 "더 많이"를 이해한다. 그렇게 되면 좋은 삶이란 총량을 늘리는 문제가 된다.

    1999년 마사 스튜어트가 뉴욕 증시에 회사 주식을 상장했을 때 하루 만에 주식 가격이 두 배 가까이 올랐다. 순식간에 그녀의 순자산은 수억 달러가 되었다. 마사 스튜어트와 주식중개인 피터 바캐노빅은 내부 정보를 이용하여 주식을 거래하고 그들의 부정행위를 은폐하려고 거짓말을 할 때 아마 "조금만 더"를 생각했을 것이다. 그녀가 "시기적절한 거래"를 통해 번 돈은 5만 달러가량이었다. 이것은 부당거래로 인해 회사의 주식 가치가 폭락하여 발생한 엄청난 자산 손실에 비하면 상대적으로 적은 금액이었다. 참으로 아이러니하다. 그녀는 "조금만 더" 얻으려는 욕망 때문에 징역 5개월, 가택연금 5개월, 보호관찰 2년과 함께 아주 값비싼 대가를 치렀다.

    부유한 기업과 개인은 다른 모든 가치를 희생하고 부를 추구한 것으로 인해 비판받기 쉽다. 하지만 큰 재산을 소유해야만 소비주의적 관점을 취하는 것은 아니다. 극도로 가난한 사람들이 기본적인 생필품을 요구하는 것은 정당하다. 하지만 돈이 성취를 위한 유일한 해결책이라고 믿는다면, 그들 역시 다른 사람들과 마찬가지로 소비주의에 깊게 물든 것이다. 그래서 소비주의 세계관의 조금 더 많이 소유하려는 지속적인 욕망을 다시 돌아볼 필요가 있다. 우리의 소유물이 늘어날수록 필요에 대한 우리의 정의도 커진다. 부유한 사람과 가난한 사람이 모두 소비주의 게임을 할 수 있다. 힘, 지위, 안정, 경제적 자산 등을 얼마나 축적했는지에 상관없이 우리는 항상 더 많은 것을 원하기 때문이다.

소비주의는 사람을 소비 대상으로 본다. 대부분의 사람들은 이런 확신을 말로 표현하지 않는다. 하지만 전면적인 소비주의가 발달하면 사람이 소비 대상이 되어 우리 자신의 만족을 채우는 방식으로 이용하는 상황이 나타난다. 2003년 하반기에 이런 현상을 노골적으로 보여 주는 사례가 나타났다. 패스트푸드 체인점 칼스 주니어(Carl's Jr.)는 휴 헤프너와 그의 아내를 비롯해 몇 명의 미녀들이 출연하는 광고 시리즈물을 제작했다. 광고의 기본적인 메시지는 휴 헤프너가 다양한 여성을 좋아하듯이 다양한 햄버거를 좋아한다는 것이었다. 결론적으로 말하면, 사람이 햄버거와 같은 범주라는 것이다. 헤프너는 지난 50년 넘게 다른 어떤 사람보다 여성을 만족의 대상으로 삼는 사업을 더 많이 벌였기 때문에 그를 햄버거의 대변인으로 보는 것은 파격적이었다. 그러나 더 충격적인 사실이 있다. 우리 문화가 인간의 대상화를 받아들이고 대기업이 햄버거와 같은 소비재와 여성을 대놓고 비교하는 광고를 내보내도 안전하다고 여기는 지경까지 이르렀다는 점이다.

사람을 다른 목적을 위한 대상이나 수단으로 취급하는 경향은 다른 분야에서도 확연히 드러난다. 부모들은 자녀의 고유한 가치를 자녀의 학업이나 운동 분야의 성과와 바꾸고 싶은 유혹과 싸운다. 인생의 가치를 일깨우는 내면의 지침을 잃어버려서 우리는 사람들을 실험용 쥐처럼 취급하지 않도록 하는 외부적 장벽과 규칙을 세워야 했다. 그런데 우리는 이 규칙을 조금씩 갉아먹고 있는 듯하다. 직장에서 더 많은 성과를 내면 좋게 여기지만, 가족과 시간을 보내려고 잔업을 거부하면 별로 좋아하지 않는다. 기독교 단체도 예외 없이 사람들을 대상화하고 싶은 유혹에 빠진다. 업무 성과에 대한 요구 때문에 기독교 단체가 핵심 원칙이라고 주장하는 직원들의 영적 가치 추구는 설 자리를 잃고 만다. 요약하면, 소비주의의 영향 때문에 하나님의 형상으로 지음 받은 사람을 소중하게 여기기가 힘들다. 내 필요와 욕구 충족이 내 목적을 결정한다면, 다른 것들은 이 목표를 달성하는 데 도움이 되는 한도 내에서만 가치를 지니게 된다.

내 욕구를 충족하는 데 방해가 되는 것을 버린다. 소비주의가 개인적인 욕구를 충족하는 데 유용할 때에만 사물이나 사람을 소중하게 여기는 것이라면, 논리적으로 생각할 때, 욕구 충족에 쓸모없는 것들은 모두 버릴 수 있고 또한 버려야 한다. 우리는 이런 일을 상당히 잘 수행해 왔다. 다큐멘터리 "어플루엔자"는 미국인들이 매년 버리는 쓰레기 양이 7백만 대의 차량과 6천 대의 DC-10 항공기를 만들 수 있을 정도의 알루미늄 캔을 포함해서 쓰레기 청소차를 일렬로 늘어놓는다면 지구에서 달까지 이르는 거리의 절반에 해당한다고 밝혔다. 매년 버리는 양이 이 정도다!

더 이상 필요 없다고 여기면 무엇이든 버리는 데 우리가 꽤 익숙해졌다는 사실은 부정하기 어렵다. 이 사실이 사람을 대상으로 격하시키는 소비주의적 경향과 결합된다면, 사람을 폐기 가능한 것으로 보는 경향이 나타날 것이라고 예상할 수 있다. 비록 극단적인 예이긴 하지만, 인기 있는 쇼 프로그램인 "서바이버"(Survivor)는 바로 이런 사고를 이용한다. 이 쇼의 전제는, 다른 사람들을 이용하여 다음 방송까지 자신이 살아남는 것이다. 한 사람이 팀 내에서 골칫거리가 되면, 팀원들이 그를 공격하고 투표를 통해 팀에서 그를 빼 버린다.

실제로 우리의 삶은 항상 "서바이버" 쇼와 같이 노골적이진 않지만, 인간관계가 점차 거래의 관점에서 고려되는 것 같다. 우리는 우정이나 결혼을 고유한 가치를 가진 관계로 생각하지 않고 필요를 채우는 수단으로 여긴다. 그 관계에서 더 이상 욕구를 충족시키지 못하면, 그 관계를 버리고 우리의 자원을 더 잘 활용할 수 있다고 여기는 다른 관계를 찾는다. 우리는 헌신에 가치를 두는 대신 끊임없이 새롭고 흥미로운 대상을 찾는다.

소비주의의 긍정적 측면

소비주의에도 옳은 점이 한 가지 있다. 인간에게는 소비를 통해서 직접 해소해야 하는 욕구가 있다는 것이다. 에이브러햄 매슬로(Abraham Maslow)가 소비와 욕구의 관계를 이해하는 유용한 도구를 제시했다. 그의 인간 욕구단계 이론은 먼저 기본적인 생리적 욕구와 안전의 욕구로부터 시작하여 점차 소속감과 애정의 욕구로 올라간다. 그뿐 아니라 우리에게는 존경의 욕구와 지위에 대한 욕구도 있다. 이 피라미드 꼭대기에는 이른바 자아실현(괜찮다면 이 용어를 **구원**이란 단어로 바꿀 수도 있다)의 욕구가 있다. 매슬로의 욕구단계 이론에서 가장 낮은 욕구들은 충족될 때까지 보통 우리의 주된 관심사가 된다. 기본적인 욕구가 충족되어야 윗 단계로 올라가 더 높은 욕구에 집중할 수 있다. 이런 상황이 마땅한지에 대해서는 논쟁할 수 있지만, 이런 욕구의 이해가 실제 상황을 정확하게 보여 준다는 점을 부인하기 어렵다. 극도로 지치거나 굶주리거나 신체적 위협을 당할 경우, 우리는 사랑스럽고 사교적인 사람이 되기 어렵다.

매슬로의 인간 욕구단계 이론이 비록 불완전하게나마 현실을 반영한다면, 이 이론은 세계관으로서의 소비주의의 매력뿐 아니라 소비의 긍정적인 측면을 이해하는 데 도움이 된다. 단계 피라미드의 바닥에 있는 가장 기본적인 욕구가 소비와 긴밀하게 연결된다는 것을 알 수 있다. 음식과 의복은 신체를 위한 필수품이다. 우리는 자연에서 얻은 것들을 이용하여 이런 욕구를 충족시킨다. 달리 말하면, 물질적 재화의 사용과 기본적 차원의 욕구를 만족시키는 것 사이에는 거의 일대일 대응관계가 존재한다. 윗 단계로 올라가 가령, 우정이나 타인에게 존경받기를 원할 때도, 기본적인 욕구는 아니라고 해도 물질적 재화와의 연결은 여전히 존재한다. 소비주의가 모든 인간에게는 소비와 연결된 필수적인 욕구가 있다는 점을 주목한 것은 분명히 옳다. 나중에 검토하겠지만, 소비주의는 모든 욕구를 축적과 소비를 통해 해소할 수 있는 것으로 이해하는 잘못을 저지를 위험이 있다.

1. 나의 자원을 사용하는 방법은 내가 결정한다. 성인이 되면 어린아이 때보다 의사결정을 할 자유가 더 많아진다. 자유를 얻은 성인들은 중요한 의사결정을 직접 해야 한다. 어떻게 돈을 벌까? 돈을 벌면 그것으로 무엇을 할까? 돈으로 무엇을 기대할 수 있을까? 부와 그 부의 사용에 관한 우리의 의사결정은 다양한 문제와 관련되어 있다. 가령, 우리가 추구하는 교육 형태가 무엇인지, 시간과 에너지를 어떻게 사용할지, 어디에서 살지를 판단하는 것과 관련된다. 달리 말하면, 소비는 부가 여러 형태의 자유와 밀접하게 연결된다는 사실을 상기시킨다.

물론 자유 자체는 종종 그렇게 말하는 것과는 달리 완전한 선이 아니다. 사실 어린아이나 범죄자에게 더 많은 자유를 주면 나쁜 일이 일어날 수 있기 때문에 그들의 자유를 제한한다. 늘어난 자유가 책임과 결합할 때에만 유익한 결과를 낳는다. 결론은 소비주의가 우리에게 광범위한 자원 사용 가능성을 일깨워 줌으로써 선택 가능성을 알게 하며, 우리에게 크나큰 선택의 자유가 있음을 알려 준다는 것이다. 이것은 창조 이야기의 중요한 일부다. 하나님은 인간이 하나님이 창조하신 자원을 사용할 때 선택의 자유를 줌으로써 인간에게 아주 큰 영예를 부여하신다. 또한 인간이 자신의 결정에 책임지게 함으로써 인간을 높이신다. 간단히 말하면, 소비주의 사회에서 제시된 엄청나게 많은 선택권은 우리가 얼마나 많은 자유를 갖고 있는지, 그리고 자유와 함께 얼마나 큰 책임을 져야 하는지를 일깨우는 역할을 할 수 있다(그러나 소비주의 세계관은 책임 있는 결정을 내리는 방법에 대해서는 유용한 지침을 제시하지 않는다.)

2. 소비주의는 경쟁과 새로운 사고를 촉진한다. 아주 거대한 자원과 그런 자원을 이용할 수 있는 선택권을 가진 사회생활의 긍정적인 측면은, 돈을 향한 경쟁이 유익할 수 있다는 점이다. 물건을 만드는 사람은 자기 제품을 더 많이 팔기 원한다. 그러려면 생산자는 시장 원리에 따라 사람들이 사고 싶어 하는 물건을 만들어야 한다. 이 과정을 통해 엄청난 혁신이 일어날 수 있다. 이것을 쉽게 설명해 보자. 오래전부터 컴퓨터를 구입해 온 사람들은 컴퓨터가 매우 강력하고 저렴해진 것에 놀란다. 우리에게 필요한 다양한 기본 서비스나 재화의 경우, 이전보다 가격이 저렴하면서도 품질은 향상된 제품을 더 쉽게 이용할 수 있다. 의료 기술의 혁신으로 우리의 수명이 얼마나 늘어날지 누가 알겠는가? 소비주의의 이익이 다른 분야에서 큰 대가를 동반한다는 점을 잊지 말아야 하지만 더 새롭고, 좋고 값싼 재화에 대한 요구가 창조성과 새로운 사고를 촉발하고 때로 그런 혁신 때문에 우리가 큰 유익을 누린다는 점을 부정할 수는 없다.

소비주의의 문제점

1. 소비주의는 환원주의적 방식으로 우리의 욕구를 정의한다. 앞서 언급한 에이브러햄 매슬로는 당신이 가진 것이 망치뿐이라면 모든 것이 못으로 보이기 시작할 것이라고 말한 것으로 유명하다. 망치는 못을 박는 훌륭한 도구(나의 경험에 따르면 엄지손톱을 찧는 데도 좋다)지만, 올바르지 않게 사용할 경우

끔찍한 파괴가 일어날 수 있다. 돈 역시 그렇다. 돈을 적절한 방식으로 사용한다면, 매우 유익하다. 하지만 소비주의가 모든 문제를 부와 그 부의 결과물로써 풀 수 있는 것으로 정의한다면, 아주 나쁜 결과가 발생하고 만다. 달리 표현하면, 소비주의는 환원주의적이라는 말이다. 소비주의는 모든 것-우리의 욕구, 사람과 관계에 대한 우리의 이해, 심지어 하나님까지-을 부를 사용하여 해소하거나 풀 수 있는 범주로 환원한다. 이런 환원은 모든 것의 진정한 가치를 왜곡한다. 또한 힘과 안정을 추구하는 소비주의가 실제로는 무기력과 두려움을 양산하는 역설적인 결과를 낳는다. 이 과정을 간단하게 살펴보자.

앞서 언급한 환원주의의 첫 번째 형태는, 소비주의가 우리의 욕구를 하나의 범주로 환원하는 경향이 있다는 것이다. 욕구에 대한 제한적인 정의에 따른 근본적인 문제는 매슬로의 인간 욕구단계 이론을 이용하여 설명할 수 있다. 매슬로는 우리가 이미 경험을 통해 알고 있는 것을 지적한다. 즉 인간은 존재의 모든 차원-사회적·심리적·도덕적·지적·경제적·생리적·영적 차원-에 각각 대응하는 중요한 욕구를 가진다는 사실이다. 소비주의는 우리로 하여금 이런 모든 욕구를 신용카드로 구입 가능한 물건으로 채울 수 있다고 믿게 만든다.

우리의 욕구 중 일부는 경제적인 수단으로 충분히 해결할 수 있다. 하지만 소비주의는 돈으로 해결할 수 없는 욕구가 발생할 때 심각한 문제에 부딪힌다. 그래서 소비주의는 어쩔 수 없이 대체물을 만든다. 미덕은 살 수 없는 것이므로, 소비주의는 많은 돈 덕분에 우리가 사회적으로 존경받을 것이라고 말한다. 돈으로 사랑은 살 수 없지만 섹스는 살 수 있다. 영원한 생명은 살 수 없지만 건강관리, 생명보험, 커다란 묘비는 살 수 있다. 당신이 거금을 주고 하나님을 살 수는 없지만 탄탄한 교회 예산을 사용해 하나님에 대해 매력적으로 말할 수 있는 설교자를 고용할 수 있다.

물론 대체물을 구입한다고 해서 우리의 진정한 욕구가 해결되지는 않는다. 소비재를 통해서라도 사랑, 우정, 진정한 존경과 영적 활력을 얻으려고 애쓰지만 원하는 것이 충족되지 않는다. 실제적인 욕구는 여전히 채워지지 않고 남아 있다. 이 때문에 소비주의가 끊임없이 조금만 더를 요구하는 것이다. 소비주의는 우리가 더 많이 가지면 인생의 구멍이 채워질 것이라고 말한다. 그러나 돈은 지적 성장, 도덕적 미덕, 사랑, 진정한 존경, 하나님을 향한 정당한 욕구를 결코 채워 주지 못한다. 조금만 더가 우리의 욕구를 해결해 주지 못한다. 모조품은 진품을 결코 대체할 수 없다.

소비주의적 환원주의의 두 번째 형태는, 소비주의가 인격적인 것을 지속적으로 비인격화시키는 것이다. 내가 목사로 사역하고 있을 때, 갈등을 겪고 있는 젊은 커플이 도움을 청했다. 나는 그들에게 우선순위가 무엇인지 물었다. 젊은 여성은 두말 않고 약혼자가 가장 중요하다고 말했다. 그녀는 약혼자를 위해 무엇이든지 하려고 했다. 사실 그녀는 약혼자가 투자 목적으로 구입한 집을 돌보느라 꽤 많은 시간 동안 일했다. 이와 반대로, 그녀의 약혼자는 경제적 안정이 인생에서 가장 중요하다고 했다. 그가 그녀를 바라보며 말했다. "당신과 나의 관계보다는 경제적 안정이 훨씬 더 중요해." 그녀의 얼굴에 잊을 수 없는 깊은 배신을 당한 표정이 드리워졌다. 젊은 여성은 한 인간으로서의 자기 존재가 경제적 안정보다 우선순위에서 밀린다면, 의미 있는 관계를 맺을 수 없다는 것을 깨달았다. 그녀는 현명하게도 파혼했다.

부의 분배 불균형이 사람의 가치를 평가하는 방식을 왜곡할 때, 돈의 비인격적 힘이 기업 차원에서도 나타난다. 자끄 엘륄(Jacques Ellul)이 지적하듯이, "가난 때문에…가난한 사람들이 완전히 소외되고, 이 소외로 인해 노동자들은 부자들의 손아귀에 놓이고, 부자들은 자신들의 법과 삶의 개념, 사상과 종교를 가난한 사람들에게 강요한다."[2] 물론 우리는 대다수의 부자들(포괄적으로 볼 때, 이 책을 살 수 있는 충분한 소득이나 이런 책을 쓸 수 있는 충분한 시간을 가진 사람도 포함된다)이 다른 사람을 억압할 의도를 갖고 있다고 보지 않는다. 그러나 솔직히 말하면, 부의 불평등은 사람들이 상품화되는 상황을 유발한다는 점을 부인하기는 어렵다.

심지어 최선의 의도를 갖고 있다 해도, 우리는 다른 사람이 우리를 위해 일하는 것을 좋아하기 때문에 사람을 상품으로 취급하기 쉽다. 더 솔직한 언어로 표현하자면, 우리의 목적을 위해 사람을 이용하는 것에 구미가 당긴다. 자신의 승진이라는 관점에서 직장 동료를 바라보거나, 개인적인 만족이라는 관점에서 결혼을 생각할 수도 있다. 사람을 대상으로 볼 때, 이런 시각은 매우 적절한 것이 된다. 대상은 우리의 유익을 위해 사용하는 것이기 때문이다. 그러나 사람은 인간이지 대상이 아니므로 우리의 관계는 다른 사람의 욕구도 고려해야 한다. 인간관계는 서로 주고받는 관계다. 소비주의는 인간을 원하는 것을 얻는 수단으로 바라보기 때문에 인간을 대상으로 전락시킨다.

환원주의의 세 번째 형태는, 하나님을 돈으로 대체하는 것이다. 예수님은 다음과 같은 말씀으로 환원주의의 이런 유혹을 인식하신다. "하나님과 재물을 겸하여 섬기지 못하느니라"(마 6:24). 우리가 하나님을 돈으로 대체하도록 허용한다면, 맘몬(돈)은 하나님과 경쟁자가 된다. 맘몬은 우리가 의지해야 할 분이신 하나님이 하시는 일과 같은 일을 한다고 주장하기 때문이다. 맘몬은 안정, 지위, 힘을 약속하며, 그 대가로 우리에게 충성을 요구한다. 또한 부차적인 역할에 결코 만족하지 않고 우리의 깊은 헌신을 얻어 내려고 하나님과 경쟁한다.[3] 우리의 깊은 헌신은 오직 하나님께만 드려져야 하는데, 소비주의적 추구가 우리 삶에서 우선순위가 될 때 소비주의는 세속적인 형태의 종교가 되고 만다. 그러나 맘몬은 끊임없이 요구하는 신이다. 대차대조표상 흑자임에도 불구하고, 맘몬의 구원은 항상 "조금만 더" 요구한다.

2. 소비주의는 우리의 가치관을 재정의한다. 도미니크 수도회를 창설한 도미니크 수도사에 관한 일화가 있다. 13세기에 그는 로마로 가서 교황 이노센트 3세를 방문했다. 바티칸을 둘러보니 엄청난 보물들이 눈에 띄게 진열되어 있었고 교황이 이런 말을 했다(행 3:6 참조). "베드로[교회를 상징한다]는 '은과 금은 내게 없거니와'라고 더 이상 말할 수 없습니다." 도미니크 수도사가 대답했다. "또한 그는 '일어나 걸으라'고 말할 수도 없습니다." 도미니크 수도사의 요점은, 우리가 부를 통해 이용할 수 있는 여러 가지 힘을 중요하게 여기면, 더 중요한 다른 종류의 힘을 소홀히 여기게 된다는 것이다.

이것이 사실이라면, 그리고 한때 하나님이 주시는 영적인 힘을 소중하게 여겼던 사람들도 나중에 그 능력을 금전적 힘으로 대체한다면, 우리는 이런 사태가 발생하는 과정을 이해해야만 한다. 우리가 무엇을 소중하게 여기는지를 평가하는 가장 좋은 방법은, 무엇을 잃는 것이 가장 두려운지를 자문하는 것이다. 삶을 신중하게 성찰하는 사람이라면, 아주 다양한 위협 앞에서 자신이 무력함을 인정할 것이다. 그렇기에 이런 자문은 흥미로운 사실을 보여 줄 수 있다. 당신이 취약하고 통제할 수 없다고 느끼는 부분을 나열해 보라. 범죄와 자연재해로부터의 안전, 다음 번 모기지 대출금과 학교 등록금 지불, 건강문제, 자녀에 대한 영향력, 동료의 평가 등 이런 목록을 계속 나열할 수 있을 것이다. 사람들이 얼마나 두려워하는지를 알고 싶다면, 광고주의 말을 주의 깊게 들어 보라. 그들은 불쾌한 몸 냄새에서부터 우리의 생명에 이르기까지 모든 것에 대한 우리의 불안을 예리하게 알고 있다.

이 모든 불확실성에 직면한 우리는 자연스럽게 위협적인 상황을 피하거나 없애려고 애쓴다. 그러면 상황이 복잡해진다. 우리 삶의 어느 측면과 주변 환경에 대한 통제를 주장하는 것은 우리의 책임이고, 적절한 한계 안에서 돈을 사용하는 것은 매우 유용하기 때문이다. 돈이 모든 것을 통제할 수 있다는 환상을 가질 때 위험이 닥친다. 이 환상은 돈을 충분히 갖고 있으면 (이미 가진 것보다 항상 '조금 더 많은' 금액) 모든 상황을 통제할 수 있으며 위협이 사라질 것이라고 생각하도록 오도한다.

그러나 모든 것을 통제하고 싶은 우리의 욕망은 두 가지 중요한 문제에 봉착한다. 첫째, 소비주의는 우리가 가진 힘의 크기를 지나치게 과장한다. 정직하게 평가해 보면, 우리의 행복을 방해하는 대부분의 위협은 물건을 구입하거나 돈을 쏟아붓는다고 해서 사라지는 것이 아님을 곧바로 알 수 있다. 그중 가장 명백한 예는 죽음이다. 소비주의에서 가장 중요한 것은 우리의 생존이다. 우리의 모든 두려움은 생존의 지속과 관련된 것이기 때문이다. 그러나 엄청난 부자라고 해도 자신이 죽는다는 것을 안다. 죽음을 잠시 늦출 수 있을지는 모르지만 궁극적으로 그들이 (그리고 우리가) 할 수 있는 일은 아무것도 없다. 둘째, 상황을 통제하려는 소비주의의 충동은 우리가 소유물의 궁극적인 원천이나 주인이 아니라는 점을 망각한다. 우리가 구입하는 제품에 어떤 유명 상표가 붙어 있다 해도, 궁극적으로 이런 제품을 만드는 데 이용하는 재료의 원천은 하나님이시다. 게다가 성경은 우리가 구입하는 물건에 대해 합법적인 재산권을 갖고 있다 해도 궁극적인 소유권이 하나님께 있다고 말한다. 이것은 에덴동산의 중요한 교훈 중의 하나다. 동산에 거주하는 인간은 동산을 즐길 특권을 갖고 있었다. 하지만 그들은 중간관리자였을 뿐이다. 동산의 소유자는 하나님이시다. 따라서 그들의 특권에는 자신의 창조를 매우 만족해하는 소유자를 대신하여 좋은 관리자의 역할을 수행할 책임이 수반되었다. 달리 말하면, 하나님에게서 비롯되었고 그분의 소유물인 것에 대해 인간의 소유권을 주장하는 소비주의는 잘못된 교만의 또 다른 형태일 뿐이다.

그릇된 교만은 그것이 교만이라는 점 때문에 위험하지만 아울러 이것이 오도되었다는 점에서 두 배로 위험하다. 소비주의적 세계관에 따르는 삶의 결과를 살펴보면, 안전, 힘, 명성에 대한 추구는 실제로 전혀 다른 결과를 낳는다. 더 많은 돈을 축적하는 사람은 결국 더 복잡한 금고를 사고 더 많은 경호원을 고용한다. 힘을 가진 사람은 힘을 잃을 경우 벌어질 일에 대해 근심한다. 유명 인사들은 홍보전문가를 고용하여 사람들이 그들에게 계속 찬사를 보내게 하고, 그들을 흠모하는 사람들로부터 자신을 보호하기 위해 경호원을 고용한다. 우리는 돈이 보장하는 것들을 결코 충분히 가질 수 없다. 따라서 돈은 우리의 불안, 무력감, 무의미에 대한 두려움을 없애는 실제적인 해결책이 될 수 없다.

결론

이 장의 서두에서, 하나님이 소비재를 사용하고 누리는 것이 인간성의 일부가 되도록 우리를 창조하셨다고 언급했다. 게다가 우리가 하나님이 예수님의 인격 안에서 실질적인 인간성을 취하신 성육신을 진지하게 받아들인다면, 당연히 예수님에게도 공기, 음식, 집과 같은 물질적 욕구가 있었다고 말할 수 있으며, 예수님이 이 세상의 다양한 활동을 즐기셨다고 믿는 것은 무리가 아니다. 간단히 말해서, 성육신은 창조세계를 통해서 분명히 드러난 것을 확인해 준다. 소비는 하나님이 인정하신 것이다. 적절한 자리를 유지하는 한 말이다.

창조 이야기는 소비에 대한 적절한 관점을 발전시키도록 도와준다. 창조 이야기는 우리 인간을 창조세계의 중간 관리자 또는 "청지기"로 규정한다. 우리는 창조주이자 소유주이신 하나님과 그분이 사랑하시는 창조세계 사이에 있다. 청지기라는 자리는 우리에게 하나님과 창조세계에 대해 책임이 있음을 말해 준다. 관리자의 의무를 진 우리는 지구상에 사는 다른 창조물들과 창조세계의 유익을 위해 행동해야 할 책임이 있다. 우리가 보호해야 할 것을 남용할 때 우리는 책임을 회피하는 것이다. 우리는 자연자원을 사용하되, 소유주의 의도에 맞게 현명하게 사용해야 한다.

자연의 주인이신 하나님은 창조세계에 관심을 두신다. 하나님에 대한 우리의 책임 때문에, 창조세계에 대한 우리의 청지기직은 우리의 영성과 분리되지 않고 우리의 영적생활과 통합된다. 그러므로 "우리에게 필요한 것은 오직 하나님뿐"이라는 경건한 고백이 영성에 대한 잘못된 이해를 낳을 수도 있다. 하나님은 우리를 다양한 욕구-생물적·사회적·심리적·영적·경제적 욕구-를 가진 존재로 창조하셨다. 또한 그것을 충족시키기 위해 필요한 것을 다양한 방식으로 공급하셨다. 굶주린 자를 먹이고, 집 없는 이에게 거처를 제공하고, 불의에 맞서고, 화해를 선포하는 기독교 사역이 타당한 이유가 바로 이것이다. 이것은 소비주의를 매력적으로 느끼게 하는 진리의 한 측면이다. 소비주의는 모든 인간에게 물질적 욕구가 있다는 점을 인정한다. 그리고 하나님은 그런 욕구를 충족시키는 데 상당한 관심을 두신다. 소비주의가 인간을 오로지 물질적 욕구의 관점에서만 바라보기 때문에 비판받아야 마땅하다. 하지만 인간의 물질적 욕구를 무시하는 모든 기독교적 형태도 비판

받아야 한다.

청지기의 역할에 대해 이야기할 때 **의무**와 **책임** 같은 용어가 종종 등장한다. 이런 용어는 창조세계 안에서의 우리 위치를 이해하는 데 기본적 부분이다. 관리자는 좋은 결정을 내려야 하고 그 결정을 수행할 일정한 수준의 자유를 부여받는다. 하나님은 이와 똑같은 방식으로 우리를 대하신다. 하나님은 우리에게 경제적 자원을 다루는 방법에 대해 어느 정도 폭넓은 지침을 제시하신다. 하지만 매사에 무엇을 해야 할지를 정확하게 말해 주는 마법 공식을 주시지 않는다. 우리는 정직하고 사려 깊은 분별을 활용해야 한다.

그러면 어떻게 소비주의에 빠지지 않고 경제를 돌보는 책임과 소비 욕구의 균형을 맞출 수 있을까? 우리는 어느 부분에서 하나님의 자원에 대한 적절한 관리와 폭력적인 교만 사이의 경계선을 넘는가? 이것이 우리가 대답해야 할 난제다. 우리의 일상생활에서 두 가지 사례를 들어 설명해 보겠다. 사이클을 즐기는 마크는 1200달러짜리 자전거를 갖고 있다. 그는 사이클을 통해 몸을 관리하고 여가생활도 즐긴다. 마크는 에이즈바이러스 양성 환자들과 그들의 가족이 함께 일하는 단체인 풋힐 에이즈 프로젝트(Foothill AIDS Project)에 필요한 승합차를 구입하기 위해 모금행사에서 자전거를 타려고 했다. (안타깝게도, 2주 전에 사고를 당해서 자전거를 탈 수 없었지만 그는 자전거를 타는 다른 사람들과 동행했다.) 스티브는 커피 애호가다. 그는 사무실에 비치된 커피를 마시지 않고 맛이 더 좋은 커피를 사서 마신다. 어느 정도 시간이 흐르면, 그동안 디카페인 커피를 사는 데 들인 돈이 1200달러짜리 자전거를 살 정도가 된다.

두 사례를 보면, 우리는 다소 값비싼 즐거움을 누린다. 기본적인 필요를 채우지 못해 굶어 죽는 사람들이 있는데, 우리의 소비가 정당한지를 판단해야 한다. 물론 이런 방식으로 말하면, 이런 지출을 정당화하기는 매우 어려워 보인다. 이것은 정확히 그리스도인이 수행해야 하는 싸움이다. 이런 구매는 정당한가? 아니면 합리화할 수 있는가? 성경은 우리가 매일 직면하는 모든 소비 결정에 대해 "올바른 대답"을 구체적으로 제공하지 않는다. 그래서 이 질문에 답하기는 쉽지 않다.

우리가 할 수 있는 최선은, 앞서 언급한 몇 가지 사항을 명심하고 계속 싸우는 일이다. 우리의 소비 결정이 경제적인 선택을 영성의 문제로 만드신 하나님 앞에서 이루어지고 있음을 기억해야 한다. 소비는 우리를 위한 하나님의 계획이다. 하지만 그것은 단지 일부일 뿐이다. 우리의 의사결정에서 가장 어려운 요소 중 하나는, 자신이 경제적인 결정을 내리는 이유에 대해 솔직해지는 것이다. 따라서 좋은 결정을 내리기 위해서는 자신을 정직하게 성찰해야 한다. 끊임없이 우리를 소비주의로 끌어당기는 영향력을 인식하지 못한다면, 우리는 심각한 위험에 빠지고 만다. 아울러 돈에 대한 기독교적 관점에는 소비에 대한 포괄적인 시각이 필요하다. 또한 우리의 선택이 미치는 광범위한 파급효과를 인식하고, 심지어 우리가 이해할 수 없는 결과를 낳을 수도 있다는 인식을 가져야 한다.

마지막으로, 앞서 말한 내용에 비추어 볼 때, 우리가 경제문제에 대해 다른 사람들과 그다지 대화를 나누지 않는다는 점은 주목할 만하다. 소비주의의 위험, 청지기직과 영성의 관련성, 공동체에 대한 우리의 책임을 지적하는 성경의 모든 내용을 고려할 때, 하나님이 우리에게 맡기신 것들에 대해 좋은 관리자가 되려면 우리는 다른 신자들과 더 많이 소통해야 한다.

소비주의가 우리 문화에서 기독교 세계관과 경쟁하는 가장 유력한 경쟁자라고 해도 지나치지 않을 것이다. 우리를 소비주의로 끌어당기는 힘은 어디에나 존재한다. 우리가 가진 부는 점차로 우리가 경제적 자원에 더 의존하게 한다. 대체로 소비주의는 겉으로 잘 드러나지 않기 때문에 더욱 위험하다. 소비주의를 구원의 방도로 받아들이는 것을 인정하는 사람은 거의 없다. 그러나 소비주의는 늘 우리 눈에 띄려고 애쓴다. 예를 들어, 수년 전에는 "가장 많은 장난감(삶에서 꼭 필요하지는 않지만 있으면 좋은 것들을 의미함-역주)을 갖고 죽는 사람이 승리자다"라는 문구를 범퍼 스티커에 적은 차가 흔했다. 이 문구가 보여 주는 세계관의 문제는, 우리가 그것을 공개적으로 고백하거나 그것이 진실인양 살든 간에, 혹은 우리가 얼마나 많은 장난감을 모았든 간에, 결국 우리가 가진 것은 단지 장난감뿐이라는 것이다. 장난감은 우리가 장난감의 한계를 이해하고 그에 따라 사용하는 한 훌륭한 것이다. 그러나 장난감이 하나님의 자리를 차지할 때 우리에게 결코 만족을 주지 못한다.

4

하나님의 선택을 받은 우리나라: 국가주의

예수님이 오늘날 이 땅에 살아 계신다면 애국자이실까? 당신은 어떻게 생각하는가? 사실 내가 진짜 궁금한 것은 따로 있다. 혹시 이 질문을 "예수님은 애국심이 강한 미국인이실까?"라고 이해한 것은 아닌지 궁금하다. 예수님이 이 땅에 계실 때 미국인이 아니었다는 사실은 알고 있다. 그래서 그분이 오늘날 이 땅에 살아 계신다 해도 미국인일 것이라고 생각하지 않는다. 예수님이 미국 시민일 가능성은 매우 낮다. 미국 인구는 세계 인구의 3-4퍼센트에 지나지 않으며, 세계에는 200여 개의 공식 국가가 존재한다. 게다가 예수님이 실제로 태어나신 장소는 당대의 초강대국이 아니었다.

예수님이 미국의 애국자였는지에 대한 질문이 공정하지 않음을 인정한다. 하지만 우리 자신의 기준으로 이 문제를 생각해 보는 것은 자연스러운 일이다. 게다가 자신의 국가만이 유일하게 하나님의 가호를 받으며 그분의 계획에 꼭 필요하다고 생각(예외주의 사상이라고 하면 국가주의의 씨앗이 된다)하기 때문에, 예수님이 오늘날 성육신하신다면 다른 국가에 태어날 수도 있다는 생각이 불편하지 살펴봐야 한다.

우리가 이 책에서 살펴보는 여러 세계관들 가운데서, 종교적 국가주의는 좀더 특별하다. 미국의 보수적인 기독교계에서 이런 세계관을 흔히 볼 수 있기 때문이다. 미국의 초강대국 지위와 오랜 정치제도는 국가주의적 사상에 강력한 토대를 제공한다. 이런 토대가 미국이 기독교 국가라는(경우에 따라서는 과거에 기독교 국가였다는) 꽤 널리 퍼져 있는 신념과 결합하면 국가주의는 그리스도인에게 매력적인 세계관이 된다. 모든 형태의 국가주의가 종교적 성향을 띠는 것은 아니다. 하지만 대부분의 국가주의는 종교적 성향을 띤다.

국가주의를 기독교와 경쟁하는 일상생활의 세계관이라고 말할 때, 행여나 애국심을 비난하는 것으로 받아들이지 않기를 바란다. 우리는 자국에 대한 사랑, 곧 애국심이 선하고 필요한 것임을 분명히 안다. 그러나 균형을 잃고 특정 국가에 최고의 충성을 바치는 애국주의는 악하고 파괴적인 것이다. 기본적으로 국가주의는 선한 애국주의가 균형을 잃고 왜곡된 것이다. 선한 애국주의와 국가주의의 경계를 명확하게 가르는 일은 결코 쉽지 않다. 하지만 우리는 자기 점검을 위한 잠재적인 기준을 제공하려고 노력할 것이다. 그전에 먼저 국가의 성격을 자세히 살펴보는 것이 좋겠다. 국가주의가 흔히 종교―아마도 우리 자신의 종교―를 끌어들이는 이유를 이해할 수 있기 때문이다.

국가의 탄생

국가는 영원히 존재하지 않는다. 탄생했다가 사라진다. 따라서 우리는 국가가 만들어진 것이며, 더군다나 인위적인 창조물이라는 점에 초점을 맞추어 논의할 것이다. 가령, 미국의 국경선 안에 포함되어 미국 사법권 관할 아래 놓인 지역은 비교적 짧은 미국 역사에서 상당히 바뀌었다. 반란, 정착, 구입, 정복, 병합, 자치령에서 주(州)로의 이전을 통해 미국 지도는 수많은 변화를 거쳤다. 미국 국경이 지금은 상대적으로 안정되었다고 생각할지 모르겠다. 하지만 역사는 "미합중국"이 100년 후에도 지금과 동일한 국토를 갖고 있을지 확실하지 않고, 미국이 존재하지 않을 수도 있다는 점을 일깨워 준다. 100년 전의 세계와 오늘날의 세계를 비교해 보면 이 말을 이해할 것이다.

단지 국경선이 자주 바뀌고, 국가가 임의적으로 탄생하기 때문에 국가가 인위적인 존재라고 말하는 것이 아니다. 한 집단이 왜 하나의 특정 국가와 관계를 맺어야 하는지를 해명해 주는 정당한 근거는 없다. 때로 국가는 오래된 식민지 체계나 공통의 역사에 의해 규정된다. 다른 경우에는 언어, 문화, 전통, 부족, 인종, 종교적 공통성이 국가 형성의 기초가 되기도 한다. 호주나 다른 섬 국가의 국경은 국경 범위 내의 사람들이 여러 측면에서 근본적으로 다르지만 지리적 환경에 의해 설정된다. 다른 국가의 경우, 앞서 말한 요소들은 한 국가가 탄생하기 위해 반드시 초월해야 하는 것들이다. 미국 역사 초기에는 각 식민지에 살던 사람들이 다양한 언어, 문화, 종교, 역사적 배경을 갖고 있어서 하나로 통일되기가 무척 어려웠다. 처음에는 자유나 평등 같은 공통의 목적이나 이상 속에서 조화를 추구했다. 그러나 시간이 흐르면서 미국의 국가 정체성의 많은 부분이 이런 공통적인 이상에서 공통의 역사를 포함하는 것으로 바뀌었다. 요약하면, 국가의 특징은 불변하는 것이 아니라 시간이 흐르면서 변한다. 이상의 내용을 두 가지 요점으로 정리할 수 있다. 첫째, 국가 탄생의 원천은 국가마다 매우 다양하다. 둘째, 국가의 기초가 되는 요소들이 상황에 따라 통일국가를 이루는 데 최대의 장애가 될 수도 있다.

앞의 내용은 국가가 독특한 정체성을 가진 정치적 존재가 되기 위한 정당성을 찾는 방법을 말해 준다. 하지만 **왜** 국가가 탄생하는지는 말해 주지 않는다. 과도한 단순화의 위험을 무릅쓰고 말한다면, 이 질문은 힘의 문제로 요약할 수 있다. 힘은 아주 밀접한 세 가지 방식—안정, 군사력/국방력, 경제력—으로 나타난다. 대부분 서구 세계의 민족국가를 현대적인 현상으로 보지 않지만, 이것이 오늘날의 현실이다. 중세시대의 봉건 사회구조는 작은 토지를 관리하는 소수의 귀족으로 형성된 가변적인 연합체로 이루어졌다. 군벌이나 부족이 영토를 통치하는 세계 여러 지역에서 이와 유사한 정치형태를 여전히 볼 수 있다. 중세시대와 마찬가지로, 오늘날에도 이런 정치형태는 안정적이지 않으며 시류에 따라 변동한다. 국가는 더 작은 규모의 정치 단위가 획득할 수 없는 정치적·군사적·경제적 안정과 힘을 약속하고, 이 힘을 제공할 수 있는 더 큰 능력을 보유한다.

국가가 존재하는 중요한 이유가 힘이라고 말한 것은, 힘을 비판하려는 것이 아니다. 정치적·군사적·경제적 힘 자체를 악이라고 보는 사상은 지나친 단견이다. 정치적·사회적 안정, 국방력, 경제력은 엄청난 유익을 제공한다. 이런 긍정적인 면을 인정할 때, 애국심이 적절하게 생겨날 수 있다. 그러나 국가가 힘을 얻고 유지되려면, 국민의 충성을 확보해야 한다. 이런 충성이 없다면 국가의 힘과 안정은 위태로워진다.

국가가 힘을 추구하는 수단이 국가주의로 이어질 수 있다. 그래서 국가가 정당성을 얻으려고 사용하는 도구가 매우 중요하다. 솔직하게 말해 보자. 국가가 "우리는 가변적이고 인위적인 존재이며, 때로 도덕적인 의무를 이행하지 못한다. 하지만 국가의 힘과 안정을 키우기 위해 국민 여러분이 충성을 바치기 원한다"라고 말하는 것은 국민의 열렬한 충성을 얻을 수 있는 효과적인 방법이 아니다. 그 대신, 국가는 초월적 존재나 영원한 존재의 신임을 제공하는 어떤 것과 자신을 연결시킴으로써 국민의 충성을 얻으려고 애쓴다. 국가의 이상, 국민, 역사 등을 주장함으로써 국민의 충성을 얻으려고 한다. 하지만 대부분의 경우에는 국가의 탁월함이나 영원함의 기초로 삼기 위해 신에게 호소한다. 국민이 하나님을 절대적인 권위자로 여길 경우, 국가는 이런 권위를 끌어들여 자기 정당성의 기초로 삼기도 한다. 이런 이유 때문에 국가주의적 세계관은 종종 종교적 성격을 띠며, 종교적 성향이 강한 사람들이 자주 이런 관점을 갖는다. 국가주의자들은 국가의 탁월함에 대한 신념에 기초하여 하나님이 자기 나라에 특별한 사명을 주었다고 주장한다. 세계의 나머지 국가들을 향해서 말이다.

국가주의에 관한 사례 연구

지난 세기의 중요한 역사적 사건—독일 나치당의 탄생—에서 앞서 언급한 몇 가지 요소가 나타났다. 나치(Nazi)의 N은 "국가주의"를 뜻하며, 독일 국가주의의 핵심은 아리안족이 탁월하다는 신념이다. 나치는 독일 **민족**이 최고의 인류이며, 역사에서 나타난 아리안족의 우수성, 지적 성취, 도덕적 자질에 비추어 볼 때, 다른 모든 민족을 지배할 운명을 지녔다고 묘사했다. 이 모든 내용이 예수님은 진정한 아리안족이며 유대민족의 히브리 성경이 기독교의 성경에 추가될 때 상실된 "긍정적인 기독교"(positive Christianity)의 창시자라고 선포함으로써 기독교와 연결되었다. 따라서 독일 민족은 이런 순수한 기독교를 세상에 다시 소개할 전달자였고, 세계는 독일을 통해 진정한 종교를 받게 된다.

이러한 사상은 교회가 정치적 권위에 복종하기를 장려하는 독일 전통과 결합했다. 결과적으로 한 명의 주교 아래 모든 독일 개신교회를 통일하기 위한 제도가 탄생했으며, 주교는 "지도자"(가령, 총통)인 히틀러에게 복종해야 한다. 이른바 독일 기독교 운동의 다음 단계는 유대계 출신의 모든 그리스도인들을 목회직에서, 나중에는 교회에서 추방하여 순수한 아리안 민족과 긍정적인 기독교를 만드는 것이었다. 상당수의 독일 교회가 어느 정도로 국가주의와 결탁했는지는 제국교회가 1933년에 통과시킨 결의안에 나와 있다. "하나님은 나를 독일인으로 창조하셨다. 독일주의는 하나님의 선물이다. 하나님은 내가 조국을 위해 싸우기를 원하신다.…'독일 그리스도인의 신앙운동'의 목표는 복음적인 독일제국이다."

국가주의의 다양한 모습

나치주의처럼 명백히 파괴적인 국가주의를 되돌아보면서 우리는 그런 어처구니없는 일과는 전혀 상관없다고 생각하기 쉽다. 그러나 미국의 역사, 전통, 거대한 힘은 국가주의적 경향으로 치달을 수 있는 강력한 요인을 갖고 있다. 모든 것을 고려할 때, 우리의 견해에서 미국의 이야기는 선한 이야기다. 하지만 그 선이 위험을 초래할 수도 있다. 국가주의는 국가가 절대적인 충성을 불러일으킬 정도로 충분한 힘이나 선을 지닐 때 유혹적인 것이 된다. 그렇기 때문에 강한 애국주의를 촉구하는 국민은 자신을 나치 국가주의자와 비교하는 것을 달가워하지 않는다. 이것은 자신을 매우 애국적이라고 생각하는 사람들이 자신의 태도를 정직하게 평가하는 데 큰 장애가 된다. 이 주제의 민감한 성격을 감안하여 미국의 코미디언 제프 폭스워시(Jeff Foxworthy)의 "당신은 이럴 경우 백인우월주의자가 될 수 있다"라는 유명한 방법을 수정하여 과격하지 않은 방식으로 우리도 국가주의의 특성을 나타낼 수 있음을 보여 줄 것이다. 이 내용은 자신의 전체적인 세계관 속에서 국가의 위치를 어떻게 이해하고 있는지를 살펴볼 수 있는 배경지식을 제공한다.

1. 미국이 향후 100년이나 25년 동안, 심지어 내년에 존재하지 않으면 하나님의 역사 계획이 심각하게 손상될 것이라고 생각한다면, 우리는 국가주의자가 될 수 있다. 윈스롭(Winthrop)의 "언덕 위의 도시"(City upon a Hill, 1630년)라는 미국에 대한 비전은 유럽 이민자들이 아메리카 대륙에 정착한 초기부터 미국인들의 국가 이해에 깊은 영향을 미쳤다. 윈스롭은 정착민들에게 이렇게 연설했다.

우리는 모든 사람들이 볼 수 있는 언덕 위의 도시가 되어야 합니다. 이것을 명심하십시오. 하나님이 우리에게 맡기신 이 과업을 완수하지 못하고 하나님을 제대로 섬기지 못한다면, 하나님은 지금껏 우리에게 베푸신 은혜를 거두어 가실 것입니다. 그러면 우리는 세상에서 한낱 조롱거리가 되고 우스갯거리가 되고 말 것입니다. 우리 때문에 적들은 입을 열어 하나님을 충성스럽게 섬기는 사람들과 하나님의 모든 도를 비난할 것입니다. 언덕 위의 도시를 건설하지 못한다면, 우리가 지금 가고 있는 이 복된 땅에서 멸망할 때까지 하나님의 수많은 귀한 종들의 얼굴을 부끄럽게 만들 것입니다. 그들의 기도가 우리를 향한 저주로 바뀌게 될 것입니다.[1]

미국을 하나님의 언약, 곧 전 세계가 모든 국가를 위한 하나님의 모델로 간주할 새로운 이스라엘의 상속자로 보는 이런 개념은 우리의 국가 정신에 깊이 뿌리 박혀 있다. 아울러 이 연설에는 하나님을 충실하게 섬기면 하나님의 특별한 보호 아래 번영할 것이라는 사상도 나타난다.

윈스롭의 "언덕 위의 도시"는 오랫동안 언덕 위에서 계속 홀로 있기를 원하지 않았다. "언덕 위의 도시"는 곧 미국의 국경을 대서양에서 태평양에 이르기까지 확장하고 미국의 이상을 확산해야 한다는 미국의 "명백한 사명"(Manifest Destiny)이 되었다. 이 과정에서 우리가 가진 목적의 선함과 신성함은 거룩한 사명을 이행하기 위한 매우 강제적인 수단을 국가주의적 견해에서 정당화하는 도구로 종종 사용되었다. 미국의 물리적 확장이 19세기 중반에 서서히 중단되자, 선택을 받은 국가라는 미국의 이상은 점차 천년왕국 언어 형태로 나타났다. 이 관점에서 볼 때 미국은 하나님의 천년왕국을 전 세계로 확장시키는 근거지였다. 미국의 선교사와 복음적 열정이 동력을 제공했고, 한편에서는 미국의 정치제도와 원리가 이 땅에 건설될 하나님 왕국의 핵심 내용을 제시했다.

하나님의 계획과 미국의 역할 사이의 연결을 감안할 때, 미국이 존속하지 못한다는 것은 도저히 생각할 수 없는 일이다. 많은 사람이 "언덕 위의 도시"가 그 빛을 약간 잃었고, 미국의 국경을 확장해야 한다는 명백한 사명이 완수되었다거나, 후천년왕국설이 다른 종말론적 모델 때문에 보류되어야 한다고 생각할지 모른다. 그러나 이런 관점은 미국의 예외주의 사상(미국을 다른 나라와 다른 '특별한' 국가로 보는 사상—역주)이 상황에 따라 유연하게 바뀔 수 있다는 점을 보여 준다. 따라서 모든 국가들을 향한 하나님의 궁극적인 계획이 미국의 운명과 뗄 수 없을 정도로 강하게 연결되어 있다고 믿는다면, 우리는 국가주의자가 될 수 있다.

2. 종교적 이유 때문에 국가에 대한 충성을 맹세하지 않거나 애국가를 부르지 않을 수 있음을 도저히 용납할 수 없다고 생각한다면, 우리는 국가주의자가 될 수 있다. 오늘날 많은 기독교 단체들 사이에서 전통적인 기독교 종교 의식을 무시하는 일이 유행처럼 번지고 있다. 많은 사람이 예전(liturgy)이란 말을 지루하게 여긴다. 신조를 암송하는 것을 고리타분한 것으로 여기

고, 성례전은 그저 대수롭지 않은 것으로 취급한다. 그러나 국가 의식에는 엄청난 관심을 보인다. 최근 국기에 대한 맹세에 "하나님의 가호 아래"라는 문구를 포함하는 것(1954년까지는 이 구절이 맹세에 포함되지 않았다)에 대해 사법 처리했을 때, 격렬한 감정이 표출된 것을 기억할 것이다. 여기서 요점은, 이 구절이 국기에 대한 맹세문에 포함되어야 하는지의 여부가 아니라(나중에 이 문제를 어떻게 이해해야 할지를 다룰 것이다), 국가 의식에 대한 우리의 태도가 우리의 충성에 대한 지지 혹은 반대에 대해 말해 주는가이다.

종교, 시민권, 미식축구 팀에는 항상 의식이 존재한다. 의식은 공동체에서 서로 공유하는 헌신을 표현하는 기본적인 수단이기 때문이다. 의식에 참여함으로써 집단, 조직, 팀의 일원이 될 자격을 얻는다. 반대로, 서약이나 단체를 상징하는 인사 혹은 노래를 거절할 경우 일원이 될 자격을 거부하는 것과 같다. 따라서 교회에 국기를 두는 것을 거부하거나 국가의례를 거부하는 것은 애국심이 없는 것처럼 보이게 한다.

이런 것들은 일부 그리스도인들에게 실제로 긴장상태를 유발한다. 그들은 국가에 대한 충성 서약이 우상숭배의 한 형태이기 때문에 하나님에 대한 충성과 조화되지 않는다고 본다. 많은 경우 이런 긴장은 국가의례와 종교 의식이 비슷하다는 우려에서 비롯된다. 이런 유사성과, 하나님과 국가에 대한 각각의 의무가 종종 통합되어 있다는 사실 때문에 일부 그리스도인들은 모든 국가의례를 피한다. 또 다른 이유는 역사적인 측면이다. 많은 기독교적 전통-아마 당신의 기독교 전통도 포함될 것이다-들이 국가교회(state-churches)를 반대하면서 탄생했다. 국가교회는 종종 자신을 반대하는 교회에 속한 사람들을 박해하거나 국가를 설득하여 처형시키는 것으로 대응했다. 결국 국가교회 동맹은 정부가 기독교의 이름으로 그리스도인들을 박해하는 결과를 낳고 말았다. 이런 위험과, 자신의 신앙이 정치적 정체성 안으로 흡수될 위험 때문에 그리스도인들이 모든 국가의례를 피하게 되었다.

한편으로는, 국민의 한 사람임을 선포하는 국가의례가 그리스도와 그분의 교회에 대한 우리의 일차적인 헌신과 반드시 상충하지 않는다고 본다. 다른 한편으로는, 우리는 국가의례에 참여하지 않는 그리스도인들이 있다는 것을 기쁘게 생각한다. 그들은 국가에 대한 충성과 신앙에 대한 헌신을 혼동하지 않으려고 이 둘 사이의 균형을 유지하기 위해 끊임없이 주의해야 함을 일깨운다. 그러나 국기와 애국가, 충성서약이 성례전적 지위를 얻어서 그리스도인의 충성을 약화시키거나 흡수하고, 경쟁자가 될 수 있다는 점을 생각할 수 없다면, 우리는 국가주의자가 될 수 있다.

3. 미국독립선언문은 영원한 원리이며, 미국헌법은 결코 변경될 수 없다고 생각한다면, 우리는 국가주의자가 될 수 있다. 사실 미국헌법은 여러 차례 수정되었기 때문에 앞의 내용은 약간 어폐가 있다. 주요 국가문서의 내용이 아무리 좋다 해도 무오하거나 완벽하지 않기 때문에 수정할 필요가 있는 것은 분명하다. 그러나 일부 사람들은 그렇게 생각하지 않는 것 같다. 우리의 동료 중 한 사람은 자신의 강의를 수강하는 학생들의 절반가량(대부분 그리스도인이다)이 독립선언문의 영감을 성경의 영감과 동일하게 본다고 전했다.

앞서 말했듯이, 국가는 자주 자신의 토대가 영원한 진리에 기초하고 있다고 주장함으로써 국민의 충성심을 고취시키려고 한다. 세속적인 국가주의는 이런 확고한 진리를 이용하여 자국을 다른 국가들과 구분하고 예외적인 국가로 여긴다. 이런 진리를 확산하는 것이 국가의 임무가 되며, 필요하다면 강제력을 행사하기도 한다. 종교적 국가주의는 정치적 진리를 성경 본문에 나타난 계시나 하나님의 뜻과 동일한 것으로 생각한다. 독립선언문은 이런 사상이 자라날 수 있는 모판이라 할 수 있다. 독립선언문은 "생명권, 자유권, 행복추구권"이 "양도할 수 없는 권리"인 이유는 창조주 하나님께 부여받은 것이기 때문이라고 말한다. 이 내용을 국가주의적으로 왜곡할 경우, 국가가 이 신성한 내용을 선포하는 도구가 된다.

헌법과 주요 국가문서의 내용은 정치원리를 보여 주는 중요한 지침이다. 그러나 국가주의가 득세하면 정치원리는 도그마가 되고 성경과 같은 권위를 갖게 된다. 두 가지 관찰이 정치적 문서에 그런 지위를 부여하는 위험을 막는 데 도움이 될 수 있다. 첫째, 헌법을 주의 깊게 읽어 보면 헌법이 만들어진 당대의 사상과 환경에 밀접하게 관련되어 있음을 알 수 있다. 예를 들어, 미국의 건국 문서들은 종종 기독교와 심각한 갈등을 빚은 계몽주의 철학에 의해 주로 만들어졌다.

두 번째 관찰은 첫 번째 것과 관련이 있다. 미국 헌법은 오랫동안 미국의 상황에 상당히 적절하고 유용했다. 그러나 시간이 지나면서 미국 헌법의 단점이 드러났다. 예를 들어, 우리는 "우리 국민"이라는 개념에 노예나 여성이 포함되지 않는다는 사상을 (개정을 통해) 수정했다. 여기에서 요점은 주요 국가문서와 사상을 존중하면서도 그 속에 들어 있는 불완전함과 시간의 제약을 받은 사상을 인정할 수 있어야 한다는 것이다. 이러한 겸손이 없다면 우리는 국가주의자의 길로 빠질 수 있다.

4. 국가가 건국 초기의 상태로 돌아가기만 하면 좋아질 것이라고 여긴다면, 우리는 국가주의자가 될 수 있다. 20년 전, 보수적인 그리스도인들은 정치적으로나 사회적으로 외부인이라는 의식을 강하게 갖게 되었다. 최근 정치적 영향력이 증가했음에도 복음주의자들이 문화 전쟁에서 패했다는 느

낌은 여전하다. 문화적 문제의 정확한 성격이 때로 모호하지만, 흔히 공립학교에서 기도를 하지 않거나 진화론을 가르치는 것 또는 낙태나 동성애자 결혼에 관한 싸움이 여기에 포함된다. 국가의 심각한 문제에 대한 해결책을 그런 문제가 발생하지 않았던 국가 역사의 황금기를 회복하는 것에서 찾는다. 보통 이런 복되고 좋은 시대는 구체적으로 명시되지 않지만 흔히 클리버 가족(20세기 중반 도시근교에 살았던 이상적인 가족—역주)이 살던 세계와 상당히 비슷하다.

이것은 국가의 현재 상태를 하나님의 뜻에서 떠나 있는 것으로 보기 때문에 약간 변형된 국가주의다. 그러나 국가주의의 핵심인 예외주의가 자신의 국가가 한때 하나님의 축복을 받은 유일한 나라였다는 사상 속에 존재한다. 게다가 이 축복은 헌법을 올바르게 해석하거나 올바른 문화적 기준을 회복한다면 다시 받을 수 있다. 간단히 말해서, 그리스도인의 의무는 국민의 의무와 긴밀하게 연결된다.

이런 생각에서 몇 가지 문제가 곧바로 발생한다. 첫째, "황금시대"를 좁은 의미의 몇 가지 이슈를 기준으로 정의할 경우, 황금시대는 신화적인 성격을 띠게 되고, 결과적으로 그 시대의 모든 문제점이 간과되거나 미화된다. 게다가 건국의 아버지들이 가졌던 기독교로 돌아가자는 말을 자주 듣는다. 그러나 사람들은 건국의 아버지들 중 많은 이들이 하나님에 대해 많이 말하지만 기독교에 대해서는 적대적이었던 이신론자들이라는 점을 간과한다. 둘째, 하나님을 자동판매기로 만들 위험이 있다. 이를테면, 우리가 적절하게 행동한다면 하나님이 국가에 국방, 지위, 행복을 제공해 주실 것이라고 생각하는 것이다. 마지막으로, 하나님의 호의를 다시 얻으려면 올바른 문화적·도덕적 길을 회복시키는 정책을 통해 이루어야 한다고 흔히 생각한다는 것이다. 각각의 경우, 그리스도인들은 정치적 수단과 목표에 의존하여 우리의 사명을 정의하려는 유혹을 받는다.

적당히 향수에 젖는 일은 좋다. 우리가 과거에 경험했던 좋은 것들을 모두 상기시키기 때문이다. 게다가 과거의 전통이 사라지는 것이 애석하다는 주장에 이의를 제기하기도 어렵다. 이와 동시에, 향수는 항상 지난 세월의 부정적인 쓰레기들을 모두 걸러 내기 때문에 신화적인 색채를 띠게 된다. 과거의 "황금시대"를 향한 복고적인 신념 역시 동일한 형태의 여과과정을 겪는다. 따라서 하나님의 계획이 과거를 회복함으로써 구체적인 사회악을 제거하는 데 달렸다고 믿는다면, 우리는 국가주의자가 될 수 있다.

국가주의의 긍정적 측면

국가주의는 강력한 국가 정체성과 국가에 대한 헌신으로 이루어진다. 국가주의적 세계관 전체를 보면 문제가 있지만, 이 두 가지 요소에는 긍정적인 측면이 있다. 우선, 이 요소들은 국가는 공동의 합의에 의해 모인 개인의 연합체에 지나지 않는다는 개인주의적인 개념을 바로잡아 준다. 국민의 권리와 책임을 보여 주는 법적 체계를 제공하는 일이나 국민을 보호하는 일과 같은 명백한 기능들과 아울러, 국가주의는 국가가 환경을 창출하고 이 환경이 개인보다 앞서며 개인의 정체성을 형성한다는 점을 인정한다. 이런 일은 대부분 통합을 통해 일어난다. 그러나 정치적 안정 역시 국가의 역사와 이상을 적극적으로 수용하려는 시민에 의해 좌우된다. 따라서 이런 자발적인 헌신을 고취하는 것은 국가의 최대 관심사 중 하나다. 이런 애국주의에서 많은 긍정적인 결과가 나타난다.

1. **국가 정체성은 우리가 개인주의에 빠지지 않도록 도와준다.** 국가에 대

한 충성의식의 한 가지 긍정적인 측면은 개인주의적이고 이기적인 경향을 상쇄한다는 것이다. 개인의 자아보다 더 큰 무언가를 위해 희생하려는 의지는 자연스러운 성향이 아니다. 우리가 반드시 배워야만 하는 것이다. 시민의 의무를 이행하는 것은 이타심과 관련된 자기 절제를 배울 수 있는 하나의 방법이다. 또한 시민의식은 감사의 미덕을 훈련할 수 있는 유용한 토대다. 국가는 늘 결함이 있지만 대부분의 국가는 일상생활에 필요한 일정 수준의 보호와 안정을 제공한다. 우리는 충성을 통해 이러한 공공선을 감사해야 할 도덕적 의무를 갖고 있다.

2. 국가 정체성은 협소한 부족주의를 극복할 수 있도록 도와준다. 오늘날 서구 국가들의 공통적인 추세는 인종, 종교, 언어 등의 측면에서 인구구성이 점차 다양해진다는 점이다. 이런 과정에서 우리는 다양한 사람들과 관계를 맺고, 그들을 이해하고 함께 일할 기회를 갖는다. 하지만 그런 다양성이 우리를 갈라놓을 수도 있다. 우리는 기본적으로 가장 편안하게 느끼는 영역 안에 머무르는 성향을 갖고 있다. 이런 성향은 흔히 우리와 다른 사람들에 대한 선입관과 편견으로 이어진다. 국가적인 연대와 의무가 이런 차이를 넘어서도록 강제할 때 부족주의(8장을 보라)의 분열과 편견을 극복할 수 있다. 간단히 말해, 국가의 경계 안에 있는 삶은 우리를 분리하는 다른 경계를 없애는 데 도움이 된다. 시민 의식의 공유는 인간 본성의 보편성을 더 잘 인식할 수 있는 배경을 제공한다. 국가는 모든 사람의 공통적인 인간성이 한 국민으로서의 삶에 긍정적인 요소라는 것을 발견하도록 도와준다.

3. 국가는 공공선을 제공한다. 역사는 우리에게 삶이 불안하며 연약하다는 것을 일깨운다. 근대의 국민국가(nation-state)는 대부분 시민에게 보호와 번영을 보장하는 보다 큰 단위를 제공함으로써 삶의 위험과 불안을 줄이기

위해 탄생했다. 간단히 말하면, 국가는 작은 사회 단위에서는 불가능한 보호와 경제 발전을 보장하는 범위와 크기를 제공한다.

일반적으로 인정하는 바와 같이, 국가는 물리적 보호를 제공할 뿐 아니라 시민의 가장 기본적인 권리를 보호해 왔다. 게다가 국민국가에서 볼 수 있는 군사력은 제국 건설로 이어졌다. 이런 허점이 있는 이력에도 불구하고, 국민국가 이외에 다른 대안은 상상하기 어렵다. 현대의 국가 구조가 자체적으로 위험을 내포하고 있지만 세계 곳곳의 수많은 국가들이 내부적·외부적 방어를 제공하고, 시민의 행복을 증진시키는 서비스, 교육, 보건을 제공하기 위해 적극적으로 노력한다. 우리는 인간의 삶에 긍정적으로 기여하는 국가의 이런 모습에 박수를 보내야 한다.

4. 국가 정체성은 우리 자신을 이해하도록 도와준다. 일반화가 우리를 오도할 위험성이 있긴 하지만, 미국인들은 엄청난 다양성에도 불구하고 개인주의적이며 효율지향적이고, 이론적이기보다는 실용주의적인 경향을 갖고 있다. 우리는 어쩌다가 그렇게 되었을까? 이것을 이해하려면 미국 역사를 알아야만 한다. 나의 국가 정체성이 제공하는 유산을 알지 못한다면, 종교나 부족의 권위에 의존하지 않고 정치 지도자에게 투표하거나, 부모가 정해준 사람이 아니라 내가 직접 배우자를 선택할 권리가 있다고 아주 자연스럽게 믿기 어려울 것이다. 우리가 옳고, 좋고, 적절한 태도라고 믿는 것 중 많은 부분이 의식적인 의사결정 과정을 거친 것이 아니라 동화된 것이다. 우리가 행하고 믿는 것들 중 많은 부분이 문화적 관습에 의해 전해진 것임을 인정하라. 그렇다면 우리가 단순하게 진리로 받아들인 것들을 다시 돌아볼 수 있는 계기가 될 것이다.

마찬가지로, 다른 국가의 문화적 사고나 기준을 알면 진선미에 대한 나의 가정에 대해 건강한 방식으로 다시 돌아볼 수 있다. 예를 들어, 우리 문화와 달리 시간에 쫓기지 않는 문화권 출신의 사람들에게 둘러싸여 있을 때, 우선순위에 대해 다시 생각할 수 있다. 국가 전통에 따라 오후에는 모든 것을 중단해야 하는 곳에 있다면, 삶을 어떻게 살아야 하는가에 대한 나의 생각을 살펴보게 된다. 모든 국가가 나 자신이 기준이라고 여기는 가족 개념을 가진 것이 아님을 알게 될 때, 내 가족의 구조와 위상에 대한 나의 전제에 대해 더 깊이 생각하게 된다. 간단히 말해서, 문화 간의 차이를 많이 알수록 자신이 속한 국가의 전통, 사상, 가정이 상대적이라는 것을 깨닫게 된다.

국가주의의 잠재적 문제

국가주의적 세계관에 대한 우리의 무엇보다 중요한 비판은 국가주의가 상대적 선과 때로 굉장히 선한 것을 절대적 선으로 바꾼다는 것이다. 국가나 문화적인 사고를 최상의 것으로 보는 일은 보통 무의식적으로 일어나며, 그것은 흔히 서로 동시에 발생하는 여러 조건 아래에서 일어난다. 국가주의는 역사적 관점이 없기 때문에 우리는 국가나 제국이 일시적인 산물임을 잊어버린다. 당대에는 영원할 것으로 생각했던 많은 제국이 이제는 오직 역사가들만이 아는, 희미한 기억 속의 존재가 되지 않았는가?

이런 역사적 맹점 때문에 우리는 부, 군사력, 정치적 영향력에 혹해서 국가가 모든 올바른 일들을 하고, 그런 힘을 가질 자격이 있다는 인상을 주게 된다. 심지어 산산이 무너지고 실패한 과거의 제국을 되돌아볼 때조차도 국가주의자들은 그들의 국가는 그 법칙에서 예외일 것이라고 생각한다. 예외주의를 위한 사례를 만들기 위해 국가주의는 흔히 국가에 관한 이야기를 종교적 사상으로 포장한다. 따라서 "하나님과 국가"라는 언어가 서로 뒤섞일 때 국가 문화는 이 땅에 드러난 하나님의 뜻으로 간주된다. 국가주의의 특정 형태와 상관없이, 국가의 상대적 선을 최고의 선으로 바꾸는 것은 다양한 문제를 낳는다.

1. 국가주의는 평가해야 할 내용을 평가의 기준으로 바꿔 버린다. 국가 정체성이 상대적 선이라는 신념은, 우리의 사상이나 전통을 끊임없이 다시 검토하고 평가하여 수정해야 한다는 뜻이다. 상대적 선은 그런 선을 평가하는 기준에 비추어 볼 때 항상 상대적이다. 그러나 국가를 판단해야 할 최종적 기준을 잃어버리면 국가의 모호성과 불완전성을 밝힐 수 없게 된다.

이렇게 되면 문화적 지평과 국가 전통은 다른 모든 것을 평가하는 기준이 된다. 평가를 받아야 할 국가가 오히려 평가자가 된다. 평가와 개선이 아니라 현 상태-역사, 헌법, 초강대국의 지위, 국가 역할에 대한 신학적 해석 등 무엇이든 간에-를 보호하고 유지하는 데 에너지가 사용된다. 따라서 변화는 개선의 기회가 아니라 진리와 선에서 벗어난 것으로 간주된다. 기본적으로 현 상태를 최선의 상태로 삼을 경우 특히 유혹적이다. 삶에 대한 우리의 전망은 의식적 선택보다는 주로 국가나 문화에 영향을 받기 때문이다. 아울러 현 상태는 우리의 편견이나 욕구를 지원하는 경향이 있기 때문에 결국은 국가의 오만으로 이어진다.

2. 국가주의 아래에서 "다른 것"은 도전자로 간주된다. 국가의 오만은 국가의 이데올로기를 절대화할 때 자연적으로 발생하는 결과물이다. 국가주의는 자국의 역사와 건국 문서, 국가 의식을 다른 모든 국가를 판단할 수 있는 진리를 구현한 것으로 여긴다. 따라서 자신과 다른 집단은 잘못되었거나 열등한 것으로 간주한다. 이런 국가 무오류 의식은 적어도 다른 전통을 자

국의 정치적 기준을 신중하게 반성해 볼 비교 대상이나 기회로 삼을 가능성을 없애 버린다. 최악의 경우, 외부인들이 현재의 정치에 순응하지 않으면, 국가주의는 "다른 사람"을 반드시 타도해야 할 위험한 도전자로 간주해 왔다. 그 결과로 끔찍한 참극이 "하나님이 우리 편이다"라는 슬로건 아래 자행되었다.

3. 국가주의는 지나친 충성을 요구한다. 앞서, 우리는 인간이 타고난 사회적 존재이며 국민은 우리의 정체성을 찾을 수 있는 위치라는 점을 인정함으로써 국가주의의 정당한 가치를 평가했다. 이런 시각에서 볼 때, 국가가 우리의 충성과 애국심을 요구하는 것은 매우 정당하다. 그러나 국가가 정당한 수준 이상으로 우리의 충성을 요구할 때 국가주의가 발생한다. 그리스도인은 어떤 사회 구조―국가, 가족, 학교, 각 교파, 직장―에 대해서도 절대적인 충성을 바칠 수 없다. 모든 것은 상대적으로 선하기 때문이다. 그러나 국가주의는 국가 정체성이 상대적 가치로 낮아지는 것을 용인하지 않는 시기심이 많은 신이다. 따라서 국가가 제공하는 편익에 대한 우리의 정당한 인정과 애국심을 이용하여 국가 목표를 달성하기 위해 종교적 언어와 목표를 끌어들임으로써 무한한 충성을 요구한다. 국가가 우리에게 그런 헌신을 요구할 때 국가는 유사 종교가 된다.

4. 국가주의는 기독교의 초국가적 성격을 무시한다. 성경의 오순절 이야기(사도행전 2장)가 제시하는 교훈 중 가장 많이 간과되는 것은 아마 기독교가 어떤 특정 국가의 소유물이 아니라는 내용일 것이다. 하나님의 새로운 사역은 이제 옛 경계를 넘어서 모든 국가를 포괄한다. 따라서 "이스라엘"은 한때 특정 국가/민족 집단이었지만, 바울이 갈라디아서 6장 16절에서 언급한 새로운 "하나님의 이스라엘"은 무엇보다도 유대인과 이방인 사이의 장벽을 무

너뜨린 교회를 가리킨다(갈 3:28). 종교적 국가주의의 오류는 기독교를 특정 국가의 경계 안으로 다시 끌어들이려고 시도한다는 것이다.

이런 측면에서 기독교 국가라는 사고는 문제가 있다. 기독교가 여러 국가들의 역사와 현재의 삶에 다양한 수준의 영향을 미쳤다는 것은 논란의 여지가 없다. 하지만 기독교 국가의 이상과 사명, 그리고 힘을 확보하거나 표현하는 수단은 결코 같지 않다. 기독교 국가라는 개념은 그리스도인의 일차적인 연대 대상이 특정 국가에 충성을 맹세하는 사람이 아니라 국적에 상관없이 예수님을 주님으로 고백하는 사람이라는 사실을 모호하게 한다. 그리스도인의 근본적인 정체성은 특정 국가의 문서나 역사 안에 담겨 있는 것이 아니라 모든 민족 가운데서 드러나는 하나님의 사역 역사 속에 담겨 있다. **그리스도인**과 **국가**가 혼동될 때 기독교는 국가 목표를 정당화시키는 도구라는 이차적인 지위를 가질 수밖에 없으며, 결과적으로 국가에 대해 예언자적 목소리를 낼 수 없게 된다.

결론

모든 집단은 어떤 세계관이 사회악을 퍼뜨리는지 정확하게 알고 있다. 일반적으로 보수적인 그리스도인들은 오늘날의 도덕적 상대주의와 같은 철학을 주요한 악으로 지목한다. 그 이유는 도덕적 상대주의와 같은 철학을 진리에 대한 공격으로 간주하기 때문이다. 우리는 다음 장에서 이런 문제를 언급할 것이다. 그러나 진리의 실재성을 옹호하는 데 열중하는 많은 그리스도인들도 국가주의처럼 자신을 진리라고 주장하는 세계관의 위험에 대해서는 잘 모른다. 이것은 위험한 맹점이다. 역사는 "무엇이든지 좋다"라는 상대주의의 슬로건이 아니라 하나님과 국가라는 국가주의의 구호 아래서 훨씬 더 많은 사람이 고통당하고 죽었다는 것을 보여 준다. 국가주의는 폭력적인 세계관이며 이 세계관의 파괴적인 힘은 자신이 하나님의 선과 진리를 대변한다는 주장에 의해 뒷받침된다. 확실성이라는 사고를 매우 긍정적으로 받아들이는 그리스도인들이 왜 많은 사람이 진리 주장을 통해 부끄러운 일을 저지르게 되었는지를 이해하고 싶다면, 하나님의 진리라는 이름으로 자행된 국가주의적 파괴라는 추한 역사가 그런 의문을 이해할 실마리를 제공할 것이다. 국가주의적 사업을 강하게 뒷받침하려고 하나님의 이름을 이용하는 것은 기독교에 대해 적대감을 불러일으키는 가장 큰 원인 중 하나다.

우리의 의도는 상대주의를 권장하거나 진리의 가치나 유익을 무시하자는 것이 아니다. 그러나 국가와 같이 도덕적으로나 역사적으로 불완전한 존재가 절대적 진리와 결합하게 되면 참극이 벌어진다. 사회적 속성상 인간은 집단 안에서 자신의 위치를 찾으려고 한다. 따라서 시민은 국가의 도덕적 불완전성을 간과하기 쉽다. 게다가 우리는 승리하는 집단에 속하기를 원한다.

강대국 국민은 자신이 새로운 이스라엘—일반적으로 미국과 연결되는 관념—에서 살고 있다고 믿을 수 있다. 그러나 19세기 흑인 노예들은 미국을 새로운 이스라엘이 아니라 새로운 애굽이라고 불렀다. 비극적이게도, 자신의 국가를 "약속의 땅"이라고 생각하는 많은 그리스도인이 새로운 출애굽을 통해 하나님의 구원을 원했던 다른 그리스도인을 노예로 삼았다. 사회에서 안락한 위치를 차지하고 있어서 국가에 대해 긍정적인 편견을 가진 사람들은 권력 밖에 있는 사람들이 명확하게 보는 결함과 불완전함을 보지 못한다.

힘은 우리의 도덕적 결함을 보기 어렵게 할 뿐 아니라 우리의 역사적 결함도 보지 못하게 한다. 경제 번영과 군사력은 일시적 국운 상승을 영원한 것이라고 믿도록 우리를 유혹한다. 모든 제국은 자신을 하나님이나 신들에 의해 예정된 영원한 통치 국가라고 보았다. 하지만 그들은 모두 틀렸다. 기독교 세계관이 그 이유를 설명하는 데 도움이 된다. 국가주의가 자신의 주장을 정당화하기 위해 종교와의 제휴를 추구하지만, 성경의 하나님은 국가의 종이 아니라 국가의 심판자다. 하나님은 정치적 목적을 위해 그분을 이용하는 것을 거절하신다. 더 놀라운 것은, 최강대국들이 특히 하나님의 심문과 판단을 받아야 함을 성경이 분명하게 말씀한다는 것이다. 국가가 놀라운 힘을 가질 수도 있지만 그 힘들은 항상 일시적이고 제한적이다.

하나님이 어떤 특정 국가들의 명령에 복종하지 않는다는 것을 기억한다면, 사실 국가주의는 교만이라는 죄가 집단조직의 형태로 드러난 것임을 알 수 있다. 국가주의가 "하나님의 가호 아래 있는 국가"라고 말할 때, 이것은 고백이라기보다는 모든 각 국가가 궁극적으로 하나님 앞에 책임을 져야 한다는 사실을 선포하는 것이다. 국가주의가 "하나님이 미국을 축복하신다"(God Bless America)고 노래할 때, 이것은 하나님이 이 땅의 다른 모든 국가를 동일하게 축복하기를 바라는 것도 아니고, 왜 하나님이 그렇게 하기를 원하시는지 이해할 수도 없다. 이런 교만한 태도는 사회적·정치적 구조에 대해 겸손한 태도를 유지해야 하는 우리의 소명과 분명히 모순된다.

기독교의 가장 어려운 과제 중 하나는 우리의 삶에 유익을 끼치는 다양한 선들 사이에서 균형을 유지하는 법을 배우는 것이다. 시민의식을 상대적 선으로 이해하고, 다른 정부들이 자행한 잔혹행위에 대해 알게 될 때, 우리는 자국의 상대적 선에 대해 감사하게 된다. 도덕적으로는, 그런 유익을 제공한 국가에 영예와 애국적 충성을 바쳐야 한다. 이것이 가능하려면 국가에 대한 감사가 있어야 한다. 또한 우리는 상대적 선에 대한 우리의 충성이 적절한지 검토하고 제한하는 더 높은 수준의 도덕적 의무를 갖고 있다. 어떤 국가도 절대적 선의 구현물이 아니다. 따라서 국가에 궁극적인 충성을 바치는 것은 절대적 선이 무엇인지를 망각하고, 창조되고 일시적이며 부분적 선인 국가를 오직 하나님만이 차지할 수 있는 위치로 높이는 것이다.

5

나의 판단은 너의 판단과 다르다: 도덕적 상대주의

"우리는 다음과 같은 것을 자명한 진리라고 생각한다." 미국 독립선언문의 이 유명한 첫 문장은 인간의 정치적 권리에 관한 몇 가지 큰 주장을 소개한다. 그러나 우리는 이 문장 자체가 중요한 주장을 표현한다는 점을 알지 못한다. 이 문장은 도덕적·정치적 진리가 존재하며 인간이 그것을 알 수 있다는 것을 주장한다. 그 내용을 기록했던 18세기 당시에는 일반적으로 그런 주장을 타당한 것으로 가정했지만 오늘날 특히 윤리학이나 정치학에 관한 진리를 주장하는 사람들은 좀처럼 그렇지 않다. 앨런 블룸(Allan Bloom)은 진리에 관한 대학생들의 신념을 다음과 같이 평가했다. "교수가 절대적으로 확신할 수 있는 것이 한 가지 있습니다. 즉 대학에 입학하는 대부분의 학생이 진리가 상대적이라고 믿거나 믿는다고 말한다는 것입니다."[1]

우리 문화에 엄청난 변화가 일어나고 있다. 많은 이들이 사실상 진리가 존재한다는 것을 더 이상 믿지 않으며, 실제로 존재한다고 해도 자명하지 않고 알 수 없을지도 모른다고 말한다. 도덕적·종교적·사회적·정치적 진리의 존재를 옹호해 온 사람들은 다른 사람들에게 기준을 제시하는 것에 대해 엄청난 반대에 직면한다. 게다가 편협하고 억압적이라는 비난까지 받는다.

한편, 도덕적 상대주의자들은 반대자들로부터 기독교, 진리, 서구문명에 대한 가장 심각한 위협이라는 비판을 받는다. 부드럽게 말하면, 도덕적 진리의 문제는 깊이 양극화되어 한쪽 편은 다른 편을 자신들이 매우 소중히 여기는 모든 것에 대한 중요한 위협으로 본다. 어쩌다 이렇게 되었을까?

사실 우리는 상대주의에 대해 하나의 특정한 "견해"가 아니라 두 가지 매우 다른 견해를 갖고 있다. "대부분의 학생이 진리가 상대적이라고 믿거나 **믿는다고 말한다**"는 블룸의 말에서 이런 점이 드러난다. 우리는 자신을 도덕적 상대주의자라고 믿는 대다수의 사람들이 도덕적 상대주의자라고 말은 하지만 실제로는 그렇지 않다고 확신한다. 이 장에서 우리는 이런 견해를 도덕적 상대주의라고 표현하지 않고 "도덕적 상대주의"라고 표기할 것이다. "도덕적 상대주의"가 실제적인 도덕적 상대주의와 다르다는 우리의 주장이 옳다면, "도덕적 진리의 양극화"에 대한 대부분의 토론은 핵심을 완전히 놓친 것이 된다. 다른 한편으로, 비록 극소수이지만 진짜 도덕적 상대주의자가 존재하기 때문에 이 장에서는 이 견해도 다룰 것이다. 간단히 말해서, 이 장은 다른 두 주제, 곧 "도덕적 상대주의"와 도덕적 상대주의를 다룬다. "도덕적 상대주의"와 도덕적 상대주의의 차이에도 불구하고, 이 둘의 뿌리에는 공통적인 충동이 존재한다. 이 충동을 이해하기 위해서는, 진리의 계보에서 일어난 핵심 변화를 허용가능한 정도로 일반화하여 빠르게 살펴보아야 한다.

진리에 관한 매우 간단한 역사

독립선언문의 문구로 이 장을 시작했기에 진리의 역사 중간 단계로 들어간 셈이다. 고대 사상가들도 진리에 관심을 두었다. 그들은 일반적으로 진리가 존재할 뿐 아니라 진리를 알 수 있고, 초자연적 존재에 진리가 기초한다는 점을 확신했다. 진리의 초자연적 기초는 로고스, 무한자, 선한 자, 하나님 등 아주 다양한 이름으로 표현되었지만, 진리가 신적 토대를 갖고 있다는 강력한 합의가 존재했다. 예를 들어, 플라톤(기원전 428-348년)은 가장 심오한 실재는 물질계를 넘어 이른바 "존재의 세계"라는 영역에 존재한다고 주장한다. 존재의 세계에는 비물질적이고 불변하며, 완전한 실재가 존재한다. 플라톤은 그것을 형상(Form)이라고 부른다. 이 형상들 중 가장 높은 것은 선의 형상이라고 불리는 신적 존재다. 우리가 물질계에서 경험하는 것은 기껏해야 형상의 그림자일 뿐이다. 우리의 제한된 신체 감각을 이용하여 아는 물질적 대상은 가변적이고 불완전하기에 우리에게 흐릿하고 왜곡된 진리의 모습을 전달한다. 형상과 진리에 가장 직접적으로 도달하는 방법은 이성을 통하는 것이다. 이 시대의 일부 철학자들은 감각에 더 많이 의존했지만 대다수 철학자들은 감각을 통해 얻은 자료를 합리적 정신으로 처리해야만 진리를 알 수 있다는 데 동의했다. 신 역시 합리적이기 때문에 합리성은 진리에 이르는 길을 제공한다.

고대시대가 저물고 기독교 사상가들이 중세시대에 지성계의 핵심을 담당하게 되자, 그들은 진리가 영적 영역에 뿌리를 둔다는 사상을 그대로 유지했다. 플라톤의 불변하는 "선"은 기독교의 영원하고 완전하신 하나님과 아주 유사해 보였으며, 플라톤의 형상(Form)은 이제 하나님의 마음에서 나오는 완전하고 참된 실재로 이해되었다. 이런 신성한 진리는 하나님이 성경을 통해 계시하신다. 동시에 하나님은 합리적인 존재이므로, 비록 항상 성경을 통해 합리성을 확인해야 했지만 진리 역시 이성을 통해 접근할 수 있었다. 중세시대 동안, 교회와 교회 전통이 이런 초자연적인 진리를 타당하게 이해

5. 나의 판단은 너의 판단과 다르다: 도덕적 상대주의

할 수 있다는 사상이 중심적인 교리였다.

중세에서 근대적 세계관으로 바뀌는 과정은 복잡하지만, 핵심적인 변화의 촉매제는 진리의 수호자이며 결정권자인 교회의 권위를 약화시킨 교회 내부의 극심한 부패였다. 이런 부패에 대한 반동으로 마르틴 루터(1483-1546년)의 주도 아래 종교개혁이 일어났다. 무엇보다도, 루터는 교회가 성경, 더 나아가 진리의 궁극적인 해석자라는 주장에 도전했다. 그는 제도권 교회 대신 각 그리스도인들이 성경을 올바르게 해석할 능력과 책임을 갖는다는 만인 제사장 사상을 확립했다. 이것은 진리에 이르는 길을 근본적으로 민주적이고, 개별적인 것으로 만들었다.

루터는 진리가 신성한 원천(성경을 통해 계시된 하나님)에서 비롯된다고 주장했다. 그러나 진리가 이차적이고, 외부적 원천(교회)을 통해 걸러진다고 주장하지 않고 진리에 대한 이해를 개인에게 맡겼다(그러나 개인은 성령의 인도를 받아야 한다고 곧바로 덧붙였다.) 이 새로운 모델은 우리의 주의를 "실재/진리란 무엇인가?"라는 질문에서 살짝 돌려서 "실재/진리가 무엇인지 어떻게 내가 알 수 있는가?"라는 질문에 초점을 맞추게 한다.

흔히 "근대 철학의 아버지"라고 불리는 데카르트(1596-1650년)는 이런 변화에서 한걸음 더 나아갔다. 그는 진리를 모든 외부적 원천을 통해 해석되고 알려진 것으로 직접 받아들여야 한다는 사상을 거부했다. 대신에 그는 완전히 의심의 여지가 없는 사상을 발견할 때까지 모든 것을 의심하기로 결심했다. 사실 그가 최초로 발견한 확실성은 의심하는 과정을 통해 나왔다. 의심은 사고의 한 형태이며 사고하기 위해서는 사고하는 사람이 필요하다. 따라서 그는 "나는 생각한다. 고로 나는 존재한다"는 유명한 결론을 내렸다.

자신이 존재한다는 데카르트의 결론은 널리 퍼져 있던 근대 이전의 사상과 근본적으로 결별할 충분한 근거는 되지 못했다. 그가 그 결론에서 유도한 모든 사상들―하나님이 존재한다. 물질세계도 존재한다. 몸과 영혼은 다른 특성을 가진 다른 존재다―역시 마찬가지였다. 그러나 진리에 이르는 데카르트의 방법론은 급진적이었다. 그는 하나님과 교회전통과 성경을 더 이상 의존하지 않았으며, 고대 철학자들을 진리를 분별하는 출발점으로 받아들이지도 않았다. 유한하고, 자율적이며, 합리적인 개인이 실재와 진리를 결정하는 주체였다.

데카르트와 대부분의 다른 근대주의자들은 진리가 존재하며 이성을 통해 발견할 수 있다고 확신했지만, 얼마 후 이성이 실제로 어떻게 작동하는가에 대한 대논쟁이 벌어졌다. 근대시대가 흘러가면서 데카르트의 연역적 방법론―감각을 거의 신뢰하지 않는다―이 외면당했다. 연역적 방법론을 대체한 것은 보다 더 귀납적인 접근방법이었다. 이 접근방법은 관찰할 수 있고 계량적으로 측정할 수 있는 사물에 관한 주장을 신뢰했다. 결과적으로 많은 계몽주의의 후예들은 진리란 획득 가능하지만 진리의 범주는 우리가 관찰할 수 있는 것에 한정된다는 신념을 갖게 되었다. 영혼, 하나님, 윤리학과 같은 관찰 불가능한 실재에 관한 진술은 진리로 받아들일 수 없고, 선호 또는 기호를 나타내는 진술로 재분류된다. "적군에게서 유용한 정보를 얻기 위해 고문하는 것은 도덕적으로 악하다"라는 진술은 사실 "난 사람들을 고문하는 것은 싫어"라는 뜻이다. 그러나 이것은 현미경을 통해 관찰할 수도 없고 저울로 무게를 측정할 수도 없기 때문에 사실적 주장이 아니다.

근대주의가 진리의 범주를 구체적인 대상의 영역으로 좁혔지만, 포스트모더니즘이라고 부르는 시대에 접어들면서 관찰 가능한 실재에 관한 진술조차도 우리의 편견에서 자유로운지(혹은 자유로울 수 있는지)에 대한 의문이

제기됨에 따라 진리의 개념은 더욱더 희미해졌다. 근대주의는 우리가 물질세계에 대해 주장할 때 객관적이며 중립적일 수 있다고 가정했다. 따라서 근대주의는 인식 가능한 단일하고 통합적인 실재가 존재하며, 물질세계에 관한 진리 진술을 시험하는 기준 역할을 한다는 데 동의했다. 그러나 포스트모더니즘은 모든 영역의 중립성 주장에 대해 의심한다. 결과적으로 포스트모더니즘은 통합적이고 인식 가능한 진리라는 개념에 대해 문제를 제기한다.

아마도 이런 관점을 옹호하는 이들 중 가장 유명한 사람은 프리드리히 니체(1844-1900년)일 것이다. 그는 진리 주장이 오로지 각 개인의 관점과 해석에만 기초한다고 믿었다. 게다가 이런 개인의 해석이 진리 획득을 추구하지도 않는다. 우리가 진리라고 부르는 것은 단지 권력을 추구하는 수단일 뿐이다. 요약하면, 개인의 편견을 뒷받침하고 권력을 축적하는 데 도움이 되는 것은 무엇이든 진리라는 이름이 붙여진다. 여기에서 두 가지 중요한 사상이 비롯된다. 첫째, 우리는 실재에 대한 특정한 해석을 보편화할 수 없다. 빈 라덴의 목표가 우리에게 도움이 된다면 그는 영웅이다. 그렇지 않다면 그는 테러리스트일 뿐이다. 진리는 진리를 주장하는 개인의 이익과 목표에 따라 상대적이다. 더 중요한 것은, "진리"가 단지 타인을 지배하기 위한 힘을 얻는 수단일 뿐이라면 진리 주장은 억압적인 것으로 볼 수밖에 없다는 것이다.

포스트모더니즘이라고 이름 붙인 모든 것이 니체처럼 진리를 근본적으로 부인하지는 않는다. 많은 이론들이 진리를 거부하지 않지만 진리에 대한 근대주의적 정의 방법에 대해서는 의문을 제기한다. 그럼에도 진리를 아는 능력에 대한 회의주의가 학계에서 우리가 살고 있는 거리로 퍼져 감에 따라, 진리 주장, 특히 윤리적 문제에 관한 진리 주장이 주제넘고 위험하다는 생각이 널리 퍼지게 되었다.

"도덕적 상대주의"와 도덕적 상대주의

포스트모더니즘이 만든 이런 문화적 분위기가 어떻게 도덕적 상대주의에 비옥한 토대를 제공하는지는 쉽게 이해할 수 있다. 게다가 도덕적 상대주의는 진리와 같이 기본적인 것에 대한 직접적인 공격으로 종종 간주되기 때문에 이에 대한 반발이 거셀 수밖에 없다. 이것이 이른바 문화 전쟁의 배경이다. 한쪽 편 사람들은 진리를 알 수 있고 절대적인 것으로 받아들이고, 다른 편 사람들은 상대주의자다. 이분법적으로 들리겠지만, 모든 전쟁은 겉으로 보이는 것처럼 단순하지 않다. 약간만 조사해 보면, 상대주의와 절대주의가 모두 다양한 특색을 지니고 있음을 알 수 있다.

첫째, 절대주의자라고 주장하는 사람들조차도 실제로 어떤 영역에서는 아무 문제 없이 상대주의적이라는 점을 유의해야 한다. 예를 들어, 기혼자는 좋아하는 자동차 색깔에 대한 견해가 다양하다는 것을 잘 안다. 대부분은 어떤 사람이 수영보다 자전거 타기를 더 좋아하거나 초콜릿 케이크보다 감자 칩을 더 좋아하는 것이 큰 문제가 아니라는 데 동의한다. 사람들은 기호의 문제에서 다양한 선호를 보이며, 일반적으로 이것이 개인마다 상대적이라는 점을 받아들이는 데 별 어려움을 느끼지 않는다. 우리가 다른 사람과 같은 기호를 공유하지 않을 때, 이런 차이점에 대한 토론은 확실히 진리의 범주 밖에 해당되는 것처럼 보인다. 비록 일부 사람들은 당신이 기호에 대해 얼마나 잘못 알고 있는지를 말해 주는 일을 과업으로 삼는다 해도 말이다.

마찬가지로, 상대주의자라고 주장하는 많은 사람들은 그렇게 불릴 만한 자격이 있다. 그들은 사형제 허용이 주관적인 문제라고 생각하면서도 동시에 수영보다 자전거를 타는 것이 무릎을 다치기 더 쉬운지, 케이크보다 감자 칩이 그램당 열량이 더 많은지를 판단할 수 있는, 객관적이고 사실적인 수단이 존재한다고 믿는다. 요점은 사람들이 거의 모든 면에서 주관주의자이거나 객관주의자가 되는 경우는 드물다는 것이다. 절대주의자와 상대주의자의 실제적인 불일치 문제는 진리의 존재 여부가 아니다. 이것은 사실의 문제와 견해 혹은 기호의 문제를 구분하는 선을 어디에 그을 것인가에 대한 논쟁이다.

도덕적 상대주의자들은 윤리 영역(보통 이 범주에는 미의 문제를 다루는 미학도 포함된다)에서만 상대주의를 주장하기 때문에 이런 예를 잘 보여 준다. 도덕성을 "견해"의 문제라고 보는 사람들이 주장하는 근거는 도덕 문제가 관찰과 계량화와 관련이 없어 보이기 때문이다. 그들은 특정 형태의 낙태가 얼마나 많이 시행되는지, 신체적 부작용 발생횟수가 얼마나 되는지에 대해 사실적 진술이 가능하다고 인정하지만 낙태의 도덕적 허용가능성은 견해의 문제라고 주장한다. 선과 악은 직접적으로 관찰하거나 측정할 수 없기 때문이다.

이런 접근방법은 "보이지 않는 것은 믿을 수 없어"라는 우리의 문화적 성향과 잘 부합한다. 그러나 그런 성향에는 진리의 분류방식에 대한 큰 가정이 포함되어 있다. 감각을 통해 접근할 수 있고, 아울러 감각을 통해 측정할 수 있는 것에 대해서만 진리를 주장할 수 있다면, "하나님은 존재하시며 도덕적으로 선한 분이시다"라는 종교적·도덕적 진술은 고려되지 않을 것이다. 이런 가정은 분명히 깊이 검토할 필요가 있다. 그러나 지금으로서는 간단한 관찰만으로도 충분할 것이다. 일부 사람들은 관찰과 측정 가능한 것만을 진리로 받아들여야 하는 철학적 이유들을 제시하지만, 대다수 사람들은 단순히 이 가정이 참이라고 간주한다. 이것은 다음에서 중요한 특징을 구별하는 배경이 된다.

도덕적 상대주의는 때로 자신의 견해에 대한 철학적 근거를 갖고 있지만,

우리가 "도덕적 상대주의"라고 이름 붙인 두 번째 형태의 상대주의는 전혀 다르다. "도덕적 상대주의자들"은 자신의 견해에 대한 근거를 좀처럼 제시하지 않는다. 오히려 그들은 자신이 절대주의자 혹은 율법주의자가 **아니라는** 이유를 제시한다. 간단히 말해서, "도덕적 상대주의자들"은 실제로는 반율법주의자 혹은 반절대주의자들이다. 가장 넓은 의미에서 율법주의는 도덕적 진리는 우리가 마땅히 행동해야 할 방향을 지시하는 법 안에 들어 있다고 말한다. "도덕적 상대주의"는 율법적 진리 주장을 불쾌하게 여기며, 대안으로서 상대주의를 받아들이는 식으로 대응한다. 만일 이 말이 옳다면, 율법적인 태도로 살아가는 그리스도인들은 "도덕적 상대주의"를 유발하는 주요한 원인이다. 율법적인 사람들이 흔히 자신이 상대주의에 대한 해결책이라고 생각한다는 점을 고려하면 이것은 역설이다.

   율법주의에 반대하는 "상대주의"의 반응을 이해하는 것은 어렵지 않다. 당신도 같은 반응을 했는지 모른다. 율법은 차갑고 비인격적인 것처럼 느껴진다. 현실의 인간과 저마다의 고유한 여건에 관심을 두지 않는다. 따라서 법을 확실히 지키는 데 열심을 내는 율법주의자들은 법이 적용되는 사람들에게는 관심이 없는 것처럼 보인다. 게다가 법은 보통 부정적인 언어로 되어 있다. 이를테면, 법은 우리에게 하지 **말아야** 할 것을 제시한다. 금지 사항이나 우리에게 금지 사항을 상기시키는 일을 의무로 삼은 사람들에게 긍정적인 반응을 보이는 사람은 거의 없다. 따라서 율법주의에 반대하려는 충동은 이해할 수 있다. 또한 법은 엄격하고 분명한 내용으로 되어 있다. 이를테면 법은 토론할 내용이 아니라 확정된 진리다. 자동차 절도범을 판결하는 법정은 개인 재산권의 장점을 토론하기 위해 사람들을 초청하는 자리가 아니다. 자동차 절도범을 처벌하는 법은 이미 제정되어 있으며, 한 글자도 바꿀 수 없다. 율법주의자들은 도덕법을 조금도 바꾸지 않는다. 그들은 도덕적 진리를 갖고 있으며 그것은 그들에게 매우 중요하다.

우리는 이런 태도가 어떤 것인지 알고 있다. 어떤 사람은 율법주의자가 보기에(종종 실제로) 도덕법을 위반하는 방식으로 행동한다. 율법주의자는 그의 행위를 오만하고, 너그럽지 못하고, 비인격적인 것처럼 여긴다(실제로 그렇다). 그는 율법주의자의 이런 태도를 불쾌하게 여기고, 율법주의자의 진리 주장에서 나타나는 오만과 편협함을 거부한다. 그리고 각 사람은 개인적 도덕 기준을 자유롭게 결정할 수 있다고 주장한다. 간단히 말해서, 율법주의자는 이것을 도덕적 진리를 완전히 거부하는 것으로 간주하고 더욱더 반(反)"도덕적 상대주의자"가 되어 율법을 더 강력하게 주장한다. 물론 율법을 강력하게 주장할수록 "도덕적 상대주의자"는 자신의 견해를 더 강화한다.

도덕적 상대주의의 사례

상대주의의 형태가 다양한 것처럼 사람들이 상대주의적 견해를 갖는 이유도 매우 다양하다. "상대주의"는 일차적으로 어떤 것에 대한 반응으로 나온 것이기 때문에, 이 견해를 선택하는 이유는 지성적이라기보다 감정적이다. 우리는 먼저 이런 측면을 살펴본 다음, 철학적 상대주의의 지적 기초를 검토할 것이다.

"도덕적 상대주의"의 감정적인 매력은 사람들을 친절하게 대하고 싶은 우리의 바람과 부합한다는 것이다. 율법주의는 다른 사람이 얼마나 잘못되었는지 말하기를 즐기는 것처럼 보이기 때문에 매우 모질게 보인다. 우리는 대부분 좋은 사람이 되고 싶어 하므로(혹은 적어도 다른 사람들이 우리를 좋은 사람이라고 생각하기를 원하므로), "도덕적 상대주의"는 좋지 않은 모습을 피할 수 있는 쉬운 방법처럼 보인다. 모든 행동이 도덕적으로 동등하다면, 어떤 사람의 행동에 대해 나쁘다고 말할 필요가 없다. 둘째, 어떤 사람들은 이기적인 이유 때문에 "상대주의"를 받아들인다. 우리는 모두 때로 다른 사람이 반대하는 일들을 한다. "상대주의"는 윤리적 기준은 개인적인 문제라고 주장함으로써 그런 행동을 정당화하는 방법을 제공한다. 사람들이 우리의 행동을 반대할 경우, 그것은 그들의 개인적인 기준을 우리에게 강요하는 것이기 때문에 "상대주의"의 견해에서 볼 때 그런 행위는 타당하지 않다. 마지막으로, 많은 이들이 지적 게으름 때문에 "상대주의"를 받아들인다. 누군가가 어떤 주제에 대해 윤리적 견해를 명확히 주장한다면, 그 견해의 정당성을 제시해야 한다. 솔직히 말해서, 생각의 근거를 제시하는 것은 힘든 일이다. "상대주의"라는 쉬운 방법을 선택하는 이유는 우리의 생각을 옹호해야 한다는 무거운 짐을 질 필요가 없다는 착각을 불러일으키기 때문이다.

마지막으로 제시한 두 가지 이유-이기심과 게으름-는 윤리처럼 우리 삶에서 중요한 내용을 형성하기 위한 강력한 동기를 제공하지 않기에 그다지 많이 언급할 필요가 없다. 다른 사람에게 좋은 사람으로 보이고 싶은 바람은 유력한 첫 번째 동기다. 실제로 우리는 친절하고 다정한 사람들을 좋아한다. 그러나 상대주의는 객관적인 도덕적 진리가 존재하지 않을 때에만 더 친절하고 부드러운 윤리가 된다. 만일 모든 도덕적 사고가 동등하다면, 다른 사람에게 잘못되었다고 말할 필요가 없을 것이다. 그러나 도덕적 진리가 객관적 실재이고 삶의 질에서 실질적인 차이를 만들어 낸다면, 사람들이 잘못된 행동을 하여 삶을 망가뜨리게 내버려 두는 것은 잘한 일이 아닐 것이다. 간단히 말해서, 도덕적 상대주의와 도덕적 객관주의 중 어느 것이 참인지 판단할 때까지는 도덕적 상대주의가 도덕적 객관주의보다 더 나은 것이라고 결정할 수 없다. 따라서 우리는 도덕적 상대주의를 옹호하는 철학적인 근거를 살펴보아야 한다.

도덕적 상대주의의 첫 번째 주장은 도덕적 상대주의가 **무신론**의 자연적인 결과라는 것이다. 간략하게 말하자면, 이 견해는 객관적이고 보편적인 진리는 하나님과 같은 초월적인 실재에 뿌리를 두어야 한다고 인정한다. 그러나 무신론자들인 도덕적 상대주의자들은 만일 하나님이 없다면, 도덕적 진리를 비롯해 모든 종류의 진리에 대한 기초도 없다고 주장한다. 간단히 말해서, 그들은 하나님이 존재하지 않는다면 모든 것이 허용된다는 도스토옙스키의 주장이 옳다고 본다.

도덕적 상대주의의 두 번째 이론적 기초는 철학자들이 **인식론적** 문제라고 부르는 것을 강조한다. 인식론적 문제는 어떤 것의 실재와 그 실재에 대한 우리의 인식 사이의 차이를 일깨워 준다. 예를 들어, 내가 살아 있는 동안 지금까지 에베레스트 산은 지구에서 가장 높은 산이었다. 그러나 내 인생에서 몇 년 동안 내가 이런 사실을 눈치 채지 못했고, 심지어 몰랐다고 해도 이런 사실은 변하지 않았다. 인식론적 논증에 따르면, 지구에서 가장 높은 곳이 어디인지 결정할 수 있는 확실한 방법이 있지만, 설령 윤리적 진리가 있다 해도 무엇이 윤리적으로 옳은지를 판단할 방법이 없다.

이런 불확실성에 대한 이유는 다양하다. 앞서 보았듯이, 일부 사람들은 중립적이고 명백한 방식으로 생각하고 이해하기 위해 개인적이거나 문화적 편견을 초월해야 한다는 문제를 강조한다. 어떤 사람들은 지식을 추구하는 사람과 우리가 알 수 있는 모든 것 사이의 격차를 메울 수 있는 언어가 충분하지 못하다는 점을 강조한다. 어쨌든 이 논증은 비판과 반증을 할 가능성이 없는 도덕적 진리를 입증하기란 극히 어렵다는 것을 인정한다. 그래서 많은 이들이 도덕적 결론에 대한 명백한 근거를 제시할 수 없다면 자기 자신을 의존할 수밖에 없다고 결론을 내린다. 도덕적 실재에 대해서는 확신할 수 없지만 우리의 선호는 확실하기 때문에 우리의 견해가 최고 재판관이 된다.

도덕적 상대주의의 세 번째 기초는 소피스트 철학자 프로타고라스(기원전 490-420년)에서 유래한다. 그는 "각 사람이 진리의 척도다"라고 진술했다. 프로타고라스가 제시한 진리의 최종적인 판단기준은 **개인의 지각**(perception)이었다. 이 견해는 "나는 지각한다"와 "나는 안다" 사이의 경계를 과감하게 제거한다. 감각에 의한 인식이 곧 아는 것이다. 이것은 중요한 결과를 낳는다. 첫째, 각 개인이 사물을 다르게 지각하기에, 논리적으로 볼 때 지각이 다른 사람은 진리도 다르게 알게 된다. 둘째, 우리의 지각은 있는 그대로 주어진 것이다. 우리가 보고, 듣고, 느끼고, 맛보고, 냄새를 맡는 것은 선택의 문제가 아니다. 우리는 이런 감각을 바꿀 수도 없다. 셋째, 우리의 지각은 개인적인 것이다. 따라서 다른 사람이 우리의 지각이 틀렸다고 주장하는 것은 별로 타당성이 없다. 다른 사람은 우리의 지각을 알 수 없기 때문이다. 우리가 예전에 보았던 것에 대해 거짓말을 한다 해도, 다른 사람은 우리가 실제로 본 것을 우리에게 말해 줄 수 없다. 이 모든 내용이 옳다고 한다면, 지각에 근거하여 내린 도덕적 결론에 대해 다른 사람이 이의를 제기할 수 없다. 우리는 도덕적으로 무오하다.

무신론적 경향, 강한 확신에 관한 어려움, 개인의 지각 중 어느 것을 근거로 삼아 상대주의를 주장하든지 결론은 비슷하다. 첫째 근거에 따르면, 어떤 사람도 보편적인 도덕적 진리를 알 수 없다. 이 주장은 도덕적 평가를 각 개인의 인식이나 선호에 맡기므로, 내가 나의 결론으로 다른 사람의 시각을 판단하는 것은 타당하지 않다. 마찬가지로, 다른 사람이 개인적인 기준으로 나의 도덕적 신념이나 행동을 평가하는 것은 타당하지 않다.

진리의 보편적인 기준 없이 판단하는 것은 다른 사람에게 자신의 진리를 강요하는 것이다. 이것은 축구선수에게 뛰거나 소리를 지르거나 공을 찰 수 없는 유치원 교실의 규칙에 따라 축구를 하자고 강요하는 것과 같다. 이런 규칙은 유치원 교실에서는 유익하지만 축구 선수에게는 너무 심한 제한 사항이다(하지만 대부분의 축구 심판들은 선수들이 소리를 덜 지르는 것을 좋아할 것이다). 이런 상황에서 벌어질 일을 다양하게 묘사할 수 있다. 우리는 유치원 교실의 규칙이 매우 보편적이고, 절대적이고 옳기 때문에 축구 선수에게도 적용해야 한다고 하면, 오만하고 편협하다고 말할 것이다. 또한 축구의 기본과는 매우 이질적인 규칙을 적용하는 일은 축구 경기에 폭력을 가하는 것이라고 말할 수도 있다. 아니면, 유치원 교실의 규칙은 자유롭게 뛰어다니는 축구 선수에게 너무 심한 제약이라고 말할 수도 있다. 마찬가지로, 도덕적 상대주의자는 자신의 진리를 다른 사람에게 강요하는 것은 오만하고 편협하며 폭력적이고 자유를 빼앗는 것이라고 주장한다. 그러므로 상대주의의 대안은 각 사람이 개인적 진리를 자유롭게 추구하고 표현하는 것을 허용하는 겸손하고 평화로운 관용을 장려하는 것이다.

도덕적 상대주의의 긍정적 측면

1. **도덕적 상대주의는 도덕적 선택 가능성을 인식하도록 도와준다.** 앞 단락의 말미에서 도덕적 상대주의의 목적을 살펴보았을 때, 거의 대부분의 내용에 동의했을 것이다. 평화, 자유, 겸손, 관용을 장려하기를 원하지 않는 사람이 누가 있겠는가? 우리는 평화를 유지하기 위해 어떤 노력을 해야 하는지에 대해, 개인의 자유를 제한하는 것에 대해, 진정한 겸손과 굴종의 경계가

어디인지에 대해, 또는 우리가 무엇을 참아야 하는지에 대해 활발하게 토론할 수 있다. 도덕적 상대주의가 이런 문제들을 일반적인 도덕적 원리로 주창할 때 옳은 방향으로 나아가는 것처럼 보인다.

도덕적 상대주의가 평화와 겸손과 같은 도덕적 원리를 실제로 주장한다는 사실 때문에 상대주의에는 흥미로운 문제들이 발생한다. 이것은 또한 윤리에 대한 절대주의적 접근방법을 선호하는 사람들이 가진 동일한 맹점―선택성―을 보여 준다. 도덕적 스펙트럼에서 절대주의 편에 속하는 사람들은 자신들의 도덕적 원리를 **옳은** 것으로 만드는 데 큰 관심을 두지만, 그들이 도덕적 원리를 **모두** 갖고 있는지에 대해서는 묻지 않는다.

내가 초청 연사에게 복음서 주제에 관해 강연하도록 했을 때 이런 점이 잘 드러났다. 그는 그리스도인들이 성경에서 자주 언급되지 않는 도덕적 문제를 강조하지만 성경의 거의 모든 페이지에 나오는 도덕적 관심사는 간과한다고 지적했다. 예를 들어, 도덕적 절대주의자들은 흔히 이혼, 낙태, 안락사, 동성애와 같이 성경에서 직접 다루지 않는 문제에 대해서는 주의를 기울이지만, 가난한 자를 돌보라고 직접적으로 요구하는 수많은 성경구절은 쉽게 지나친다.

우리의 요점은 성경이 언급하는 빈도에 따라 도덕적 문제의 중요성을 가늠해야 한다는 것이 아니다. 이 사례는 우리가 어떤 도덕적 원리를 특별한 관심사로 삼을지를 선택할 수 있다는 점을 일깨운다. 나는 "도덕적 상대주의"가 인기를 끄는 한 가지 이유는 상대주의가 우리가 성경에서 선택한 다양한 미덕(평화, 자유, 도덕적 겸손, 관용)을 회복하려는 시도이기 때문이라고 주장하고 싶다. "도덕적 상대주의"는 낙태하러 병원에 가는 사람에게 돌을 던지는 행위가 부적절하다는 것을 그리스도인들이 인정하기를 바란다. 공정하게 말하자면, 도덕적 상대주의는 어떤 도덕적 특성을 강조할 것인지를 스스로 선택한다는 점에서 동일한 잘못을 범한다. 흔히 이 선택은 양자택일이라는 틀 속에서 결정된다. 객관적인 도덕적 진리를 믿는 사람들이 주장하는 가치를 선택하든지, 아니면 도덕적 상대주의자들이 주장하는 가치를 강조한다. 이것은 잘못된 딜레마다. 그럼에도 도덕적 상대주의는 객관주의자들이 도덕적 목표를 설정할 때 선택성을 인식하도록 도와준다. 그렇게 함으로써 객관주의자들은 자신의 목표를 성경 자체에서 얻기보다는 성경에 자신의 목표를 부과한다.

2. 도덕적 상대주의는 율법주의의 불충분함을 분명히 보여 준다. 앞에서 **어떤** 도덕적 원리를 사용할지에 대한 우리의 선택적 성향을 강조했다. 하지만 도덕적 원리를 사용하는 **방법**에 대해서도 주의를 기울여야 한다. 철학자이자 저명한 작가인 달라스 윌라드(Dallas Willard)는 대학원 세미나에서 이혼이 항상 나쁘다는 의견을 제시한 적이 있다. 몇 년 후에 그는 그때의 일을 이렇게 들려준다.

> 나는 신앙심이 좋은 한 여성의 상황을 접하게 되었습니다. 남편은 자신의 동성애를 감추기 위해 그녀와 결혼했습니다. 결혼식을 올리고 첫날밤을 치뤘기 때문에 결혼을 무효로 할 수 없었습니다. 그 후로 남편은 그녀와 전혀 관계를 갖지 않았습니다. 그들은 개인적인 관계를 전혀 맺지 않았습니다. 남편은 남자 친구들을 집으로 데려와 그녀가 집에 있을 때도 장소를 가리지 않고 어디에서나 섹스를 했습니다. 그녀의 종교적 기준은 "결혼관계"를 유지해야 한다고 계속 말했지만, 그녀는 수년 동안 매일 죽음과 같은 고통을 당했습니다.[2)]

윌라드는 이 여성이 참고 견딘 부당한 고통을 들으면서 특정한 조건 아래에서는 이혼이 가능하다고 결론을 내렸다. 윌라드는 도덕적 규칙을 완전히 무시하고 도덕적 상대주의에 빠진 것이 아니다. 오히려 이런 결론은 얼마나 참되거나 선한지를 불문하고 어떤 도덕적 규칙도 그 자체가 목적일 수 없음을 인정하는 것이다. 비극적인 상황에 놓인 인간의 신체적 안전이나 영적 안녕이 아니라 규칙이 우리의 최우선 관심사가 될 때 우리는 율법주의자가 된다.

윤리적 원칙을 율법주의적으로 적용할 때 초래되는 냉혹함 때문에 많은 사람이 "도덕적 상대주의"를 받아들인다. 우리는 이런 "도덕적 상대주의자들"이 율법주의에 대한 유일한 해결책이 도덕적 규칙을 모두 거부하는 것이라고 결론짓는다면 올바른 궤도에서 벗어난 것이라고 본다. 그러나 그들이 상처 입은 사람들보다 규칙을 더 우선시하는 것은 심각하게 잘못된 것이라고 판단하는 것은 옳다. 이런 측면에서 도덕적 상대주의는 설령 좋은 윤리적 원칙이라고 해도 율법주의적으로 적용될 때는 억압의 도구가 될 수 있다는 점을 깨닫게 한다.

3. 도덕적 상대주의는 우리에게 윤리적 견해와 방법론에 대해 더 많이 성찰할 것을 요구한다. 당연한 일이겠지만, 일부 독자들은 앞서 소개한 이혼에 관한 윌라드의 견해가 잘못되었다고 판단할 것이다. **누구나 어떤** 도덕적 문제에 대해 **어떤** 결정을 내리더라도 다른 견해를 가진 사람들에게 비난을 받는다는 것은 틀림없는 사실이다. 좋든 싫든, 오늘날에는 옳은 것과 그른 것에 대한 합의가 거의 존재하지 않는다. 표면적으로 볼 때, 이런 도전은 도덕적 상대주의를 반영하는 것처럼 보인다. 그러나 사람들이 이혼, 배아줄기세포 연구, 낙태 혹은 수많은 다른 이슈들의 도덕성에 관한 이런 전통적인 생각에 도전할 때, 그들이 반대하는 근거는 치유를 향한 갈망, 선택의 자유, 그

리고 모든 사람들이 받아들여야 한다고 그들이 (올바르게) 가정하는 도덕적 이념들과 같은 도덕적 미덕이다. 자신이 상대주의자라고 믿는 사람들의 거센 주장들을 살펴볼 때, 그들의 견해는 객관적이고 보편적인 도덕적 기준이 존재하는지의 여부가 아니라 전통적인 도덕적 이념이 도덕적 기준을 적용하거나 우선순위를 정하는 방법을 제대로 해석하는지의 여부이다. 달리 말하면, 상대주의자들은 도덕적 상대주의자가 아니라 "도덕적 상대주의자"다.

과거에 수용된 윤리적 관점들에 대해 이런 질문을 제기하는 것은 종종 위험한 행위로 간주된다. 실제로 이런 질문은 위험을 수반한다. 아울러 널리 받아들여진 도덕적 이념에 의문을 제기하지 못하는 것 역시 위험하다. 첫째, 전통적 신념에 도전하지 않는다면, 전통적 신념이 잘못된 것일 경우에는 나쁜 사상을 지속시킬 뿐이다. 노예제가 도덕적으로 선하다는 신념이나 여성을 재산으로 간주하는 관념은 한때 깊숙이 뿌리박힌 전통이었지만 대부분의 사람들은 이런 관습을 재평가하여 없앤 것이 긍정적인 변화였다는 데 동의한다. 둘째, 전통적 신념이 타당하다고 해도, 흔히 왜 그것을 따르는 것이 현명한지를 설명하지 않고 무턱대고 그것을 주장한다. 이 때문에 많은 사람이 전통적인 도덕적 관점에 반대한다고 본다. 우리는 전통적 관점이 처음에 널리 받아들여지게 된 이유를 제대로 제시하지 못한다(우리 자신도 그 이유를 잊어버린 것인지도 모른다). 마지막으로, 우리가 고심하거나 자발적으로 받아들이는 도덕적 견해는 삼투 현상에 의해 단순히 흡수하는 것이 아니라 우리의 삶에 깊숙이 통합된다. 윤리적 대안들을 신중하게 검토하는 일은 우리가 윤리적 결론을 내리는 주도권을 획득하는 중요한 과정이 될 수 있다. 모든 것을 감안할 때, 도덕적 진리 혹은 적어도 전통적으로 주장된 도덕적 관점들에 대한 도덕적 상대주의의 회의적 태도는, 우리의 윤리적 가정과 기초를 다시 검토할 수 있는 긍정적인 기회로 여겨져야 한다.

도덕적 상대주의의 잠재적 문제

지금까지 우리는 도덕적 상대주의자라고 주장하는 많은 사람들이 실제로는 받아들이고 싶지 않은 도덕적 관점(보통 율법주의)에 반발하는 "도덕적 상대주의자"라고 진술했다. 그렇지만 일부 사람들은 꼭 다룰 필요가 있는 상대주의에 대한 철학적 열정을 갖고 있다. 우리는 먼저 도덕적 상대주의와 관련된 철학적인 문제를 간단히 살펴보고, 아울러 "도덕적 상대주의"라는 관점을 일반적으로 다루는 실천적이고 도덕적인 난제들을 집중적으로 검토할 것이다.

1. **도덕적 상대주의에 대한 지적인 근거를 어떻게 제시할 것인가?** 많은 이들이 도덕적 진리가 객관적이고 영원한 것에 뿌리를 둔다는 어떤 논증도 결정적인 증거로서 보편적으로 받아들이지 않는다는 이유로 인해 도덕적 상대주의에 끌린다. 사실 객관적인 도덕적 진리를 수용하는 대다수의 사람들은 그에 대한 일관성 있는 근거를 제시할 수 있지만 자신의 견해를 입증하지 못한다는 것을 인정한다. 그러나 도덕적 진리의 존재를 입증하지 못한다고 해서 도덕적 진리가 없다는 반대 견해가 옳다는 것은 아니다. 도덕적 상대주의 역시 자신의 견해에 대한 논리적인 근거를 제시해야 할 의무가 있다.

도덕적 상대주의에 대한 논리적이고 지적인 근거를 제시하는 것은 특히 까다롭다. 많은 상대주의자들이 도덕적 진리뿐 아니라 모든 일반적인 진리의 존재 자체를 인정하지 않기 때문이다. 가장 근본적인 차원에서 볼 때, 이것은 상대주의가 처음부터 전체 진리의 존재를 부인할 경우 어떻게 상대주의가 **진리**라는 점을 주장할 수 있는가의 문제이다. 보편적 진리가 존재하지 않는다는 것이 보편적 진리라고 주장하는 것은 앞뒤가 맞지 않는 말이다. 게다가 대부분의 상대주의자들은 일반적인 상대주의뿐 아니라 특정한 것들도 진리라고 주장한다. 예를 들어, 상대주의는 객관적인 도덕적 진리가 없다면 자신의 생각과 다른 윤리적 생각을 용인해야 한다고 주장한다.

이런 내용으로부터 세 가지 내용이 자연스럽게 도출된다. 첫째, 관용이 모든 사람에게 필요한 도덕적 요구사항이라고 믿지 않는다면 어떻게 관용을 요구할 수 있는지 이해하기 어렵다. 달리 말하면, 관용이 도덕적 절대 원칙이라는 말이다. 그러나 상대주의는 도덕적 절대 원칙을 거부하지 않는가? 한편으로, 개인의 선호에 기초하여 관용을 요구하는 것은 불관용의 전형처럼 보인다. 어느 쪽이든 상대주의가 이 문제에 대한 명백한 모순을 어떻게 해결할지는 확실하지 않다.

둘째, 우리가 마땅히 관용해야 한다는 생각은 단지 하나의 진리로서 기능하는 것이 아니라 도덕적 진리를 평가하는 틀이다. 상대주의적 관점에서 볼 때, 관용적이지 않은 사람은 단순히 다른 의견에 동의하지 않는 것이 아니라 도덕적으로 나쁘다. 그러나 사람이나 행위를 도덕적으로 판단할 객관적 기준이 존재하지 않는다면, 사람들이 아무리 관용적이지 않다 해도 그런 평가가 어떻게 정당화될 수 있는가?

세 번째 문제는 두 번째 문제의 이면에 관한 것이다. 관용적인 사람이 도덕적으로 선한 사람이라고 간주된다. 그러나 다른 사람이 하는 모든 행동이 선하다면(관용적이지 않은 방식으로 행동하지 않는 한) 왜 우리가 어떤 행동에 대해 **관용해야** 하는가? 행동이 선하다고 여기면, 우리는 그런 행동에 대해 관용하지 않고 그것을 즐거워하고 칭찬한다. 우리가 타인의 행동과 사고에 대해 관용해야 한다는 생각은 (a) 타인이 틀렸다고 믿거나 (b) 타인의 행동에 대한 우리의 평가가 틀렸다고 믿는다는 뜻이다(우리는 사실상 선한 것에 대해서만 관용하기 때문이다). 도덕적 상대주의는 행동을 틀렸다고 판단할 보편적 기준이 없기 때문에 전자(a)와 모순된다. 후자(b)는 각 개인의 도덕적 관점이 무오하다고 보는 상대주의적 관점과 배치된다. 간단히 말해서, 관용의 전체 개념은 어떤 행동이 틀렸다고 가정한다.

도덕적 상대주의에 대해 호감을 갖게 하는 유익한 원칙들─평화, 겸손, 자유, 관용─이 도덕적 상대주의에 문제를 일으킨다. 도덕적 상대주의는 개인이 받아들이거나 거부할 수 있는 단순한 가치로만 이런 원칙들을 제시하지 않는다. 대신에 이런 원칙들은 도덕적 상대주의가 거부하는 보편적인 도덕적 선으로서의 역할을 수행한다. 도덕적 상대주의는 자신이 거부한다고 주장하는 바로 그 부분에 자신의 기초를 두려고 한다.

2. 어떤 사람도 상대주의자로 살 수 없다. 상대주의적 관점에서 일관성 있게 생각하는 것도 어렵지만, 상대주의 세계관의 근본적인 원칙 안에서 일관성 있게 살아가는 것은 훨씬 더 어렵다. 예를 들어, 열성적인 상대주의자가 우연히 납치되어 고문을 당한다면 어떤 일이 벌어질까? 틀림없이 고문을 당한 상대주의자는 가해자가 나쁜 짓을 저지른다고 생각할 것이다. 그러나 가해자는 상대주의자의 논리를 이용하여 자기 행동을 변호할 수도 있다. 어쨌든 고문에 대한 도덕적 판단에는 다양한 의견이 존재하며, 각 의견은 동일한 도덕적 권위를 갖는다. 주어진 상황을 고려할 때, 고문을 당한 상대주의자는 이런 추론을 받아들이기 힘들 것이다. 실제로 자신이 옳지 않다고 판단하는 타인의 행동으로 인해 피해를 당할 경우, 어떤 사람도 윤리가 각 개인의 의견 차원의 문제인 것처럼 행동하지 않는다.

앞의 사례는 아주 분명한 사실을 말해 준다. 이를테면, 그 누구도 실제로는 모든 것을 관용하지 않는다는 점이다. 그 이유를 이해하기 어렵지 않다. 인간 행동에 대한 모든 외부적 제약이 사라진 세상을 상상해 보라. 물론 정직, 인간 생명과 건강의 보호, 개인의 자유를 제한할 수 있는 시기와 방법, 재산권 보장에 관한 규칙과 법률이 모두 폐기될 것이다. 무엇보다도, 법률은 외부적인 기준이다. 이제 이런 법률이 사라졌기 때문에 모든 사람이 자신의 선호에 따라 행동할 자유가 있다. 그러면 어떻게 될까? 세상이 극심한 혼란 상태가 되리라는 것을 쉽게 상상할 수 있다. 우리는 그런 세상에서 일어날 모든 일을 참아야만 할까?

실제로 상대주의를 받아들였던 고대 철학자들은 이 세계관이 초래할 "혼란"을 인정했다. 다만, 이런 상황에 대응하는 방법에 대해서는 의견이 갈렸다. 프로타고라스의 동료 소피스트인 칼리클레스는 진리가 사라지면 남는 것은 힘이라고 말했다. 논리적으로 볼 때, 이것은 모든 사람이 힘을 얻기 위해 최선을 다해야 하며, 힘을 획득하는 데 필요하면 무슨 일이든지 해야 한다는 "힘이 곧 정의"라는 원칙으로 이어진다. 달리 말하면, 관용은 잊어야 한다. 우리의 과제는 우리 **개인의 이익**에 따라 세계를 만드는 것이다.

두 번째 대응 방법은 프로타고라스가 제시했다. 그는 진리가 없을 경우, 우리는 평화롭게 함께 살 방법을 서로 협상해야 한다고 주장했다. 우리는 외부적 권위에 기초한 오랜 규칙을 **상호간의 이익**에 기초한 타협적인 새로운 규칙으로 대체해야 한다. 그러나 우리는 이런 타협적인 사회 규칙을 진리라고 주장해서는 안 된다. 이 규칙들은 감당할 수 없는 사회적 혼란을 피하기 위해 사람들이 합의한 것에 불과하다.

상대주의자에게는 어떤 생활방식이 타당할까? 논리적으로 볼 때, 칼리클레스의 해결책이 더 일관성이 있다. 프로타고라스가 제안한 대로 우리 개인의 이익을 제한하는 규칙을 우리의 거짓 진리로 삼는다면, 우리는 무엇을 얻게 될까? 게다가 프로타고라스의 해결책은 질서가 무정부 상태보다 더 낫다는 것을 암시한다. 그러나 상대주의가 진리를 없애 버린 상황에서 평화가 혼란보다 더 우월하다는 가치 판단을 어떻게 할 수 있을까? 아울러 선택권을 가진 사람이라면 누구라도 칼리클레스의 "냉혹하게 사리사욕을 추구하는" 세상, 궁극적으로 소수만 살아남는 세상에서 살거나 그런 세상을 그대로 받아들이고 싶지 않을 것이다. 현실 세계의 규칙, 법률, 지침은 우리가 인정하는 관용의 한계를 보여 준다. 이것 자체가 그런 규칙들이 객관적 진리라는 것을 반드시 입증하는 것은 아니지만 모든 규칙을 제거하고 개인의 선호를 따르는 것은 현실적으로 불가능하다는 점을 일깨워 준다.

3. **도덕적 상대주의는 공정과 정의의 원칙을 약화시킨다.** 프로타고라스와 칼리클레스가 제시한 방안은 도덕적 상대주의가 갖는 또 다른 문제—상대주의가 정의의 개념을 완전히 약화시킨다—를 보여 준다. 우리의 일상 언어에는 정의와 관련된 말이 섞여 있다. 자녀를 둔 사람이라면 "공정하지 않아요"라는 말을 자주 들을 것이다. 도덕적 상대주의가 주장하는 개인적 윤리 기준을 따를 경우, 정의와 공정에 관한 말을 어떻게 해야 할까? 이 두 가지 질문은 상대주의가 거부하는 내용, 즉 옳고 그름에 대한 외부적 기준을 가정한다. 도덕적 상대주의자가 그렇듯이, 정의가 개인적인 개념이며 어떤 사람의 정의가 다른 사람에게는 불의가 된다고 믿는다면, 우리에게는 두 가지 대안이 남는다. 다양한 집단이 서로 상반되는 공정성 개념에 계속 단단히 사로잡혀서 한 집단이 다른 집단에게 자신의 관점을 받아들이라고 강요하게 된다(칼리클레스의 견해). 달리 말하면, 이 대안은 도덕적 상대주의의 논리적 결론을 초래하며 정의가 힘으로 대체된다.

두 번째 대안은 협상을 통해 무엇이 공정한지에 대해 합의하는 것이다(프로타고라스의 견해). 이와 관련된 문제는 아주 많지만(예를 들어, 우리가 도덕적으로 무오하다면, 왜 각자의 도덕적 진리를 서로 타협해야 할까?), 이 견해가 유발하는 한 가지 결과에 초점을 맞출 것이다. 모든 집단이 합의한 내용이 어떤 것이든 모두 옳다면, 정의가 임의적이라는 점을 인정해야 한다. 정의는 상황에 따라 임의로 계속 만들어질 수 있다. 이것은 정의가 우리에게 유익한 것을 제공할 경우에는 좋은 것처럼 보인다. 하지만 이 정의는 언제 어떻게 공공선을 위해 개인 재산의 일부를 포기하도록(세금 부과) 요구할 것인지, 사람들을 투옥하여 자유를 박탈할 수 있는 조건, 또는 사람의 생명을 죽이는 것을 허용할 수 있는 경우를 결정하기 위한 기초가 된다. 정의가 협상을 통해 도달한 임의적인 합의일 뿐이라고 한다면, 그 의미는 엄청나다. 우리는 토마토를 심은 사람에게 종신형을 선고하고 살인을 저지른 사람에게 세금 공제 혜택을 줄 수도 있다. 히틀러는 마더 테레사와 같은 도덕적 평가를 받을 수 있다. 외부적 기준이 없다면, 그 무엇도 이와 같은 상호 간의 협상에 의한 규칙이나 도덕적 평가를 막지 못한다.

4. **도덕적 상대주의는 도덕의 공통분모를 가장 낮춘다.** 도덕적 상대주의는 기껏해야 윤리에 대한 최소주의적 접근방법이다. 도덕적 상대주의는 우리가 **할 수 없는** 것에 대한 지침을 제공할 뿐, **마땅히 해야 할** 것에 대해서는 말해 주지 않는다. 언뜻 보기에 이것은 사실이 아닌 것처럼 보인다. 어쨌든 도덕적 상대주의는 우리가 무엇이든지 혹은 원하는 대부분의 것을 할 수 있다고 허용하지 않는가? 여기에 문제가 있다. 도덕적 상대주의는 모든 것을 **허용**하지만 ─이것은 무엇이 허용되는지를 말해 준다─**마땅히 해야 할** 것에 대해서는 말해 주지 않는다. 상대주의의 일부 형태는 우리가 **마땅**

히 하지 말아야 할 것(예를 들어, 다른 사람에게 손해를 끼치지 않아야 한다거나 관용적이지 않으면 안 된다)에 대해 말한다. 이처럼 상대주의는 악을 멀리하게 할 수 있다. 그러나 악을 피하는 것은 도덕적으로 선한 것과 다르고, 또한 허용되는 것을 행하는 것이 곧 선은 아니다. 역설적이게도, 도덕적 상대주의는 윤리에 대한 율법주의적 접근방법이 유발하는 문제와 같은 문제에 빠지고 만다. 율법주의와 도덕적 상대주의는 모두 악을 멀리하기 위해 우리가 피해야 할 내용을 규정하는 규칙을 수립한다. 그러나 **선하게** 되는 방법에 대해서는 말해 주지 않는다. 이러한 최소주의적 관점은 높은 도덕성을 성취하는 데 필요한 내용과는 아주 거리가 멀다.

결론

우리에게 만족감을 주는 세계관인 도덕적 상대주의는 여러 차원에서 문제가 있다. 이 관점은 시작부터 이 관점이 거부하는 범주인 진리의 개념에 의존하지 않고는 스스로에 대한 지적인 근거를 제시하지 못한다. 게다가 외부적 진리라는 하부 구조가 없다면 관용과 자유에 대한 상대주의의 보편적 요구는 아무런 근거도 갖지 못한다. 도덕적 진리가 근본적으로 개인적이고 무오하다면, 자살 폭탄 테러리스트들을 미덕의 모범이라고 믿는 개인에게 이의를 제기할 아무런 근거가 없을 것이다. 정의를 위한 외침이 권력 게임으로 바뀌거나 단순히 개인의 선호에 바탕을 둔 개인적인 애원으로 전락하고 말 것이다. 도덕적 상대주의는 다른 사람에게 해를 끼치지 말라고 하지만 다른 사람을 도우라고 요구할 근거는 갖고 있지 않다. 도덕적 상대주의는 관용을 요구하지만 단순히 타인을 용납하는 것과 사랑하는 것 사이의 도덕적 거리는 엄청나게 멀다. 따라서 상대주의가 도덕적 선을 관용이라는 최소한의 윤리로 대체할 경우, 선한 인간의 모형을 충분히 보여 주지 못한다.

앞에서 다룬 모든 내용은 도덕적 상대주의를 거부할 수 있는 탄탄하고 근본적인 근거를 제공한다. 아울러 우리는 이 장에서 도덕적 상대주의가 아니라 "도덕적 상대주의"가 더 널리 퍼져 있다고 말했다. "도덕적 상대주의"의 근거는 일차적으로 지성적이지 않다. 그래서 앞에서 제시한 주장들이 "도덕적 상대주의"에 꺾이지 않고 잘 극복하는 데 도움이 되지 않는다. "도덕적 상대주의"는 일차적으로 어떤 것에 대한 반응이기 때문에 이것이 무엇에 대한 반응이며, 무엇을 반대하는지를 모르면 제대로 다룰 수 없다. 나는 그리스도인들이 이 부분에 면밀한 주의를 기울여야 한다고 생각한다. 앞서 언급했듯이, 우리가 "도덕적 상대주의"의 주요 원인이기 때문이다. 우리가 "도덕적 상대주의"가 문제라는 것을 알고 그에 대한 해결책을 제시하려면, 이 관점의 옹호자가 하는 말을 경청해야 한다. "도덕적 상대주의"에 대한 대응책으로 다음 네 가지를 제안한다.

1. 우리가 하나님이 아님을 인정한다. 일부 독자들은 "절대적인 것"이나 "절대적 진리"라는 용어가 이 장에서 많이 사용되지 않았음을 알아차렸을 것이다. 도덕적 상대주의와 맞서는 "문화 전쟁"에 깊숙이 참여하는 그리스도인들은 이 싸움이 난해하다는 것을 알 것이다. 많은 사람이 도덕적 절대주의가 주요 무기라고 믿기 때문이다. 나는 도덕적 절대 원칙이 존재한다고 말하는 데 아무런 거리낌이 없다. 이것은 하나님의 속성에 대한 기독교적 이해에서 자연스럽게 유추할 수 있다. 하나님이 절대적이고 도덕적이라면 그분의 속성에서 비롯되는 도덕적 기준 역시 그럴 것이다. 그러나 도덕적 절대 원칙이 **존재한다**는 진술은 하나님이 아시는 수준만큼 명확하게 내가 도덕적 절대 원칙을 **안다**고 주장하는 것과는 전혀 다르다. 절대적 진리는 절대

적 앎과 같지 않다. 그리스도인들이 자신에게 절대적인 도덕적 지식을 부여하는 "하나님의 관점"을 가졌다고 주장할 때 많은 사람들은 몹시 속상해 하면서 도덕적 절대 원칙이라는 사상을 포기하고, 그 결과 스스로 도덕적 상대주의자라고 믿게 된다.

2. **실제적인 문제를 분명하게 밝힌다.** 도덕적 절대 원칙의 존재가 우리가 이런 절대적 진리를 얼마나 분명하게 알고 있는가의 문제와 별개라면, 첫 번째 제안의 논리적인 결과로 두 번째 제안이 제시된다. 그리스도인들만이 윤리적인 인간이 되려는 욕구를 가진 것이 아니기 때문에 우리만 그런 것처럼 행동하지 말아야 한다. 일단 우리가 이것을 인정하면 "도덕적 상대주의자들"이 윤리를 진지하게 받아들이지 않는다는 어리석은 가정에서 벗어나게 된다. 실제적인 과제에는 어떤 도덕적 원리가 근본적인지, 어떻게 도덕적 진리를 알 수 있는지, 어떻게 그 진리를 실제 상황에 적용해야 하는지와 같은 핵심적인 질문이 포함된다. 그리스도인과 "도덕적 상대주의자들"이 이런 영역에서 의견이 다르다는 점을 인정하면, 토론이 더 생산적인 방식으로 이루어질 것이다. "도덕적 상대주의자들"이 도덕적 진리에 깊은 관심을 가진다는 점을 그리스도인들이 인정하지 않으면 그들과의 관계가 멀어질 뿐이다.

3. **윤리적인 문제에 대해 좀더 겸손해져야 한다.** "도덕적 상대주의자들"이 그리스도인들에게 듣고 싶은 말이 있다면, 그것은 대다수의 윤리적 문제에 대한 답이 항상 확실하거나 분명하지는 않다는 말일 것이다. 그리스도인들은 흔히 제기되는 모든 도덕적 질문에 대한 준비된 답이 없을 경우 그들에게 문제가 있다고 생각한다. 결과적으로 우리는 복잡한 문제를 신중하게 생각하지 않고, "옳은" 해답을 모두 제공하는 유명한 지도자에게 의존한다는 인상을 주게 된다. 나는 이런 의구심이 종종 일리가 있다고 생각한다. 어떤

윤리적 문제―이민법, 이혼, 경제정의, 줄기세포 연구, 그 외의 수많은 관심 주제들―에 대해 우리는 현실의 수많은 인간이 관련된 복잡한 문제를 다루고 있음을 인정해야 한다. 이것은 그런 문제에 대해 우리의 견해를 갖지 말아야 한다는 뜻이 아니다. 진정한 겸손은 우리의 열정이나 신념을 포기하라고 요구하지 않는다. 그러나 겸손은 충분한 지식을 갖추라고 요구하며, 우리와 의견이 다른 사람들도 도덕적 동기를 갖고 자기 견해를 내세우고 하나님이 아닌 우리는 틀릴 수도 있으므로 반대자의 의견을 신중하게 경청해야 함을 기꺼이 받아들이라고 한다.

4. 행위가 아니라 도덕적 속성의 관점에서 절대적인 것을 생각해야 한다. 마지막으로, 절대적인 것의 문제로 돌아가 보자. 도덕적 절대 원칙의 개념은 절대적인 것을 일차적으로 도덕적 속성의 관점에서 생각할 때 아주 유용하다. 달리 말하면, 우리는 절대적으로 공정하고, 자비롭고, 사랑스럽고, **관용적이어야** 한다. 많은 사람이 마지막 속성을 보고 놀랄 것이다. 도덕적 진리의 옹호자들은 흔히 "상대주의라는 목욕물"과 함께 "관용이라는 아기"를 함께 버리기 때문이다. 그러나 도덕적 상대주의는 보편적인 도덕적 미덕을 버림으로써 관용을 주장할 수 있는 기초를 잃어버린다. 아울러 하나님이 인간에게 선택할 능력을 주셨고, 우리가 하나님의 뜻과는 반대로 선택할 수 있도록 허락하셨다는 사실은 관용이 하나님의 한 속성임을 보여 준다. 이런 관용에는 분명한 한계가 있지만 하나님이 자신의 뜻과 다른 행동을 허용하신다는 점은 명확하다.

어쨌든, 도덕적 절대 원칙을 구체적 행동이 아니라 도덕적 속성으로 이해한다면, 우리의 근본적인 윤리적 성향의 기초를 하나님의 속성에 둘 수 있다. 또한 불법 이민자들에게 공정하고, 자비로우며, 관용적이어야 하는 절대적인 도덕적 의무가 있음을 안다고 해도, 이런 절대 원칙을 적절하게 적용하기 위해 어떤 행동을 해야 하는지를 명확히 알지 못할 수도 있음을 깨닫게 된다. 마지막으로, 윤리적 문제에 대한 의견이 나와 다른 사람들이 다를 때, 이런 접근방법은 그들의 윤리적 성향을 존중할 것을 요구한다.

이것은 단지 시작에 불과하지만, 그리스도인들이 이것을 제대로 실천한다면, "도덕적 상대주의"의 많은 문제가 해결될 것이다. 끝으로, 앞에서 우리가 제안한 내용은 단순히 문제 해결 전략만은 아니다. 그리스도인들이 타락한 세상의 도덕적 혼란상황을 헤쳐 나가는 데 필요한 도덕적 속성들이다.

6

오직 물질만이 중요하다: 과학적 자연주의

영화 "사랑의 기적"에서 신경학자 맬컴 세이어 박사 역을 맡은 로빈 윌리엄스가 원소주기율표를 가리키면서 이렇게 말한다. "이것이 우주의 본질입니다. 알칼리 금속, 할로겐, 비활성 기체가 있습니다. 모든 원소는 순서대로 나열되어 있습니다. 그것을 바꿀 수 없습니다. 절대 바뀌지 않습니다."

세이어 박사의 말은 자연주의를 훌륭하게 요약해 준다. 때로 환원적 물질주의, 과학주의, 과학적 자연주의 또는 유물론(하지만 마돈나가 이 용어를 다른 방식으로 사용했다)이라고 불리는 자연주의는 존재하는 모든 것이 물질이며 물질적인 기본원소로 환원할 수 있다고 주장한다. 세이어 박사의 말에 따르면, 이 원소들이 "우주의 본질이다." 본질은 피상적인 속성과 특징을 모두 제거한 후 실질적으로 존재하는 것을 말한다. 과학적 자연주의는 이 본질에 대해 이야기할 때 실재의 근본적인 구성요소를 설명하기 위해 매우 다양한 용어—원자, 원소, 에너지 등—를 사용한다. 어떤 용어 또는 개념이 가장 정확한 설명인지는 차치하더라도, 이 본질은 물질의 형태를 띠며, 우주를 구성하는 물리적인 실재다. 물질의 범주에는 많은 것들—공원 벤치, 소행성, 바다소, 인간—이 포함되지만 이 범주에 속하지 않는 것도 분명하게 알 수 있다. 물질 외에 아무것도 존재하지 않는다면, 하나님이나 영혼과 같은 비물질적인 존재는 없을 것이다.

우주에서 하나님을 제거한다면, 우주를 근본적으로 다시 정의해야 한다. 비물질적인 실재가 존재하지 않는다면, 무에서 유를 창조한 인격적인 창조자 혹은 비인격적인 힘이 존재할 가능성도 없다. 자연주의에서는 우주를 구성하는 물질이 영원하다. 이런 관점으로 세계를 보면, 창조는 무에서 어떤 것이 발생한 것이 아니다. 설령 자연주의자들이 창조에 대해 말한다 해도, 그것은 영원한 원재료 물질이 끊임없는 변화과정을 거치는 것을 일컫는다. 따라서 수십 억 년 전의 어느 시기에는 우주가 존재하지 않았다고 말할 수도 있다. 그때는 물질이 "우주"라고 말할 만한 형태로 배열되지 않았기 때문이다. 그럼에도 기본적인 실재(본질)는 항상 존재하고 있다. 세계는 폐쇄된 체계이다. 본질적으로 새로운 것은 발생하지 않는다. 존재하는 어떤 것도 이 폐쇄된 체계 안에서 사라지지 않는다. 우주의 기본적인 구성요소는 영원히 재변환의 과정을 거칠 뿐이다. 이것은 위원회 업무와 약간 비슷하다.

우주의 영원한 물질이 재변환의 끝없는 춤을 추고 있다면, 이런 변화에 힘을 제공하고 방향을 부여하는 것이 무엇이냐는 질문을 던져 볼 수 있다. 자연주의자들은 우주에서 발생하는 모든 것이 흔히 "자연법칙"이라 일컫는 것에 의해 지배된다고 주장한다. 자연법칙에 대해서 우리는 곧바로 물질에 대해 제기하는 것과 같은 종류의 문제에 부딪힌다. 자연주의는 자연법칙이 실제로 무엇인지를 제시하지 못한다. 사실 자연법칙은 모든 것이 물질이라는 자연주의의 사고에 특별한 문제를 제기한다. 아무도 자연법칙이 물질적 존재라고 생각하지 않기 때문이다. 일부 자연주의자들은 자연법칙을 사물이 아니라 꼭 필요하거나 유용한 가설이라고 말한다. 물론 이런 접근법은 자연주의적 세계관 전체를 실재에 대한 자기 기준에 부합하지 않는 가설적인 존재에 의존하게 만들기 때문에 다소 어색하다.

어쨌든 자연주의는 이 법칙들―이것이 무엇이든지 간에―이 두 가지 중요한 특징을 갖고 있다고 가정한다. 첫째, 자연법칙은 의도적으로 창조된 존재로 보지 않는다. 여러 종류의 대중적인 자연주의 형태들은 자연법칙을 영원한 것으로 간주한다. 그러나 최근의 우주론은 자연법칙이 빅뱅 직후에 생겨난 것으로 보기에, 자연법칙은 우주만큼이나 오래되긴 했어도 엄격히 따지자면 영원한 것은 아니다. 어쨌든 자연법칙은 의도적인 창조행위에서 비롯된 것이 아니라고 생각한다. 또한 자연법칙 자체에 목적성이 있다고 보지 않으며, 그저 단순히 존재할 뿐이라고 생각한다.

자연법칙의 두 번째 특징은 불변하고 예외가 없다는 것이다. 달리 말하면, 자연법칙은 우주의 시작부터 존재했을 뿐 아니라 항상 동일했으며, 변함없이 한결같이 작동하고 있다. 자연법칙은 특정한 원인적 요소와 특정한 조건이 결합하여 특정한 결과를 만들고, 원인과 조건이 같을 경우 정확히 같은 결과를 만들어 낸다. 만일 관련된 모든 조건과 법칙을 알고서 고층 빌딩에서 물풍선을 떨어뜨린다면(경찰은 이런 행위를 강력하게 단속한다), 물풍선이 정확히 언제, 어디에 떨어질지 예측할 수 있다. 맬컴 세이어가 말했듯이, 모든 것은 "순서대로 나열되어 있고 그것을 바꿀 수 없다." 불변하는 법칙이 질서를 부여한다.

자연을 작동시키는 법칙들이 일정하며 예외가 없다고 말할 때, 이것은 인간을 제외한 다른 사물의 활동에만 해당하는 말이 아니다. 인간은 특별한 사례가 아니다(사람을 고층 빌딩에서 떨어뜨려 보라). 인간은 자연법칙에 따라 상호작용하는 물질의 집합체이기 때문에 우리의 활동은 기본적으로 소나 이

끼의 생명을 조사할 때와 같은 방법으로 탐구하고 설명해야 한다. 우리에게 또는 우리 내면에 일어나는 모든 것은 이런 인과론적 힘의 복잡한 그물망에 영향을 받는다. 심지어 우리의 열망, 감정, 생각, 미학적 판단, 도덕적 선택도 이전의 물리적 원인에 의해 생겨난 물리적 결과로 환원할 수 있다. 자연주의는 모든 비물질적 존재를 부정하기에 이런 인간 활동의 원인을 영혼이나 정신과 같은 것에서 찾을 수 없다. 우리가 수행하는 모든 활동은 뇌와 같은 신체 기관에서 그 원인을 찾아야 한다.

자연법칙의 지배를 설명하는 또 다른 방식은 결정론이다. 영혼이나 정신과 같은 비물질적인 것이 존재한다면, 물질을 지배하는 인과법칙에서 어떻게 예외가 될 수 있는지 생각해 볼 수 있다. 그러나 자연주의는 비물질적 존재를 그냥 무시한다. 만물이 물질이고 원인과 결과의 법칙이 모든 경우에 작용하기 때문에, 일어나는 일은 모두 결정되어 있다. 사물은 현재 상태 이외의 다른 것이 될 수 없다. 뇌와 같은 신체 기관의 결과는 앞선 원인이 초래한 필연적인 결과다. 따라서 우주 이야기와 마찬가지로, 우리 이야기는 모두 철학, 종교, 그 이외의 다른 비과학적 형태의 설명이 아니라 화학, 생물학, 물리학의 언어로 가장 정확하게 설명할 수 있다.

이성과 자연주의

자연이 한결같이 작동한다는 것은 자연주의의 또 다른 중요한 특징을 보여준다. 원인과 결과가 대단히 많은 것들을 설명하고 예측할 수 있다는 사실을 고려할 때 세계가 논리적인 장소라고 결론지을 수 있다. 해수면 높이에서 물을 가열하여 온도를 100도로 높이면, 물이 끓을 것이라고 예상하는 것은 합리적이다. 물 온도를 0도로 낮추면, 물이 얼지 않을 것이라고 생각하는 것은 비합리적이다. 우주의 논리적 구조는 이성의 힘을 이 우주를 항해하는 장치로 삼으라고 말하는 것처럼 보인다. 이것은 자연주의가 인과관계를 초월하는 하나님이나 다른 힘들을 위한 여지를 두는 세계관에 대해 매우 관용적이지 않은 이유를 설명한다. 자연주의자들은 생명의 일부를 인과 과정에서 제외하는 것은 지식과 진보를 가로막는 것이라고 주장한다. 이런 자연주의의 근본적인 신념이 옳다면(모든 실재는 물질적이며, 불변하는 법칙에 따라 움직인다), 하나님, 기적, 영혼에 대해 말하는 것은 비이성적이며 무익하다. 그런 것들은 환상일 뿐이다. 하지만 그런 것들이 존재하지 않는다면, 어떤 형태의 결과를 만들어 낼 힘도 갖지 못한다. 따라서 이런 세계에서 변화를 일으키고 문제를 해결하기 원한다면, 하나님에게 의지하는 것은 실제적인 문제 해결을 가로막는 것이다.

자연주의자들은 그 근거로 과학적인 발견이나 혁신 때문에 과거 여러 세대에 걸쳐 일어난 급진적인 변화를 우리에게 상기시킨다. 의학의 획기적인 발달로 의해 인간의 수명이 엄청나게 늘어났다. 최근 수십 년 동안 개발된 새로운 품종들 덕분에 곡물 수확량이 놀라울 정도로 증가하여 수백 만 명을 기아에서 구했다. 과학적 방법을 현명하게 적용한 덕분에 교통, 통신, 경제 분야에서 거대한 도약이 일어났다. 자연주의자들은 얼마 전까지만 해도 미숙아 사망, 기아, 가난 등의 수많은 해묵은 문제들을 해결하는 데 거의 진전이 없었다고 말한다. 그들은 마침내 과학이 미신에서 해방되었기 때문에 이러한 큰 변화가 일어난 것이라고 말한다.

자연주의는 우리가 이성에 의지한다면, 과학기술이 훨씬 더 많은 문제를 해결할 것이라고 주장한다. 간단히 말하면, 자연주의는 과학을 구원의 한 형태로 본다. 만일 우리가 문제를 해결하려고 한다면, 불변하는 자연법칙을 이성적으로 이해하고 그것을 우리의 유익을 위해 사용하면 된다. 구원을 위해 신의 개입이나 다른 비물질적 근원에 의지하는 것은 아무런 도움이 되지 않는다. 차라리 한 자루의 마술 콩을 흔들어서 암을 치료하려고 시도하거나 신들린 원숭이가 갈겨쓴 글자를 보고 허리케인을 예측하는 편이 더 낫다. 자연주의자들은 실재(물질)와 진리(인과법칙)에 이성을 적용하면 문제를 해결할 수 있다고 주장한다. 우리가 과학 밖으로 나가면 발견과 진보가 가로막히고 만다.

종교로서의 자연주의

1933년, 과학자들이 "인본주의자 선언"(The Humanist Manifesto)이라는 문서를 만들었다. 이 선언은 자연주의적 세계관의 근본적인 사상을 보여 준다. 이를테면, 세계는 창조된 것이 아니라 스스로 존재하며, 인간과 자연은 완전히 동일하고, 현대 과학이 하나님을 대신해야 하며, 전통적인 종교적 사상보다는 이성에 의존해야 한다는 확신이다. 이 선언의 마지막 부분에 추가된 두 가지 내용 역시 자연주의적 특징을 잘 보여 준다.

> 따라서 종교적 인본주의의 주제들이 여전히 유효하다. 비록 우리가 선조들의 종교적 형태와 사상이 더 이상 적절하지 않다고 생각할지라도, 선한 삶을 향한 추구는 여전히 인류의 중심적인 과제이다. 마침내 인간은 자신이 꿈꾸는 세상을 실현할 책임이 있는 유일한 존재이며, 이것을 성취할 능력이 자신 안에 있다는 것을 깨닫게 되었다. 인간은 지성과 의지를 사용하여 이 과제를 실현해야 한다.

이 결론 부분은 자연주의가 자신을 하나의 종교, 그것도 다른 종교와 상반되는 종교로 본다는 점을 분명하게 보여 준다. 자연주의는 다른 종교와 달리, 인생 전체에 적용되는 포괄적인 세계관을 제공하며, 이 글에서 언급한 바와 같이, 사람들 사이의 차이를 연결해 주는 프로그램을 제공한다고 주장한다. 두 번째 내용은 앞의 내용과 밀접한 관련이 있다. 자연주의의 목표는 다른 종교가 추구하는 목표 ― 구원 ― 와 명백하게 동일하다. "인본주의자 선언"은 구원을 "선한 삶"과 "[우리가] 꿈꾸는 세상"이라는 말로 설명한다. 하지만 구원의 핵심적인 내용인 가장 완벽한 삶을 실현할 수 있다는 사상이 분명하게 표현되어 있다.

자연주의가 신성한 실재가 존재하지 않는다는 전제에서 출발할 때, 우리는 자연주의의 목표가 신성한 존재를 인정하는 세계관이 제공하는 것처럼 야심차거나 모든 것을 포괄하지 않을 것이라고 추측할지도 모른다. 그렇기 때문에 흔히 사람들은 우리의 마음과 생각을 놓고 싸우는 직접적인 경쟁자로 자연주의를 중요하게 다루어야 할 필요성을 인식하지 못한다. 그러나 우리는 자연주의를 있는 그대로 받아들여야 한다. 만일 자연주의가 자신을 다른 종교와 경쟁하는 ― 무신적인 종교일지라도 ― 종교로 여긴다면, 자연주의의 야망은 원대하다. 자연주의는 세계와 세계의 운동에 대한 가장 훌륭한 설명이고, 우리 삶의 모든 측면에서 추구하는 가장 포괄적이고 가장 높은 열망을 달성하는 최선의 유일한 수단이며, 사람을 분리시키는 수많은 차이를 극복할 수 있는 가장 희망적인 방법이라고 주장한다. 따라서 자연주의는 종교 제도의 모든 특징을 갖고 있다.

6. 오직 물질만이 중요하다: 과학적 자연주의

과학적 자연주의의 긍정적 요소

많은 그리스도인이 자연주의가 하나님을 믿는 신앙을 단순히 자비로운 신앙이 아니라 합리적인 과학기술에 해를 끼치는 위험한 신앙으로 여긴다는 점을 제대로 알고 있다. 그런데 그리스도인들은 자연주의가 아니라 과학 자체를 거부하는 형태로 잘못 대응해 버린다(때로 합리성도 함께 거부한다). 포괄적 세계관으로서의 자연주의는 문제가 있지만, 여기에는 과학과 이성 같은 요소도 포함되고 이 두 가지는 그 자체로 문제가 없으며 세계관도 아니다. 사실 과학과 이성은 신중하게 고안된 모든 세계관에서 중요하게 고려되어야 한다. 이런 측면에서 우리는 이 두 가지 요소와 결합된 자연주의가 갖는 긍정적인 측면이 무엇인지 이해해야 한다.

1. **과학적 자연주의는 과학의 가치를 인정한다.** 과학적 방법은 어떤 형태의 질문들에 대한 가장 좋은 답을 제공한다. 과학이 이룬 많은 업적은 우리의 삶을 긍정적으로 바꾸었다. 예를 들어, 과학적 원리를 의학 분야에 적용함으로써 수명이 꾸준히 늘어났고 이전에는 치료할 수 없었던 질병을 치료하게 되었다. 또한 과학기술을 통해 다른 여러 한계들이 보다 개선되었다. 과거에는 1년이 걸려도 계산하지 못했던 것을 컴퓨터 덕분에 1나노초(10억분의 1초)만에 계산할 수 있게 되었다. 기술의 진보 덕분에 여행은 더 빠르고, 더 안전하고, 더 편안해졌다. 이 밖에도 과학 연구가 우리의 삶에 기여한 유익한 사례들을 계속 열거할 수 있다. 많은 과학 연구들이 일상생활에 늘 영향을 미친다.

과학적 방법을 어떤 문제에 적용해 보면 자연법칙이 일정한 일관성과 신뢰성을 갖는다는 자연주의의 주장을 확인할 수 있다. 특정한 과정에 작용하는 법칙을 충분히 이해하고 조건을 통제하면, 결과를 예측할 수 있다. 청소년기에 나는 폭발에 대한 매력을 결코 떨칠 수 없었다. 그래서 거대한 구조물을 철거하는 고도의 전문가팀에 관한 프로그램에 끌렸다. 이 전문가들은 원인과 결과에 대한 지식을 이용하여 전략적으로 폭약을 설치한 후 치밀한 진행순서에 따라 폭발시켰다. 결과적으로 해당 건물이나 지역은 저절로 붕괴되었지만 1미터 정도 떨어진 다른 건물은 먼지만 날 뿐 전혀 손상되지 않았다. 불변하는 인과법칙을 이용하지 않는다면 그런 결과를 얻기 어렵다.

우리의 요점은 꽤 간단하고 명확하다. 우리가 어떤 제품이나 사건을 통제하고 만들고 예측하는 데 과학적 방법이 타당하고 유용하다는 점을 부인한다면, 어리석은 사람이 될 뿐이다. 그렇다고 해서 이 분야를 자연주의적 세계관에게 양보해야 한다는 뜻은 아니다. 비록 과학적 방법과 지식이 우리 자신과 우주에 관한 엄청난 통찰을 제공한다는 데 동의한다고 해도, 과학적 접근방법을 (자연주의를 통해서) 절대화해야 하는지, 그것이 어떤 한계를 갖고 있는지에 관한 흥미롭고 열띤 논쟁은 계속해야 한다. 이런 토론 내용-나중에 토론 주제의 일부를 소개할 것이다-이 우리의 실제적인 쟁점이다. 그러나 그리스도인들이 과학 전체를 거부한다거나 새로운 기술발전에 대해 무턱대고 반대한다면, 자연주의자들이 기독교에 대해 흔히 상상하는 우스꽝스러운 모습을 확인해 줄 뿐이다.

2. 과학적 자연주의는 이성의 중요성을 인정한다. 앞서 보았듯이, 자연주의는 합리성을 진리의 최종적 권위자로 여긴다. 자연주의는 이런 견해를 제시할 때, 흔히 이성을 계시와는 완전히 상반된 것으로 보고, 일반적으로 계시를 미신의 범주로 분류한다. 이런 사고방식에서는 양자택일-이성 또는 계시-이외에는 선택의 여지가 없다. 일부 그리스도인들은 계시를 신뢰하고 이성에 대해 회의적인 태도를 보임으로써 이원론을 받아들인다. 그러나 역

사상 가장 뛰어난 기독교 사상가들은 계시와 이성을 대립적인 것으로 받아들이지 않았다(하지만 이성과 계시의 적절한 관계에 대해서는 견해 차이가 크다).

계시는 가장 기본적인 차원에서 이해와 해석을 위한 합리적인 능력을 요구한다. 따라서 이성은 "예수님은 주님이시다"라는 진술이 "대나무를 귀에 꽂으면 당신도 날카롭고 일그러진 목소리로 말할 수 있다"라는 제안과 전혀 다른 의미를 지닌다는 점을 보여 준다. 비록 "예수님은 주님이시다"라는 말이 기본적으로 신앙적 주장이라고 해도 그 의미를 알려면 우리의 이성을 사용하는 해석과정이 포함되며, 이 과정을 통해 예수님의 주님 되심이 무엇을 의미하는지 설명할 수 있다.

이 요점을 바라보는 또 다른 방법은 우주의 실재가 무엇인지 파악하고자 하는 자연주의적 관심을 인정하는 것이다. 허구, 거짓, 환상에 의지하는 것은 우리를 자유롭게 하는 진리에서 멀어지게 만든다고 믿기에 자연주의는 대단히 엄격하고 철저하게 사실을 추구한다. 그리스도인들은 이런 목표에 뜨거운 박수갈채를 보내야 한다. 하지만 여기에는 어려운 문제가 있다. 자연주의는 이성과 계시를 반대의 것으로 이해할 뿐 아니라 사실의 영역을 신앙이 배제된 영역으로 본다. 달리 말하면, 자연주의는 사실신앙(fact-faith) 이원론 구조를 설정한다. 사실 혹은 신앙 중 어느 하나를 신뢰할 수 있을 뿐, 두 가지 모두 신뢰할 수 없다.

우리는 이것이 거짓 딜레마라고 생각한다. 비록 달의 환경과 같은 과학적 사실들처럼 동일한 수단으로 입증할 수 없다 해도, 일부 신앙의 내용 역시 사실이다. 게다가 우리는 나중에 자연주의가 기독교 못지않은 신앙적인 관점이라고 주장할 것이다. 만일 이것이 옳다면, 이성 혹은 계시 또는 사실 혹은 신앙 가운데 어느 것을 신뢰해야 하는지가 기독교와 자연주의 간의 실제적인 문제가 아닐 것이다. 오히려 자연주의 또는 기독교라는 신앙 체계 가운데 어느 것이 우주의 진정한 모습을 더 많이 제시하는지, 그리고 우리 삶의 토대로 삼을 수 있는 더 이성적인 세계관인지가 문제가 될 것이다.

3. 과학적 자연주의는 통일성을 추구하고 이 세상의 문제를 해결하기 원한다는 점에서 옳다. 인본주의적 자연주의가 가진 세 번째 긍정적인 내용은 인류가 하나되어야 할 때 종종 분열한다는 점을 인정하는 것이다. 우리의 분열은 인간 역사에서 단순히 중립적인 사실이 아니라 전쟁, 식민지, 노예제, 빈곤, 기본 인권의 박탈과 같은 파괴적인 결과를 초래한다. 자연주의는 인간 본성의 공통성을 강하게 확신한다. 모든 사람은 같은 물질로 이루어져 있고 동일한 자연법칙에 영향을 받는다. 사람들이 동일한 합리성을 공유한다는 점은 더 중요하다. 따라서 인간 존재의 이런 공통점은 인종, 언어, 지리적 위치, 사람을 서로 구별하는 다른 요소들과 같은 이차적인 것보다 훨씬 더 중요하게 취급되어야 한다. 만일 자연주의의 주장인 우리의 공통된 인간성을 인정한다면, 우리는 인간의 생명을 빼앗아 가고 삶의 질을 떨어뜨리는 고질적인 문제들을 해결할 방안을 찾기 위해 본격적으로 뛰어들 수 있다.

또한 이것은 자연주의가 종교를 적극적으로 반대하는 이유를 이해하도록 도와준다. 신앙인들이 인정하기 고통스럽겠지만, 종교는 역사에서 가장 분열적이고 파괴적인 수많은 투쟁을 정당화하는 데 자주 사용되었다. 자연주의는 이런 역사를 보면서 종교가 과연 모든 인간을 하나로 통일할 수 있는지를 강하게 의심한다. 결론적으로, 만일 공통적인 기초와 우리를 오랫동안 괴롭혀 온 싸움을 치유할 방법을 찾는 것이 인류애라면, 전통적인 종교는 합리적인 세계관으로 대체되어야 마땅하다.

모든 문화를 초월하는 합리성을 기초로 인류를 하나로 만들겠다는 자연주의의 꿈은 이성이 중립적이며 객관적이라고 가정한다. 공정한 합리성이라는 개념이 계몽사상의 낡은 잔재라면, 이 가정은 어려움에 부딪힌다. 사실 이성의 객관성에 대한 의심은 최근 자연주의에 심각한 타격을 주었다(8장을 보라). 그러나 설령 이성이 문화적이고 역사적인 영향에 더럽혀지지 않는다 해도, 우리는 이런 초월적 이성이 도덕적 의지에 통제력을 발휘하여, 누구이며 어디에 사는지에 상관없이 모든 사람에게 자비로운 행동을 할 것이라고 가정해야 한다. 과학은 우리가 무엇을 **할 수 있는지**를 설명하는 도구를 제공하지만, 우리가 무엇을 **마땅히 해야 하는지**에 대해서는 그다지 많은 것을 제시하지 않는다.

게다가 자연주의는 기술을 이용하여 유용한 것들을 신속하게 많이 개발하지만, 증가 에너지를 공급하거나 질병을 치료하는 기술이 수십 억 명을 순식간에 죽이는 데 사용될 수 있다는 점을 좀처럼 말해 주지 않는다. 안타깝게도, 자연주의는 우주의 힘을 통제하는 능력을 가진 사람들이 그 힘을 선하게 사용할 것이라는 확신을 거의 제공하지 않는다. 그리고 역사는 지식의 진보에 대응하여 자비, 정의, 친절이 비슷하게 발전할 것이라는 자연주의의 전제를 입증하지 않는다.

이성이 우리를 더 도덕적이거나 통일된 인류로 만들 것이라는 다소 비현실적인 믿음에도 불구하고, 자연주의는 우리의 분열로 인한 끔찍한 결과로 무언가가 잘못되었으며, 우리가 공통적 기초를 발견하지 못한다면 이런 역사를 계속 반복할 것이라는 비극적인 증언이라는 점을 분명하게 이해한다. 이것을 통해 자연주의는 포괄적 세계관이 통합해야 하는 두 가지 관련 내용을 그리스도인들에게 일러준다. 첫째, 우리의 세계관은 문화를 초월하는 실재를 제시하고 인류의 통일을 위한 견고한 토대를 제공해야 한다. 둘째,

자연주의는 파괴적인 분열의 전통을 극복하려는 노력을 미래로 연기해서는 안 된다는 점을 일깨운다. 이 과제는 지금부터 전면적으로 수행되어야 한다.

자연주의의 잠재적 문제

우리는 과학적 자연주의를 일종의 종교로 보아야 하고, "인본주의자 선언"에서 그런 특징이 드러났다고 이미 언급했다. 1973년, 앞의 문서를 갱신한 "인본주의자 선언 II"가 발표되었다(이 선언에서는 자연주의가 일종의 종교라는 개념이 완화되었다). 이 선언의 도입부에는 자연주의의 구원 개념과 그것을 달성하는 수단이 훌륭하게 요약되어 있다.

> 다음 세기는 인류의 세기가 될 것이며, 마땅히 그렇게 되어야 한다. 과학과 기술의 극적인 변화, 가속화되는 사회적·정치적 변화가 우리의 의식을 가득 채운다. 우리는 실제적으로 지구를 정복했고, 달을 탐사했으며, 여행과 의사소통의 자연적인 한계를 극복했다. 우리는 새로운 시대의 여명에 서 있으며 저 멀리 우주로 나가서 다른 행성에서 살 준비를 갖추고 있다. 기술을 현명하게 사용하여 우리의 환경을 관리하고, 가난을 정복하고, 질병을 현저히 감소시키고, 수명을 늘리고, 우리의 행동을 두드러지게 수정하고, 인류의 진화와 문화 발전의 경로를 바꿀 수 있다. 아울러 거대한 새로운 힘들을 발견하고, 인류에게 풍부하고 의미 있는 삶을 성취할 독보적인 기회를 제공할 수 있다.[1]

이런 "구원 목표" 목록은 이 세상과 이생의 삶에 목표를 한정함으로써 자연주의의 유물론적 기초를 보여 준다. 이것은 자연주의의 형이상학 안에서는 타당하다. 나의 생물학적 기능이 멈추면 **나는** 더 이상 존재하지 않는다.

나를 구성하는 물질은 계속 존재하지만 나는 영원히 존재하지 않는다. 게다가 자연주의의 폐쇄 체계에서는 내가 이 우주가 아닌 다른 곳에 존재할 여지가 없다. 따라서 **나의** 구원은 생물학적 수명을 증가시키고 삶의 질을 더 낫게 하는 것으로 정의되어야 한다. 자연주의는 구원을 위한 과제를 제시하지만, 자연주의의 구원 범위는 다른 구원 계획에 비해 그다지 폭넓지 않다.

두 번째 내용은 앞의 내용과 밀접한 관련이 있다. 앞에서 나열한 목표들을 달성하는 데 필요한 유일한 자원은 우리 자신의 활동에서 나와야 한다. 시스템은 폐쇄되어 있고 그것 밖에는 아무것도 없다. 우리는 도움을 요청할 수 없다. 아울러 "인본주의자 선언 II"는 도움이 필요 없을 정도로 매우 낙관적이다. 이런 목표들은 과학과 기술의 힘을 활용한다면 얼마든지 성취할 수 있다. 과거에는 비참하게 실패했을지 모르지만, 자연주의는 과학적 합리성이 우리의 길을 안내하기만 한다면 우리의 미래가 밝다고 주장한다.

자연주의가 주장하는 구원의 범위와 수단이 유물론적 형이상학과 일맥상통하지만, 우리는 이와 같은 형이상학적 모델은 두 가지 중요한 문제점을 발생시킨다고 주장한다. 첫 번째 장애물은 자연주의의 현실 개념과 그에 따른 구원 계획이 너무 좁기 때문에 인간 경험의 모든 측면을 아우르지 못한다는 것이다. 현실의 중요한 부분이 이런 세계관의 형이상학에서 제외된다면—우리는 그렇다고 생각한다—이 부분은 갱신과 구원의 범위에서도 제외될 것이다. 두 번째 장애물은 자연주의 세계관이 자신의 좁은 구원 계획을 정당화하거나 성공적으로 달성할 수 있는 수단을 충분히 제공하지 못한다는 것이다. 간단히 말하면, 자연주의가 인식하는 것보다 현실이 훨씬 더 크고, 자연주의의 자원은 자신이 가정하는 것보다 더 작고 강력하지 않다.

1. 과학적 자연주의는 인간의 위상을 축소시킨다. 사실 자연주의는 18세

기 무렵에 발판을 마련하기 시작했다. 그 무렵에 과학자들이 광대한 우주를 이해하기 시작했다. 이 두 가지 내용이 비슷한 시기에 발전했다는 것이 역설적으로 보인다. 만일 인간이 자연 물질의 미세한 알갱이로 이루진 것에 불과하다면, 그리고 거의 상상할 수 없을 정도로 광대한 우주 안에 얼마나 많은 물질이 들어 있는지를 깨닫는다면, 논리적으로 볼 때 우리 인간은 비인격적인 우주의 하찮은 곳에 존재하는 극히 보잘것없는 존재처럼 보일 것이다. 그러나 자연주의는 그렇게 보지 않는다. 자연주의는 인간을 기술로써 환경을 통제하는 능력을 가진 우주의 중심이라고 간주한다. 자연주의의 형이상학이 존재를 평준화하여 모든 것을 물질로 환원시킨다면, 우주의 광대함은 우리의 중요성을 근본적으로 상대화시킨다.

설령 우리가 이 지구상의 인간 생명에 초점을 맞추어 본다 해도, 자연주의가 인간에게 할당한 특별한 위치와 역할을 설명하는 방법을 이해하기가 쉽지 않다. "인본주의자 선언 II"에서 인용한 글은 분명히 인류를 특별한 종으로 본다. 인간만이 "실제적으로 지구를 정복했고,…우리의 환경을 관리하고, 가난을 정복하고,…인류에게 풍부하고 의미 있는 삶을 성취할 독보적인 기회를 제공할 수 있다." "인본주의자 선언 II" 어디에도 캥거루, 덩굴옻나무, 뒷마당의 담장이 이런 과제를 달성할 수 있다는 암시는 없다. 무엇이 우리를 그렇게 특별한 존재로 만드는 것일까?

인류를 특별한 능력과 가능성을 부여받은 존재로 지목하는 사상은 자연주의만이 아니다. 인류의 지성사를 통해, 인간은 우주에서 특별한 위치를 차지하는 것으로 간주되었다. 대부분의 사람들은 인간이 다른 영역과 밀접하게 연결되어 있음을 알면서도 인간이 특별한 "어떤 것"을 갖고 있기 때문에 다른 것과 구별된다고 주장했다. 이 특별한 "어떤 것"의 구체적인 속성에 대해서 상당히 많은 논쟁이 있었지만, 신성한 존재(혹은 존재들)와 영혼이 주로 해답으로 제시되었고, 보통 이 두 요소는 결합되어 있는 것으로 보았다.

다른 생물에 비해 인간이 특별하고 탁월한 존재라고 말하는 사람들은 우리가 하나님이나 영혼을 직접 관찰할 능력이 없다는 것을 쉽게 인정했다. 그러나 그들은 우리가 관찰할 수 있는 것에 기초하여 영적 실재의 존재를 정당화할 수 있다고 보았다. 간단하게 말하자면, 인간은 다른 종들에게서는 발견되지 않는 매우 다양한 활동을 수행한다는 말이다. 인간은 예술을 창조하고, 사랑에 빠지고, 도덕적 판단을 한다. 또한 이해관계와 종교를 바탕으로 공동체를 형성하고, 삶의 의미를 생각하며 세계관을 만들고, 이 모든 것에 관한 책을 쓴다. 동물들은 인간과 근본적으로 동일한 물질적 구성요소와 인간과 같은 활동을 수행하는 기관이 있기 때문에, 인간의 특별한 기능이 몸이 아닌 다른 근원에서 비롯되었다고 믿는 것이 그들에게는 타당하게 보였다.

이와 같은 역사의 작은 부분은 중요하다. 앞서 보았듯이, 자연주의는 하나님과 영혼을 제거하고 싶어 하기 때문이다. 모든 것―인간, 캥거루, 덩굴옻나무, 뒷마당의 담장―은 동일한 기본물질로 이루어지며 그 밖에는 아무것도 없다. 따라서 유물론자인 루트비히 포이어바흐(Ludwig Feuerbach)가 "당신이 먹은 음식이 곧 당신이다"라고 말한 것은 식습관에 대한 의견이 아니라 형이상학적 진술이다. 그의 말은 점심 식사의 기본 구성요소가 당신을 구성하는 요소와 같다는 뜻이다. 실재는 물질과 그 물질의 활동으로 환원할 수 있다. 이러한 형이상학적 패러다임에서는 하나님이나 영혼이 존재할 여지가 없다. 그러면서도 자연주의자들은 인간을 우주에서 특별한 존재로 간주한다.

문제는 인간이 미학적 판단과 도덕적 선택을 하고, 오페라를 공연하고 암 수술을 하고, 사랑에 빠지고 결혼을 해야 하느냐가 아니다. 아마 오페라를 제외한다면, 대부분의 사람들이 순전히 이런 인간적인 활동을 할 수 있거나 해야 한다는 데 동의할 것이다. 문제는 이런 활동을 하는 인간에게 특별한 점이 없다면, 우리가 **어떻게** 이런 특별한 활동을 하는지에 대해 자연주의가 설명할 수 있느냐이다. 이것은 문제의 일반적인 진술이며, 이후부터는 구체적인 질문으로 나누어 비판적으로 검토할 것이다.

2. 물질은 도덕적인가? "인본주의자 선언 II"에 나열된 목표들을 얼핏 살펴보면, 그것들이 **도덕적 목표**라는 것을 알 수 있다. 비록 도덕적 단어를 사용하지 않는다고 해도 이 선언의 초안자들은 윤리에 대해 분명히 논의했을 것이다. 우리가 어떤 일을 **마땅히 해야 하고**, 다른 일은 중단해야 한다고 제안했기 때문이다. 그러나 인간이 물질로만 이루어져 있다는 주장 때문에 우리는 즉각 한 가지 질문에 봉착한다. 이를테면, 단순히 물질적인 존재가 도덕적 특징을 가질 수 있을까? 순수한 물질이 도덕적 특징을 갖고 있다고 자신 있게 주장하는 사람은 없을 것이다. 그러나 하나의 원자가 도덕적 존재가 아니라면, 설령 원자가 모여서 인간이 된다 해도, 도덕관념이 없는 원자들의 집합체가 어떻게 도덕적 존재가 될 수 있을까? 비도덕적인 물질로 이루어진 존재들이 어떻게 도덕적 목적을 바라는가?

물질이 자연법칙을 통해 변화한다고 주장할 때, 자연주의는 더 깊이 구덩이를 파는 것처럼 보인다. 비록 (여기에서 거대한 가정을 한다면) 물질의 특정한 집합체가 도덕적일 수 있다고 해도, 그것은 물질의 변화를 유발하는 원리들 역시 도덕적 특징을 갖고 있다고 가정해야 한다. 그러나 자연주의는 자연법칙에 대해 그렇게 주장하지 않는다. 자연의 배후에 있는 추진력은 비인격적인 것으로 간주한다. 자연법칙은 어떤 것이 왜 그런 방식으로 **존재하며**, 적절한 조건이 주어질 때 특정한 상태가 **될 것**을 말해 줄 수 있을지 모른다. 그러나 이것은 사물이 **마땅히 어떠해야 한다**고 설명하는 것과는 다르다. 도덕적인 주장은 사물이 **마땅히 되어야 할** 상태에 관한 진술이다.

이것은 우리에게 결정론에 대한 문제를 제기한다. 대부분의 자연주의자들은 원인과 결과가 모든 것을 포함하며, 사건은 현재 상태와 다른 것이 될 수 없다고 믿는다. 이와 동시에 그들은 우리가 우주에서 일어난 일에 책임이 있다고 가정한다. 직관적으로 판단할 때, 이 두 관점은 양립할 수 없는 것처럼 보인다. 사물이 우리의 통제 밖에 있는 정도에 비례하여 우리에게는 책임이 없다. 공정하게 말하자면, 일부 학자들은 **양립가능론**을 주장한다. 이 견해는 결정론―주권적인 하나님에 의한 것이든 혹은 주권적인 자연법칙에 의한 것이든 상관없이―이 인간의 책임과 양립할 수 있다고 주장한다. 비록 우리가 이렇게 고도로 복잡한 이론을 검토할 여유가 없다 해도, 이에 대한 나의 평가를 간단히 제시하고자 한다. 결정론이 본질적으로 도덕적이고 주권적인 하나님에게서 비롯된 것이라면, 우리 자신의 도덕적 책임에 대해 논의해 볼 여지가 있다(결정론을 수반하지 않는 방식으로 주권을 정의하는 것이 더 바람직한 해결책이라고 생각한다). 그러나 자연법칙이 본질적으로 도덕적이지 않고, **게다가** 완전히 결정론적이라면, 과학적 자연주의의 우주에서 도덕적 책임이 존재할 가능성을 찾기는 어렵다.

앞의 상황을 약간 다른 방식으로 이야기해 보자. 유신론자와 자연주의자는 둘 다 우리가 윤리적 책임을 갖고 있으며, 선을 추구해야 한다고 믿는다. 유신론자의 경우에는 도덕적 하나님이라는 개념이 우리 자신의 도덕적 성향을 설명하는 데 도움을 준다. 유신론자가 직면한 문제는 선하신 하나님이 창조하신 이 세계에 왜 그렇게 많은 악이 존재하는지―이른바 악의 문제—를 설명해야 한다는 것이다. 이 문제를 해결하려고 애쓴 사람이라면 누구나 이것이 어려운 문제임을 인정할 것이다. 자기 형상대로 인간을 창조하신 도덕적이고 의지적인 하나님이라는 개념이 연구할 만한 무언가를 제공한다고 해도 말이다. 자연주의자들은 유신론자와 달리 이른바 "선의 문제"에 직면한다. 그들은 비인격적인 힘에 의해 결정되고 도덕과 상관없는 물질로 이루어진 세계에서 선(그리고 악)의 기원을 설명해야 한다. 만일 우주가 닫혀 있고, 우주의 근본 원리가 본질적으로 도덕적이지 않다면 도덕적 선이라는 개념이 어떻게 생겨날 수 있을까?

3. 과학적 자연주의는 합리성을 약화시킨다. 자연주의는 이성, 더 구체적으로 말하면 과학적 합리성이 인간의 고통과 빈곤을 종식시킬 수 있는 방법이라고 주장한다. 그러나 자연주의 패러다임은 이성 자체의 지위에 대해 의구심을 갖게 만든다. C. S. 루이스(Lewis)는 이 문제를 아주 설득력 있게 정리한다. 그는 태양계와 생명이 우연히(여기서 "우연히"라는 표현은 의도적이거나 선택된 것이 아니라 법칙이 물질적인 힘에 작용한 결과를 뜻한다) 일어난 행성 충돌에 의해 생겨났다는 가설에 대해 이렇게 응답한다.

> 만일 태양계가 우연한 충돌에 의해 생겨났다면, 이 지구 유기체의 출현 역시 우연한 사건이며, 모든 인간의 진화도 우연이다. 그렇다면 현재 우리의 모든 생각도 우연에 불과하다. 원자 운동의 우연한 부산물일 뿐이다. 다른 모든 사람의 생각뿐 아니라 유물론자와 천문학자의 생각도 그렇다고 볼 수 있다. 그러나 **그들의** 생각—가령, 유물론자와 천문학자의 생각—이 단지 우연한 부산물이라면 왜 그들의 생각이 옳다고 믿어야 할까? 나는 한 가지 우연한 사건이 다른 모든 우연한 사건을 옳게 설명할 수 있다고 믿을 만한 이유를 모르겠다. 이

것은 우유 잔에서 엎질러진 우유가 만든 우연한 형태가 우유 잔이 어떻게 만들어졌고, 왜 그 잔이 엎질러졌는지를 올바르게 설명해 줄 것이라고 기대하는 것과 같다.[2]

이 글에서 루이스는 우리가 잊기 쉬운 내용을 지적한다. 이성이 인류를 더 좋게 만드는 수단이 되려고 한다면, 변화시키고 싶어 하는 대상 밖에 있어야 한다. 그러나 자연주의는 우리의 이성이 물질적 힘의 진행과정에 포함되어 있을 뿐 아니라 그것의 **결과**라고 본다. 우리의 생각을 철저하게 좌우하는 인과적 요인과 우리가 통제하려고 하는 우주를 결정하는 인과적 요인이 동일하다.

4. 과학적 자연주의는 진보를 정의할 수 없거나 목적을 설명할 수 없다. 자연주의는 자연법칙을 변화과정에 방향을 제시하는 힘이라고 말한다. 그러나 우리는 방향에 대해 말할 때 그것이 의미하는 바가 무엇인지를 신중하게 살펴야 한다. "방향"은 변화과정에 어떤 목표나 목적이 있다는 뜻을 의미**할 수 있다**. 우리가 잠시 멈추어 어떤 지점으로 가는 방향을 정할 때(남자가 차를 운전할 때는 그렇지 않겠지만), 목표는 우리의 목적지다. 그러나 자연주의적 세계관에서는 비의도적이고 비인격적 변화과정에 목적이 있다고 말하거나 그것을 진보라고 간주하기 힘들다. 그럼에도 불구하고 자연주의는 자신을 진보와 도덕적 발달의 수단이라고 선전한다.

배후에서 변화를 통제하는 힘을 **법칙**이라고 표현할 경우, 자연주의적 세계관이 진보와 목적이라는 개념을 수용하지 못하는 이유가 가려질 수 있다. 법칙이란 용어는 **마땅히 해야 할 것** 혹은 **하지 말아야 할 것**을 의미한다. 만일 인간 삶에 관한 도덕적 법칙이 있다면, 우리가 사람들을 어떻게 대해야 마땅한지를 말해 줄 것이다. 교통법은 규정 속도보다 더 빨리 달려서는 **안 된**다는 것을 알려 준다. 이 두 가지 예에서 우리는 이런 법들을 지킬 것인지의 여부를 선택할 수 있다. 그러나 자연법칙은 선택의 여지가 없다. 자연법칙은 엄격하기 때문에 예외가 없다. 자연법칙은 특정 조건 아래에서 어떤 일이 발생할 것인지를 말해 준다. 여기에는 선택권이 없다.

이런 두 가지 형태의 법에는 차이점이 있다. 자연법칙은 **기술적**이다. 자연법칙은 사물이 어떻게 존재하는지 혹은 특정 조건 아래에서 사물이 어떻게 존재할 것인지를 설명한다. 이와 반대로, 도덕법, 민사법, 형사법은 **규범적**이다. 그 법들은 우리가 무엇을 마땅히 해야 하는지 말해 준다. 바로 이것이 다른 점이다. 사물이나 사람에게 목적이 있다고 말할 때, 이것은 어떤 대상이 **마땅히 되어야 할** 상태를 규정하는 것이다. 이 말은 우리가 선택을 잘못하면 목적을 이루기 어렵다는 뜻이다. 그러나 자연주의가 제안하듯이, 모든 것이 자연법칙의 영역 아래 있다면 사물은 현재 상태와 다른 상태가 될 수 없다.

자연주의는 진보 개념과 관련하여 또 다른 문제에 부딪힌다. 영원히 변화하는 시스템이 우리가 마땅히 **지향**해야 할 것에 대해 어떤 개념도 제시하지 않는 것처럼 보이기 때문이다. 사물은 변할 수 있지만 변화가 좋은 것인지, 혹은 나쁜 것인지를 알기 위해서는 **목적**(telos)이라는 개념이 필요하다. 자연주의는 질병, 전쟁, 가난을 제거하는 것이 진보라고 확실히 믿는다. 그러나 자연주의는 **왜** 건강이 질병보다 나은지, 혹은 **왜** 평화가 전쟁보다 바람직한지 그 이유를 말해 줄 수 없다. 모든 상태는 단지 원자들의 특정한 배열일 뿐이다. 자연법칙은 유기체의 어떤 원자배열이 튼튼한 배열인지 설명할 수 있지만, 이것은 특정한 원자배열이 다른 배열보다 더 나은 이유를 설명하는 것과는 아주 다르다.

또한 자연주의가 다른 형태의 존재—생물 또는 무생물—가 아니라 인간을 기준으로 진보를 정의하는 이유도 명확하지 않다. 만일 인간과 박테리아가 기본적으로 동일한 물질로 이루어졌고 같은 자연법칙에 영향을 받는다면, 왜 인간의 번성이 박테리아 집단의 수많은 증식보다 더 바람직한가? 인간의 생명은 박테리아의 생명보다 더 복잡할지 모르지만, 복잡성 그 자체가 더 낫거나 더 가치가 있음을 의미하는 것은 아니다. 요약하면, 자연주의의 기본적인 가정 때문에 가치, 목적, 진보에 관한 내용이 어떻게 자연주의 세계관에 포함될 수 있는지를 이해하기 어렵다는 말이다.

결론

우선 기독교계에 회자되어 온 재미있는 이야기를 들으면 자연주의의 문제점을 정리하는 데 도움이 될 것이다. 여러 명의 과학자들이 하나님 앞에 갔다. 그들은 자신들이 인간의 생명을 창조할 정도로 과학의 힘을 이용할 수 있게 되었으므로 더 이상 하나님이 필요 없다고 주장했다. 이 말에 흥미를 느끼신 하나님이 한 번 보여 달라고 말씀하셨다. 한 과학자가 사람을 만들기 위해 몸을 굽혀 한줌의 흙을 집어들었다. 이때 하나님이 그를 제지하며 말씀하셨다. "네 흙으로 해야지."

이 이야기는 우리가 흔히 간과하는 결정적인 차이—제작과 창조 사이의 차이—를 잘 보여 준다. 원재료를 이용하여 다른 형태로 만드는 제작은 과학적 방법을 이용하여 놀라운 사물을 만드는 영역이다. 언젠가는 흙의 구성 성분을 이용하여 인간의 생명을 만들 수 있을 것이라고 생각할 수 있다. 결국 그것은 생물학적으로 분석한 후 기본 요소로 환원하는 것이다. 그런 기술적 성취에는 많은 지식이 필요하겠지만, 흙으로 인간을 만드는 데 필요한 지식은 아직도 기본적인 질문에 대한 답을 제시하지 못한다. 이 지식은 흙이 처음 어떻게 존재하게 되었는지, 어떻게 창조되었는지를 말해 주지 않는다. 사실 자연주의는 물질이 영원히 존재한다고 주장함으로써 흙의 궁극적 기원 문제를 철저하게 회피한다.

기독교는 물질 혹은 물질의 배후에 있는 것이 영원하다는 자연주의의 사상과는 다른 관점을 갖고 있다. 기독교는 제작만이 아니라 하나님이 무에서 흙이나 다른 형태의 물질을 만든 과정인 **창조**에 대해서도 이야기한다. 물론 이것은 신앙적 견해이다. 나는 "하나님이 텅 빈 무에서 우주의 온갖 것들을 창조하셨다"는 진술을 입증할 수 있다고 보지 않는다. 또한 그것이 자연주의의 기준에 따른 사실적 진술이라고 입증할 수 있다고 보지 않는다. 그러나 자연주의 역시 "물질은 영원히 존재한다"는 주장이 자기 기준에 따른 사실적 진술임을 증명할 수 없다. 물질의 속성에 관한 자연주의의 개념들, 자연법칙의 획일성, 이성의 주권을 근거로 물질이 영원하다고 **주장할** 수 있을지 모르지만 이런 개념을 종합해도 이 주장이 사실이라는 증거를 제시하지 못한다. "물질은 영원하다"는 진술은 "하나님이 물질을 창조하셨다"는 진술만큼이나 신앙적인 표현이다.

자연주의가 신앙 체계라는 우리의 결론은 물질이 영원하다는 자연주의의 전제에 기초한 것이다. 아울러 이 결론은 앞의 비판을 다시 표현하는 방식이기도 하다. 도덕성, 인간의 독특성과 탁월성, 합리성, 목적에 관한 자연주의의 주장은 자연주의가 확립한 바로 그 기준들에 따른 사실적 진술로 볼 수 있다고 주장하는 것은 이런 각각의 견해에는 상당한 신앙적 내용이 들어 있다고 말하는 것과 같다. 게다가 우리는 이런 견해들이 오도된 신앙적 진술이라고 말하고 싶다.

좋은 신앙적 진술과 폐기해야 할 신앙적 진술을 구별하는 것은 까다로운 일이지만, 최소한의 한 가지 기준은 내적 일관성이 있어야 한다는 것이다. 그런데 자연주의는 내적 일관성이 없다. 자연주의 세계관은 모든 것이 외부에 존재하는 물질로 구성되며, 불변하는 자연법칙에 따라 움직인다는 전제에서 출발한다. 만물은 폐쇄된 시스템 안에 들어 있고, 어떤 것도 그곳에 들어오거나 나갈 수 없다. 이것은 신앙적 진술이며, 나름대로 상당히 논리적이다. 그러나 인간의 기본적인 경험들이 이 시스템과 어떻게 조화될 수 있는지를 설명하려고 할 때 문제가 발생한다. 도덕관념과 무관한 원자들의 집합체가 어떻게 도덕적 책임감을 가질 것이라고 예상할 수 있는가? 수많은 양자와 전자들이 사랑을 방출한다고 생각하는 것이 얼마나 타당할까? 탄소 덩어리가 생각할 수 있을까? 왜 신경세포는 인간, 그것도 유일하게 인간만이 자신이 최초에 왜 존재하게 되었는지, 그리고 삶의 목적이 무엇인지 궁금해하는 방식으로 반응할까?

자연주의 신앙 체계가 일관성이 없는 이유는 비인격적인 법칙이 지배하는 비인격적인 물질로 구성된 폐쇄적인 시스템에서 출발하면서도 인격적이고 의미 있는 삶의 모든 내용을 유지하려고 하기 때문이다. 사람들은 대다수 자연주의자의 신념이 결국은 하나님 없는 기독교라고 말한다. 모든 윤리, 잠재력, 의미, 영광은 기독교의 그것과 같지만 그 토대에는 하나님이 없다. 간단히 말해, 자연주의는 인격적이고 목적지향적인 존재의 특징을 폐쇄적인 것으로 가정하는 비인격적인 우주의 뒷문을 통해 몰래 받아들인다. 이것은 유한한 숫자를 많이 더하여 무한한 숫자에 도달하려는 시도와 약간 비슷하다.

기독교는 본질적으로 인격적이고 그분의 영향에 열려 있는 우주를 창조하신 하나님을 포함하는 신앙에서 시작한다. 인격적인 하나님을 향해 열려 있는 우주는 도덕, 아름다움, 가치, 목적 그리고 세계를 일관성 있게 설명하기 위해 포함시켜야 하는 다른 모든 것들을 말할 수 있는 발판을 제공한다. 이성적인 창조주에서 시작한다면, 우리는 왜 자연이 합리적이고 일관된 법칙에 의해 지배되는지를 설명하는 데 필요한 원천을 갖게 된다. 기독교는 분명히 신앙 체계다. 나는 어떤 식으로 하나님이 영원히 존재하시는지, 어떻게 무에서 만물을 창조하셨는지 설명할 수 없다. 이런 것을 믿으려면 신앙이 필요하지만, 본질적으로 비인격적인 세계에서 사랑이 가능하다는 것을 믿기 위해 필요한 신앙보다 더 많이 필요하지는 않을 것이다.

많은 사람이 자연주의에 매력을 느끼는 이유는 객관성과 확실성을 제공하는 더 현대적인 세계관처럼 보이기 때문이다. 그러나 실재를 물질로 환원하려는 세계관은 서구 철학의 초기부터 존재했으며 항상 소수파였다. 그 이유는 기본적으로 우리가 앞에서 언급한 이유와 같았다. 폐쇄된 물질적 우주 안에서는 인간이 자신의 활동을 수행하는 이유를 설명할 수 없는 것처럼 보였다. 근래에 들어, 추가로 반대의견—앞에서 간단히 언급했다—이 제기되었다. 첫째, 많은 사람이 자연주의가 가정하는 합리적인 객관성과 지적 중립성이 가능한지에 대해 의문을 갖는다. 우리는 역사적·문화적 요인에 의해 아주 강하게 영향을 받기 때문에 공정한 관찰자와 도덕적 주체로서 우주를 볼 수 있다는 신념은 확실히 비판의 여지가 있다. 앞서 언급했듯이, 현대 자연주의는 인류의 통일을 촉진하지만, 19세기의 사회진화론적 자연주의는 동일한 가정을 이용하여 인종 차별을 지지했다. 사실이 아니라고 주장하고 싶겠지만, 과학은 시대를 지배하는 이데올로기와 쉽게 분리되지 않는다. 둘째, 자연주의가 가정하는 자연법칙의 획일성은 과학계 자체, 특히 물리학계로부터 심각한 비판을 받고 있다. 물리학계는 상당한 요소의 불확실성과 임의성이 변화의 과정에 개입된다고 주장한다.

    자연주의에 대한 과학계 자체의 비판은 비록 자연주의가 과학적 이성을 자연주의 세계관의 토대로 삼고 있지만 과학 자체가 자연주의를 의미하는 것이 아니며, 또한 모든 과학자들이 자연주의 세계관을 받아들이는 것은 아님을 잘 일깨워 준다. 사실 나는 자기 분야를 신중하게 숙고하는 과학자가 일반인보다 자연주의자가 될 가능성이 적을 것이라고 감히 추측해 본다. 과학자들은 과학의 본질적 한계를 분명하게 인식하기 때문이다. 자연주의를 선택한 사람들은 앞서 언급한 특징들 ― 객관적이고, 확실하고 완전히 합리적인 도구를 이용해 우주의 힘들을 통제할 수 있다는 약속 ― 때문에 자연주의에 매력을 느낀다. 우리가 검토한 바에 따르면, 자연주의는 이런 약속을 이룰 수 없다.

7
우리도 신이 될 수 있다: 뉴에이지

상당한 양의 미국의 개인주의와 약간의 동양적 신비주의에 소비주의와 전통과 계몽주의적 합리주의에 대한 반감을 조금 더한다면, 무엇이 될까? 이것들은 일반적으로 뉴에이지라고 부르는 폭넓고 비정형적인 운동의 주요 성분들이다.

   뉴에이지라는 명칭은 교육, 정치, 종교, 보건(치과를 포함), 음악, 기업, 심리학과 같은 다양한 분야에 붙여졌다. 하지만 개신교인, 민주당원 또는 축구 선수라고 말하는 식으로 자신을 뉴에이지라고 말하는 사람을 본 적이 있는가? 뉴에이지는 요가, 샤머니즘, 최면, 전생퇴행, 수정 요법이나 피라미드 요법, 색채 요법과 같은 다양한 활동을 포함한다. 이런 몇몇 활동만 보더라도 뉴에이지를 어떤 신조나 교리로 정의하기는 어렵다. 수많은 기업, 세미나, 출판사, 공동체, 기관들이 다양한 뉴에이지 사상이나 활동과 관련이 있지만, 이 운동은 조직적인 중심지를 갖고 있지 않다. 따라서 뉴에이지를 정의하려는 시도는 마치 못으로 젤리를 벽에 박으려는 것 같다는 의구심을 갖기 쉽다. 어떤 면에서 뉴에이지는 인터넷과 비슷하다. 뉴에이지는 어디에도 없으면서도 어디에나 존재한다. 뉴에이지 운동은 정확하게 꼬집어 말하기 어렵지만 분명히 존재한다. 우리는 실제적인 차원에서 뉴에이지를 설명하기 위해 이 운동의 목표, 이 운동과 상반되는 것 그리고 뉴에이지의 기원과 기본적인 특징을 살펴볼 것이다.

아마도 뉴에이지 운동의 목적에 대한 일반적인 설명은 뉴에이지가 개인이 자기 내면의 신성함—하나님 의식 혹은 대아(大我)와 같이 다양한 명칭으로 부른다—을 인식하도록 돕기 위해 노력한다는 것이다. 우리가 그것을 무엇이라고 부르든, 일단 이 내적인 힘을 의식하게 되면 우리 안에 저장되어 있는 이 거대한 잠재력을 발휘할 수 있다. 여기에는 우리의 능력이 현재의 수준을 훨씬 초월하여 확장될 수 있다는 생각이 암묵적으로 깔려 있다. 문제는 우리의 무지다. 우리는 이런 잠재된 힘을 알지 못하며, 이런 자각의 결여로 인해 우리 자신에게 쓸데없이 한계를 부여하고 오래된 방식과 경계를 깨고 자유로워지지 못한다.

따라서 뉴에이지의 "뉴"(New)는 이 운동이 현재와 과거 상태에 대해 만족하지 못함을 시사한다. 폭넓은 분야를 아우르는 뉴에이지 운동은 우주를 진화하는 존재로 보는 경향이 있다. 그리고 이런 진화를 위해서는 정신적 한계를 유발하고 잠재력의 온전한 실현을 방해하는 현재의 마음가짐을 초월해야 한다고 말한다. 뉴에이지는 우리를 옭아매는 수많은 문제를 지적한다. 이 운동은 삶의 영적 차원을 거부하는 자연주의의 오래된 가정을 초월하려고 한다. 또한 과학기술이 우리의 모든 문제를 해결할 것이라는 과거의 신념에 불만을 표시한다. 뉴에이지 추종자들은 제도 종교들이 너무 배타적이며, 대중매체, 정치, 문화 전체가 각자의 영혼을 상실했다고 믿는다. 간단히 말해서, 뉴에이지는 "옛 시대"가 사용한 이성과 진리의 개념이 스스로 부과한 정신적 감옥에 우리를 밀어 넣고, 우리의 자유와 거대한 잠재력을 제한한다고 믿는다. 옛 시대는 실패했다. 우리는 새로운 시대(New Age)가 필요하다.

새롭게 등장한 뉴에이지의 비전은 이 운동 자체만큼이나 다양하다. 때로 이 운동은 개인의 영적 각성이나 평화와 같이 다소 좁은 범위로 묘사되기도 한다. 그러나 보통 이런 개인적인 영적 변화는 우주적인 뉴에이지의 전조로 간주된다. 수많은 뉴에이지 주창자들은 자신의 신성을 깨달은 개인들이 모여서 인종, 국적, 종교, 그 외의 다른 요인들이 만든 오랜 장벽들이 과거로 사라지는 심원한 변화를 불러일으킬 것이라고 기대한다. 우리는 질병으로부터의 자유, 환경과의 평화로운 공존, 가난과 전쟁의 종식, 아마도 시카고 컵스(1870년에 창단한 오래된 미국 프로야구팀. 지난 100년 동안 메이저리그에서 단 한 번도 우승하지 못했고, 프로야구 구단 중 가장 오랫동안 월드시리즈에도 나가지 못했다 - 역주)의 월드 시리즈 우승을 경험하게 될 것이다. 요약하면, 많은 뉴에이지 주창자들은 새로운 시대를 개인적 구원뿐 아니라 우주적 구원의 관점에서 바라본다.

서양과 동양의 만남

"옛 시대"의 여러 제한들 때문에 빚어진 답답한 결과에 대한 대안으로 등장한 뉴에이지 운동은 동양과 서양이 독특하게 융합한 두 가지 주요 흐름에서 비롯되었다. 서양의 흐름은 뉴에이지 운동에 나타나는 개인주의적 성향에 기여한다. 동양적 유산은 이 운동에 일원론적 기초를 제공한다. 일반적으로, **일원론**은 만물의 통일과 관련이 있다. 뉴에이지의 일원론은 몸과 영혼, 하나님과 자연, 이성과 상상력, 시간과 영원, 옳음과 그름을 구분하는 일반적인 서양의 이원론과 상반된다. 뉴에이지 사상가들은 근본적인 문제의 뿌리에 이런 이원론이 있다고 본다. 먼저, 뉴에이지가 이런 이원론을 착각이라고 본다는 점을 인식해야 한다. 실재는 나눌 수 없는 전체이며, 이런 통일성은 "옛 시대"의 서구 철학에서 일반적으로 가정하는 명백한 존재의 분리를 허용하지 않는다.

뉴에이지는 하나님과 자연을 분리된 것으로 보는 이원론 대신, 서로 밀접하게 관련된 두 가지 형태의 일원론을 제시한다. 그중 하나인 범신론은 존재하는 모든 것이 신성하다고 말한다. 자연의 모든 부분이 곧 하나님이다. 신의 어떤 부분도 우주 바깥에 존재하지 않는다. 하나님은 우주 전체와 같다. 두 번째 형태인 만유내재신론은 모든 자연이 신성하며, 아울러 신성의 한 측면이 우주를 초월하여 존재한다고 말한다. 뉴에이지 추종자들은 하나님이 우주와 동일한 존재인지, 혹은 어떤 면에서 우주를 초월하는지에 대한 문제에서 의견이 나뉜다. 그러나 그들은 범신론과 만유내재신론이 공통적으로 동의하는 내용, 곧 만물 안에는 신성이 스며들어 있다는 점에서 일치한다. 물론 이 "만물"에는 우리도 포함된다. 우리가 알든 모르든 간에, 우리는 우주의 신성한 힘을 이용할 수 있을 뿐 아니라 우리가 곧 우주의 신성한 힘이다. 그리고 이런 영적인 힘을 풀어놓는 것이 곧 개인적이고 우주적인 각성과 개선의 길이다. 따라서 뉴에이지 운동은 우리 내면에 잠들어 있는 신성한 능력을 해방시킬 수 있는 열쇠를 약속한다.

이 지점에서 동양의 일원론은 서양의 개인주의와 융합된다. 뉴에이지에서는 내면의 신성에 접근할 수 있는 유일한 "올바른 길"이란 존재하지 않는다. 우리의 온전한 잠재력은 구도자의 개성만큼이나 다양한 방법을 통해서 발휘된다. 최근 나는 카페에서 뉴에이지 신문을 읽었다. 신문에는 선 워크숍, 전생퇴행 요법, 여신 숭배, 영성 지도, 타로 카드 해석, 바이오피드백 요법, 한약, 주술사, 영계와 연락을 시도하는 채널링, 기 치료, 요가, 생태여성주의 등 아주 다양한 내용이 실려 있었다.

이런 다양한 활동으로 인해, 뉴에이지를 흔히 혼합주의적 구원 방법론이라고 부른다. 이런 다양한 활동이나 사상을 하나의 일관성 있는 전체로 묶을 수 있는 것처럼 보일지도 모른다. 하지만 그렇지 않다. 그 대신 뉴에이지의 개인주의적 색채를 더 정확히 설명하는 개념은 **절충주의**다. 뉴에이지 신문에 소개된 각각의 구체적인 방법론의 지지자들이 자신의 활동이나 신념이 유일하고 참된 방법이라고 믿었다면, 뉴에이지는 결코 분명한 매력을 주지 못했을 것이다. 이 운동의 명백한 메시지는 뉴에이지 소비자들이 자신에게 적합한 방법을 찾을 때까지 다양한 것을 혼합하고 조화시켜야 한다는 것이다. 각성의 길이 다양하기에 각 사람은 자기 길을 찾을 때까지 다양한 방법을 탐색하는 것이 바람직하다. 이런 강력한 개인주의적 경향은 2장에서 다룬 개인주의에 대한 많은 비판 내용이 뉴에이지 운동에도 타당하다는 뜻이다. 우리는 이 장에서 그 내용을 반복하여 언급하지는 않을 것이다.

대아를 해방하다

앞서 언급한 내용으로 볼 때, 뉴에이지는 몇 가지 매우 큰 내용을 분명하게 주장한다. 이 운동은 단순히 일련의 점진적인 개선이 아니라 근본적으로 새로운 미래 세계를 꿈꾼다. 이 운동의 추종자들은 하나님의 능력이나 신성한 존재의 관계에 기초한 가능성보다 훨씬 더 많은 것을 주장한다. 그들은 우리가 곧 신이라고 말한다. 뉴에이지 사상에 회의를 품은 사람들은 만일 각 사람이 신성을 구현한 것이라면 왜 우리의 영적 에너지를 이용하는 데 그토록 많은 제한이 있는지를 자연스럽게 질문한다. 이런 놀라운 뉴에이지의 모든 요소들이 이미 우리 안에 존재한다면 왜 이전에는 그것이 발생하지 않았는가? 뉴에이지 옹호자들은 우리가 영적 능력이 내면에 존재한다는 것을 깨닫지 못한다면 그런 능력을 활용할 수 없으며, 이런 의식의 결여로 이원론이 나왔다고 대답할지도 모른다.

이원론은 서구의 지적·종교적 전통에서 오랜 역사를 갖고 있다. 가장 유명한 이원론 주창자 중 한 사람인 플라톤은 물질세계와 비물질 세계를 엄격하게 구분했다. 그는 신성한 실재와 인간의 영혼을 비물질 영역에 포함시켰다. 그리고 이것을 변하는 경향이 있는 물질 영역보다 우위에 두었다. 게다가 그는 신성하고 추상적인 것을 더 우선적이라고 보았는데, 그것들은 이성을 통해 알 수 있고, 물질적 대상은 변화무쌍하고 불완전한 감각을 통해 알 수 있다고 생각했기 때문이다. 시간이 흐름에 따라, 서구 사상의 중요한 흐름은 플라톤이 강조한 진리에 이르는 수단으로서 합리성을 견지했지만, 물질세계를 강조하는 경험주의적 모델로 조금씩 이동했다. 많은 경우에, 이것을 너무 강조한 나머지, 대부분의 비물질적 영역은 실재 밖에 존재하는 것으로(과학적 자연주의에서처럼) 정의되었다. 일부 다른 경우에는, 몸과 영혼 또는 하나님과 자연의 이원론이 유지되었지만, 다음 사실에서 볼 수 있듯이 물질 영역보다 비물질 영역을 우선시하는 플라톤의 사상은 역전되었다. 기독교적 사상 역시 플라톤의 견해와 대체로 비슷한 방식으로 비물질적인 것과 물질적인 것의 차이를 주장했지만 아주 중요한 차이점이 존재한다. 기독교 이야기에서 자연은 하나님의 창조물이다. 그러나 인간을 포함한 창조세계는 순수한 원래 상태에서 타락했으며 그것을 회복하기 위해서는 구주가 필요하다.

이원론에 관한 다소 긴 이야기를 염두에 두고 뉴에이지 추종자들의 견해를 다시 살펴보자. 이 운동은 이원론적 사고의 영향 아래 있는 근대정신이 영적 차원의 존재를 거부하거나(유물론) 창조세계가 하나님으로부터 분리되어 멀리 떨어져 있다고 가정한다고 주장한다. 그 결과로 우리는 하나님과 우리의 구원이 우리 안에 존재한다는 가능성을 결코 누리지 못한다. 우리는 모두 엉뚱한 곳에서 구원을 찾았기 때문에 시간을 낭비했다. 뉴에이지 운동은 우리가 첫 번째로 할 일은 이 유물론적이고 이원론적 사상을 던져버리고, 하나님이 우리 바깥에 멀리 있는 초월적 존재가 아님을 깨달아야 한다고 말한다. 영적인 힘은 우리 안에 있으며, 그런 의미에서 모든 자연 안에도 있다. 마찬가지로, 만일 우리가 자연을 상호 연결된 영적 실재라고 본다면, 하나님은 만물이기 때문에 하나님은 만물 안에 명백히 존재할 것이다. 따라서 우리가 하나님을 찾을 수 있는 곳을 알 때, 우리는 내면에 묻힌 대아를 발견할 수 있는 첫걸음을 이미 내디딘 것이다. 다음 단계는 이 대아의 에너지를 발견하고 풀어내는 **방법**을 찾는 것이다.

영지 대 이성

계몽주의 시대에 발생한 두 번째 움직임은 플라톤의 이원론이 역전된 것이다. 플라톤처럼 새, 먼지, 쇠기둥, 인간의 신체와 같은 경험적 실재를 별로 중요하지 않은 것으로 격하시키는 대신, 이제 이것들은 이성을 통해 이해해야 할 대상이 된다. 계몽주의 시대의 많은 사람에게 물질적 대상은 확실하고 객관적인 지식을 얻을 수 있는 유일한 실재가 되었다. 이와 반대로, 선, 하나님, 영혼과 같은 추상적인 실재는 합리성의 바깥에 있는 것으로 간주했다. 따라서 그런 것들은 주관적 영역에 속하는 것으로 간주했다. 그런 것들은 개인적으로 중요할 수도 있지만 그것들에 대한 우리의 생각을 경험적으로 입증할 방법이 없기 때문에 "실제적인" 지식이 아니다. 이런 경우, 이원론은 유지되지만 영적 진리는 단순한 직관, 개인적인 선호나 경험으로 폄하된다.

뉴에이지 추종자들은 우리가 진리의 범위를 물질 영역으로 한정할 때, 영적 차원을 더 이상 이해할 수 없다고 주장한다. 따라서 단순히 자연의 외면을 보는 것을 넘어서려면, 새로운 형태의 지식이 필요하다. 뉴에이지 운동은 계몽주의 시대가 옹호했던 좌뇌적이고 직선적인 형태의 논리인 **이성**(logos)에 의존하는 대신, **영지**(gnosis)를 추구한다. **영지**는 신비적이고 직관적인 지식 형태를 일컫는 그리스어에서 나온 말이다. 우리의 지식을 감각을 통해 모은 정보를 처리하는 좌뇌적 지식으로 한정하지 말고, 우뇌의 창조적이고 직관적인 능력을 키워야 한다. 우뇌는 물질 대상의 단순한 원인과 결과를 초월하는 세계인 대아의 고향이다.

이성적 추론은 기계적인 방식으로 세계를 바라본다. 모든 관찰 가능한 결과는, 이해할 수 있고 적절하게 수정할 수만 있다면 측정 가능한 원인을 반드시 찾을 수 있다. 이런 형태의 합리성은 어떤 종류의 박테리아가 특정 형태의 감염을 유발하는지를 밝힐 때 매우 유용하며, 디젤 엔진을 수리할 때 요긴하다. 그러나 세계가 단순히 기계가 아니라면, 우리의 "대아"가 원인과 결과라는 논리를 초월한다면, 기계적인 지식은 내면적인 영혼의 질병을 고치기에 충분하지 않다. 그렇기 때문에 뉴에이지 매체들은 잠재된 영적 지식을 깨우고 대아의 거대한 자원을 실현하기 위한 수단으로 신이교주의적 종교의식, 아우라(aura) 읽기(그리고 아우라 메시지), 찬양, 수정구슬, 그 이외 수많은 방법들을 권유한다.

물론 직설적으로 말하자면, 그런 수단은 외부인들에게는 약간 미친 것처럼 보일 것이다. 타로 카드, 초감각적 지각(ESP), 죽은 자의 영과 교통하는 행위는 모두 인과관계로 설명할 수 없기에 이런 방법들이 우리의 대아를 실제로 각성시키는지를 경험적으로 테스트할 방법은 없다. 이 문제와 관련하여 이런 방법으로 각성되는 대아와 같은 것이 존재하는지의 여부를 경험적으로 입증할 수조차 없다.

여기에 대해 뉴에이지는 이렇게 대답할지도 모른다. 만일 이성적 합리성이 세계를 복잡한 물리적 메커니즘으로 환원해 버리면, 세계의 모든 실제적인 의미, 목적 혹은 영성이 사라질 것이라고 말이다. 지금까지 이 세계에 살아온 대다수의 사람들은 신성한 힘들과 접촉할 수 있다고 믿는 것처럼 보인다. 게다가 그들의 이런 영적 실재 경험은 그들이 의미를 발견하는 토대다. 따라서 뉴에이지 추종자들은 계속해서 이렇게 말할지도 모른다. 물질 영역을 가장 중요한 것으로 간주하는 것은 약간 독단적이지 않은가? **진리와 지식**과 같은 용어를 관찰과 측정이 가능한 대상으로 한정하고, 선, 목적, 영성에 관한 인식의 원천인 주관적인 영역을 간과하는 것은 오만하지 않은가?

뉴에이지 추종자들은 과거 역사에서 그랬듯이 영적 영역을 가장 중요한 위치로 다시 복귀시켜야 한다고 주장한다. 마찬가지로, 영지는 최고의 위치를 차지하고, 이성은 이차적인 역할로 내려가야 한다. 많은 경우 뉴에이지 일원론에서는, 대부분 우주적 신성과 따로 떨어진 물질 영역의 존재는 반드시 극복해야 할 환상으로 간주한다. 이런 관점의 예를 영화 "매트릭스"에서 어린 소년이 스푼을 휘는 장면에서 발견하게 된다. 네오가 스푼을 집어서 휘려고 하지만 실패하고 만다. 소년은 스푼을 휘어 매듭 모양으로 만들면서 네오에게 말한다. "스푼은 휠 수 없어요. 그건 불가능해요. 스푼은 없어요. 휘는 것은 자신의 마음이죠." 소년이 계속해서 말한다. "자신을 스푼과 연결시키세요. 스푼이 되어 당신 자신을 휘세요." 네오가 스푼에 의식을 집중하자 스푼이 휘기 시작한다.

이 시점에서 뉴에이지와 과학적 자연주의의 흥미로운 두 가지 차이점을 비교해 보자. 그러면 뉴에이지의 몇 가지 핵심적인 특징을 쉽게 파악할 수 있다. 첫째, 뉴에이지와 자연주의는 모두 일원론적이지만, 단일한 실재의 속성에 대해 의견이 서로 다르다. 과학적 자연주의는 모든 것을 물질로 환원한다. 정신, 영혼, 하나님은 환상이라고 말한다. 반대로 뉴에이지 세계관은 물질적인 것을 존재하지 않은 것으로 격하시키거나, 유일한 참된 실재인 신성한 힘 안으로 편입시켜 버린다.

둘째, 뉴에이지와 과학적 자연주의는 무지를 진리와 구원을 가로막는 근본적인 장애물로 본다. 둘 다 깨달음을 추구한다. 그러나 이 둘의 중요한 차이점은, 역사적 계몽주의 시대의 이성이 자연주의적 세계관 안에서 자유를 얻는 열쇠라는 것이다. 이성은 과거의 초현실주의의 미신으로부터 우리를 구한다. 그러나 뉴에이지는 완전히 다른 형태의 깨달음을 추구한다. 영지는 이원론의 족쇄에서 우리를 자유롭게 하여 우주를 있는 그대로－단일한 영적 존재－볼 수 있게 해준다.

만일 깨달음에 이르는 뉴에이지적 접근방식이 물질적 상호작용에 적용되는 실험과 관찰방식에 영향을 받지 않는다면, 뉴에이지의 주장과 실천방식의 타당성을 어떻게 입증할 수 있는가? 간결하게 말하면, 그 대답은 경험을 통해 입증할 수 있다는 것이다. 무언가가 우리의 신성한 의식을 깨울 때, 우리는 그것을 내적으로 알아차린다. 따라서 아주 다양한 뉴에이지 실천방식에 반영된 절충주의와 개인주의는 검증방식에서도 절충적이고 개인적인 특성으로 나타난다. 그 누구도 어떤 뉴에이지 실천방식의 정당성을 다른 사람에게 입증하거나 반증할 수 없다. 그 누구도 다른 사람과 같은 경험을 겪지 않는다. 만일 물질세계가 기껏해야 실제적인 신성한 세계의 어두운 그림자에 지나지 않는다면, 내 삶의 어떤 외부적 측면도 영적 각성에 대한 분명한 증거를 제공하지 않는다. 대아 내부의 활동을 보여 주는 가장 강력한 증거는 내적이고 주관적인 경험이다. 그런 경험의 개인적 속성을 고려할 때, 나의 신 의식(god-consciousness)을 깨우는 방법은 당신에게 생기를 불러일으키는 방법과 다를 수 있다.

전체론과 통일성의 추구

뉴에이지의 일원론은 우리가 일반적으로 경험하는 다양성이 단지 단일하고 신성한 정신이 일시적으로 나타난 환영일 뿐이라고 말한다. 이것은 전체론과 집단주의에 대한 강조로 이어진다. 만일 우리의 몸과 영혼이 하나이며, 궁극적으로 하나님, 나무, 컴퓨터와 떨어져 있지 않다는 사실을 인식한다면, 뉴에이지의 다양한 활동에서 종종 드러나는 정치적·경제적·윤리적·종교적 노력을 이해할 수 있다. 언어, 인종, 국가의 차이나 독특성을 강조하는 세계관이나 정치적 견해[가령, 포스트모더니즘 부족주의(8장)와 국가주의(4장)]는 잘못된 것으로 간주될 것이다. 뉴에이지 정치학은 "하나의 세계" 정부를 지지하면서 국가, 윤리, 종교, 인종의 경계를 제거하려고 노력한다. 만일 나의 존재와 행복이 타인과 동떨어질 수 없다면, 사람들 간의 경제적 격차를 해소하는 것이 도덕적인 명령이 된다. 환경주의는 전체론적 삶이라는 목적을 표방하는 다양한 뉴에이지 활동의 공통적인 실천형태이다. 종교적 배타주의는 역사적 분쟁의 중요한 근원이었다. 따라서 뉴에이지는 모든 영적 추구를 실재의 통일성에 더 가까이 반응하는 단일한 상위 개념 아래 두려고 애쓴다. 뉴에이지는 어떤 배타주의적인 주장을 하지 않기 때문에 모든 종교는 뉴에이지 안으로 흡수되어야 한다고 믿는다.

뉴에이지 옹호자들은 집단 윤리에는 확고한 도덕적 견해를 취하지만, 개인의 행동에 어떤 종류의 제한을 가하는 것에는 반대하기로 유명하다. 이것은 흔히 이 운동에 포함된 일원론과 개인주의의 결합과 관련이 있다. 만일 모두가 제각각 신이라면, 우리 자신이나 우리의 신 의식에 해를 끼치는 행동만이 죄가 될 뿐이다. 따라서 뉴에이지는 마약 복용, 낙태, 부부의 신의, 자살 등과 같은 도덕적인 문제에 대해 어떤 법적·도덕적 제한을 가하는 것에 반대한다. 뉴에이지의 한 가지 특이한 점은, 집단 윤리에 대해서는 거의 근본주의적인 접근방식을 지지하고, 이와 동시에 개인적 도덕에 대해서는 자유방임적인 견해를 주장한다는 것이다.

그리스도인과 뉴에이지

뉴에이지를 본격적으로 평가하기 전에, 이 세계관에 대한 그리스도인의 반응을 미리 살펴보고자 한다. 한편으로는, 그리스도인들은 흔히 뉴에이지의 위협을 과대평가한다. 일부 기독교계에서 이 운동에 대해 묘사하듯이, 뉴에이지는 세계를 장악하려는 음모가 분명히 아니다. 뉴에이지의 강한 개인주의와 절충주의는 거의 모든 형태의 조직에 반대한다. 뉴에이지 추종자들은 전체론과 통일성을 강조하기에 일반적으로 세계 장악 계획을 강구하기보다는 서로 논쟁하는 데 훨씬 더 많은 에너지를 소비한다. 게다가 앞서 설명한 복합적인 설명에 적합한 사람들의 수는 비교적 소수다. 그 대신 대부분의 사람들은 "진정한 뉴에이지 신봉자"들이 갖고 있는 핵심적인 신념을 거의 알지도 못한 채 문화적 흐름에서 비롯된 뉴에이지 사상의 여러 단편을 조금씩 받아들인다.

다른 한편으로는, 뉴에이지 사상은 그것이 문화계에 널리 확산되어 있다는 사실 때문에 위험 요소가 된다. 그리고 그리스도인들은 이런 영향에 대해 면역력이 없다. 이런 사실이 뉴에이지 운동에서 직접 나온 것인지, 혹은 단순히 뉴에이지가 반대하는 것에 대한 반응(혹은 과잉 반응)에서 나온 것인지를 분간하기 어렵다. 그러나 많은 그리스도인이 뉴에이지 사고방식을 이용한다는 것은 분명하다. 예를 들어, 일부 그리스도인들은 성경을 현세에서 우리를 해방하는 신비하고 내밀한 지혜를 담고 있는 책으로 본다. 최근 선풍을 일으킨 바이블 코드(Bible Code)는 구원으로 인도하는 영적 지혜를 제공하는 하나님의 숨겨진 메시지를 찾는데, 이것은 그런 지혜를 추구하는 뉴에이지와 비슷하다. 이와 마찬가지로, 많은 사람들은 기독교적 상징이나 신앙행위를 마술적 능력을 가진 것으로 해석한다. 마술적 관점은 상징이나 신앙행위를 하나님의 뜻에 순종하는 방법으로 보지 않는다. 그 대신 올바른 실마리를 찾아서 숨겨진 지혜를 알아낸다면 우리의 목적을 위해 하나님의 능력을 이용할 수 있음을 암시한다. 또한 뉴에이지는 샤머니즘적 능력이나 마술적 능력이 신적 지혜나 능력을 특별히 이용할 수 있다고 추정되는 사람들에게 있다고 여긴다.

아마도 현대 기독교에 가장 광범위하게 미친 세 가지 뉴에이지 영향(혹은 유사점)은 개인주의/주관주의, 반지성주의, 물질 영역의 경시이다. 그리스도인은 개인적인 경험이나 해석에 기초하여 신념을 형성하거나 행동한다. 이런 경험이나 해석이 성경, 이성, 전통을 통해 면밀히 검토되지 않고 그리스도인들이 공동체에 대한 책임을 거부한다면, 이것은 뉴에이지에서 볼 수 있는 신앙의 절충주의와 개인화이다. 두 번째로 기독교와 뉴에이지가 유사한 점은 뉴에이지의 특징이자 일부 기독교계에서 공통적으로 드러나는 특징인 반지성주의적 경향이다. 마지막으로, 많은 뉴에이지 추종자들처럼, 그리스도인들이 물질 영역을 이원론적 환상으로 묵살하지 않지만, 그리스도인들이 물질 영역을 본질적으로 죄악된 것이나 구원을 막는 장애물로 볼 때 그 결과는 비슷하다.

뉴에이지 사상의 긍정적 측면

1. 뉴에이지는 영적 차원을 인정하고 우선권을 부여한다. 뉴에이지 운동은 헌신적인 무신론자들의 중요한 좌절을 보여 준다. 수십 년 동안, 무신론자들의 기도문은 지식과 과학 기술의 발달로 인해 신을 향한 인간의 갈망이 약해지고 결국 사라질 것이라는 내용이었다. 그러는 동안 우리는 편의시설을 더 많이 만들고, 질병을 치료하고, 효율적인 통신수단을 개발하고, 수천 개의 대학을 세우고, 놀랍고 새로운 오락거리를 개발했다. 하지만 미국인의 약 5퍼센트만이 자신을 무신론자라고 말한다(하지만 훨씬 더 많은 사람이 하나님이 존재하시지 않은 것처럼 살고 있다).

뉴에이지 운동은 우리의 모든 부, 교육, 과학기술에도 불구하고, 우리의 문화가 의미, 진리, 가치, 초월의 문제에서 빈곤해졌음을 인정한다는 점에서 높이 평가받을 만하다. 따라서 뉴에이지 추종자와 그리스도인은 모두 비물질적 영역의 실재를 부인하는 자연주의적 유물론과, 영적 욕구와 자원을 경시한 채 물질적 재화를 축적하는 데 에너지를 집중하는 소비주의적 물질주의를 비판한다. 또한 기독교와 마찬가지로, 뉴에이지는 우리가 하나님을 찾으려는 마음을 갖지 않는다면 일상생활에서 하나님을 놓칠 수 있다는 점을 일깨워 준다.

2. 뉴에이지는 제도 종교의 일반적인 문제점들을 일깨워 준다. 미국에 사는 수많은 사람들은 이렇게 말한다. "난 종교적이기보다는 영적이야." 그들의 말에서 제도 종교에 대한 피해의식이나 실망감을 느낄 수 있다. 뉴에이지 추

종자들의 개인화된 영성은 종교단체와 전통에 대한 환멸을 보여 준다. 이런 환멸 중 일부는 전쟁과 지배의 구실로 기독교를 비롯하여 종교를 이용해 온 사회적·정치적 갈등에서 비롯된다. 뉴에이지는 국가, 종교, 민족의 분열이 없는 하나의 세계를 약속하는 매력적인 대안인 것처럼 보인다.

좀더 개인적인 차원에서 보면, 많은 뉴에이지 활동가들이 기독교와 같은 전통적인 종교를 포기한 이유는 기독교의 규칙과 교리가 억압적으로 느껴지기 때문이었다. 물론 이것은 아무런 책임과 의무도 지지 않고 자신이 하고 싶은 대로 하는 영성을 추구하는 일부 사람들의 욕구를 반영한 것이다. 아울러 교회가 종종 자신의 규칙과 교리를 무자비하고 완고한 방식으로 강요한다는 점을 부인할 수 없다. 설령 사람들이 소외와 배척을 당하지 않은 경우에도 제도 교회의 모든 조직, 프로그램, 규칙, 교리에서 신앙의 진정한 목적을 상실했다는 의구심을 갖기 쉽다. 뉴에이지는 종교적 경험, 비형식적인 조직, 개인적인 접근방식을 강조하기 때문에 많은 사람에게 매력적인 대안으로 다가온다.

여기에는 그리스도인들이 갈채를 보내고 지지할 수 있는 부분이 많다. 기독교는 신앙의 핵심이 교리, 신조, 규칙, 교회조직이 아니라 하나님과의 살아 있는 관계라고 주장한다. 뉴에이지와 달리, 기독교는 신앙의 내적·주관적 측면이 비록 이차적이긴 해도 주관주의(주관성과 주관주의는 전혀 다르다는 점을 유의하기 바란다)로 빠지지 않기 위해서는 반드시 필요하다고 믿는다. 그럼에도 뉴에이지는 적극적이고 내적 신앙을 지원해야 하는 바로 이런 수단들이 하나님과 우리의 관계를 쉽게 대체할 수 있다는 점을 일깨워 준다. 마지막으로, 기독교 단체들이 분열과 억압을 유발하는 편협하고 배타적인 목표를 채택해 왔다는 것은 슬픈 사실이다. 포스트모던 부족주의와 국가주의에 관한 장에서 언급했듯이, 그런 목표는 모든 사람을 포용하려는 기독교의 보편적 비전을 망각한 것이다. 기독교인이 되려면 어떤 조건이 필요하다는 생각은 뉴에이지가 배타적이라고 여기는 사고방식이다. 그러나 뉴에이지 운동은 영적으로 깨달은 사람들과 무지한 대중들 간의 위계질서를 인정하며, 관용적이지 않다고 생각되는 사람들에게 관용하지 못하고, 자신의 배타성을 인정하지 않는다.

3. **뉴에이지가 진리의 수문장으로서 계몽주의적 합리성에 대해 의문을 제기하는 것은 옳다.** 뉴에이지가 합리성을 너무 경시한다는 점을 우리가 나중에 주장하겠지만, 그리스도인들은 합리성만으로는 하나님을 완전히 이해할 수 없다는 점에 동의한다. 뉴에이지는 합리성 때문에 하나님에 대한 우리의 지식이나 설명이 제한된다면, 하나님은 이성을 초월하시는 분이므로 하나님을 이해하는 우리의 관점이 축소될 것이라는 점을 일깨워 준다. 만일 하나님이 이성에 구애받지 않으신다면, 뉴에이지가 하나님에 관한 우리의 언어에 신비적인 요소의 여지를 반드시 남겨 두어야 한다고 말하는 것은 옳다. 하나님에 대한 우리의 말들 중 많은 부분은 상징과 은유를 통해 간접적으로 표현되어야 한다.

한 실례로서, 이 장의 일부 내용에 사용된 미로 전략은 상당히 독특한 편집 전략이다. 미로는 미궁과 관련이 있지만 미궁과 같지는 않다. 미로는 돌아 나가야만 하는 막다른 골목에 봉착하지 않는다. 비록 구불구불한 경로를 거친다 해도, (계속 걷는다면) 그 길을 통해 목적지에 도착할 수 있다. 분명히 미로가 보여 주는 구원에 이르는 길에 관한 많은 내용이 논리적 언어로 표현될 수 있다. 그러나 미로를 걷는 활동은 합리적 언어가 부분적으로밖에 표현할 수 없는 신앙에 관한 어떤 진리를 전해 준다. 따라서 기독교는 뉴에이지 운동에 깊이 스며들어 있는 반지성주의를 거부하면서도 역사 속에서 모든 신앙 전통이 확인한 내용을 단언할 수 있다. 하나님과 우리의 하나님 체험이 순수한 논리적 범주를 초월한다는 것을 말이다.

뉴에이지의 잠재적 문제점

기독교와 뉴에이지의 근본적인 차이점은 "우리는 신이다"(we are gods)라는 뉴에이지의 확신이 "우리는 하나님의 피조물이다"(we are God's)라는 기독교 신앙과는 완전히 다른 세계관이라는 것이다. 이 두 문장은 발음이 비슷하고 표기 형태는 서로 약간 다르다. 그러나 이 사소한 언어적 차이에 내포된 의미는 엄청나게 깊다. 이 두 문장은 궁극적인 실재와 최종적인 권위를 전혀 다르게 이해하기 때문이다.

　1. 뉴에이지는 편협한 유물론을 편협한 영성주의로 단순히 대체한다. 앞서 우리는 뉴에이지가 과학적 자연주의의 유물론적 세계관을 거부하고, 초자연적인 것의 존재와 우선권을 인정하려는 의도에 대해 동의했다. 문제는 뉴에이지가 물질을 포기한다는 것이다. "우리는 신이다", 더 나아가 "만물은 하나님이다"라고 주장하는 뉴에이지의 일원론은 힌두교의 마야(maya)처럼 물질세계를 단순한 환상으로 바꾼다. 기독교는 확실히 다른 견해를 취하며, 실재는 하나님(뉴에이지)도 아니고, 자연(과학적 자연주의)도 아니라고 주장한다. 이 두 가지는 환원주의적이다. 기독교는 하나님과 자연을 구분하는 이원론을 주장하며, 실재―그러나 동등한 실재가 아니다―의 기원을 이 두 가지에서 찾는다. 하나님은 자연과 떨어져 존재할 수 있지만, 인간을 비롯한 자연은 하나님의 창조적 활동의 산물이며 따라서 하나님에게 의존한다. 기독교인들은 이런 자연의 의존성을 바로 "우리는 하나님의 피조물이다"라는 뜻으

로 이해한다.

"우리는 신이다"라는 사상에 내포된 몇 가지 지적 모순을 나중에 검토하겠지만, 여기에서는 이런 관점의 실제적인 문제점들을 지적하고자 한다. 무엇보다도, 삶은 인간의 유한성에 관한 수많은 증거를 보여 준다. 우리의 정체성 혹은 각성 수준에 상관없이 우리의 경험은 우리가 유한하다는 점을 말해 준다. 심지어 신 의식을 성취한 후에도 우리는 여전히 숨 쉬고, 자고, 먹고, 배설하며, 살기 위해서는 그 외의 다양한 활동을 반드시 해야 한다. 우리는 한 시점에 한 공간에 머물 수밖에 없고, 바늘에 찔리면 피를 흘리며, 대부분의 사람들은 삼각법을 배우는 데 어려움을 겪는다. 만일 우리가 신이라면, 아주 독특한 신일 것이다. 만일 이런 형태의 제한 요소들이 마야가 우리에게 뒤집어씌운 거짓 인상이라면, 그것들은 일정 수준의 신 의식이 완전히 제거할 수 있는 종류의 환상이 아닌 것처럼 보인다. 나의 대아는 이 지구상에 있는 동안 유한하고, 물질적이며 낮은 자아에 갇혀 있는 것처럼 보인다.

2. 뉴에이지 운동은 자기 구원을 목표로 삼는다. 뉴에이지 운동은 분명히 초자연적인 영역이 자연적인 영역보다 더 우선적이라고 보기에 다른 많은 세계관들보다 훨씬 더 직접적으로 구원을 추구한다. 그러나 뉴에이지의 구원 이해—무엇**으로부터의 구원**인가, 구주는 **누구**인가, 구원의 목적이 무엇인가—는 기독교의 구원 이해와는 상당히 다르다.

앞서 보았듯이, 뉴에이지 추종자들은 우리의 구원을 가로막는 장애물이 무지라고 여긴다. 생명을 약하게 만드는 부정적인 것들이 거짓 인상에서 비롯되고, 이 인상은 자연과 신성을 분리하는 이원론적 가정에 의해 야기되었다. 우리는 바로 이것**으로부터 구원**받아야 한다. 뉴에이지에서 진정한 실재는 모든 것이 하나이며, 모든 것이 신성하다는 것이다. 구원은 이원론적 환상이라는 무지에서 벗어나는 것이다. 기독교의 관점은 다르다. 구원은 **죄로부터의 구원**이다. 우리의 죄는 환상이 아니라, 우리가 의존하는 하나님에 대한 우리의 실제적이고 의도적인 반역이다.

만일 구원을 가로막는 장벽이 단순히 환상일 뿐이라는 뉴에이지의 주장이 옳다면, 우리는 자신의 구주가 될 완벽한 자격을 갖추었다고 말할 수 있다. 각성 이전에는 우리의 생각이 혼란 상태이지만 우리의 참되고 신성한 자아에는 아무런 문제가 없다. 따라서 기만적인 상태를 끊어 버리는 우리 자신의 노력을 통해 자신의 신성을 깨달을 수 있다. 기독교의 경우, 우리의 존재는 죄로 물들었기 때문에 구원의 가능성이 우리 속에 내재해 있다는 생각은 애초부터 불가능하다. 기독교는 구주의 필요성을 고백한다는 점에서 뉴에이지와는 다르다.

마지막으로, 뉴에이지의 구원 계획은 "우리가 신"이기 때문에 구원받은 후 우리 자신이 되어야 한다고 말한다. 이것은 자기애 형태의 자기 구원이라고 말할 수 있다. 뉴에이지의 절충주의는 우리가 대아에 이르는 길을 선택해야 하며, 신 의식의 실현은 오직 각자의 개인적 체험에 의해서만 입증될 뿐이라고 말한다. 죄를 존재하지 않는 단순한 환상이라고 정의한다면, 행동의 근본적 변화는 전혀 필요하지 않다. 게다가 뉴에이지는 스스로 존중한다고 밝힌 어떤 전통에도 복종하지 않는다. 뉴에이지는 동양의 일원론적 사상에 깊은 매력을 느끼지만 불교나 힌두교와 같은 전통에서는 필요한 부분만 선택할 뿐이다. 따라서 뉴에이지는 일원론, 환생, 신비적인 깨달음을 수용하지만, 이런 종교의 전통적 형식 안에 포함된 엄격한 자기 절제, 자선, 사회적·성별 계층화는 무시한다.

간단히 말해서, 하나님을 단순히 우리 안에 존재하는 비인격적인 힘, 지성, 에너지, 정신으로 여긴다면, 하나님은 우리의 개인적인 목적을 위해 사용되는 힘의 원천에 지나지 않게 된다. 공정하게 말하자면, 많은 그리스도인들도 이런 함정에 빠져서 하나님을 건강, 부, 다른 유익한 것을 제공하는 자동판매기로 바라보지만, 이것은 성경이 말하는 구원의 목적과는 정반대이다. "우리는 하나님의 피조물"이기 때문에 구원의 목적은 우리의 생명에 대한 정당한 소유권을 가진 하나님과의 관계 회복이다. 이런 구원관은 하나님을 우리의 목적을 추구하기 위한 힘의 원천으로 사용하는 것을 허락하지 않는다. 하나님의 목적을 위해 사용될 수 있는 피조물이 되기 위해 우리에게 근본적인 변화를 요구한다.

3. 뉴에이지는 자신이 내세우는 사회적 과제에 대해 정당한 근거를 제시하지 못한다. 뉴에이지는 개인의 도덕성에 대한 언급을 회피하지만, 앞서 보았듯이, 사회적 윤리에 대해서는 극단적일 정도로 야심 찬 과제를 제시한다. 우리는 뉴에이지의 비전에 대해 별다른 이의를 제기하지 않고 열정을 불태운다. 굶주리는 아동, 인종 갈등, 억압, 전쟁이 없는 세상은 현재 상황과 다른 매력적인 대안이다. 이것은 뉴에이지의 "뉴"에 해당하는 것으로 우리가 흥분할 만한 내용이다. 그러나 그런 사회적 과제의 배후에는 두 가지 어려운 문제가 도사리고 있다. 첫째, 뉴에이지 지지자들은 그런 대대적인 변화를 이룰 수 있는가? 둘째, 뉴에이지는 그런 과제를 채택할 수 있는 근거를 제공하는가?

첫 번째 문제와 관련하여, 역사를 주의 깊게 살펴본 사람이라면, 그런 거대하고 오래된 경제적·사회적·정치적 문제가 해결될 것이라는 낙관주의를 품을 만한 근거를 찾지 못했다고 말해야 한다. 역사는 비참하게 실패로 끝나고 종종 오래된 문제를 더 악화시킨 유토피아적 비전들로 어질러져 있다.

오히려 뉴에이지가 주장하는 특별한 해결책, 곧 이원론적 사고를 버리고 일원론을 채택한다는 관점은 역사와 충돌한다. 대부분의 사람들은 오랜 세월 일원론적 사상이 지배했던 인도나 중국과 같은 문화권이 뉴에이지가 일원론적 세계관을 통해 사라질 것이라고 전망하는 다양한 사회문제를 해결하는 데 거의 성공하지 못했다는 사실을 강력하게 입증할 수 있다. 민주주의, 평등, 가난 극복, 보건 개선은 이원론적 가정에 의해 형성된 문화권에서 일반적으로 더 잘 이루어졌다. 비록 이들 지역의 실적도 그다지 자랑할 만한 것은 없지만 말이다.

두 번째 문제―뉴에이지는 사회활동에 대한 정당한 근거를 제시할 수 있는가―는 정확히 말하자면, 일원론적 세계관과 관련된다. 선과 악의 차이가 단지 이원론적 사고의 잔재일 뿐이고, 선과 악이 실제로는 하나이며 같은 것이라면, 왜 굶주림과 전쟁을 문제라고 생각해야 하는가? 왜 굶주림과 전쟁에 대해 어떤 조치를 취해야 하는가? 게다가 물질 영역은 이원론적 가정이 우리에게 거짓으로 속여 뒤집어씌운 환상이라면, 물질세계의 사회적 변화는 우리의 환상을 다시 바꾼 것에 불과하지 않은가? 참된 세계는 신이기 때문에 우리가 사실상 실제 세계를 전혀 바꿀 수 없다. 단지 우리의 감각적 인식을 이리저리 바꿀 뿐이다. 그렇다면 실제로 바뀌는 것이 없는데 애써 노력할 이유가 무엇인가?

이 문제를 다른 각도에서 들여다보자. 일원론이 옳다면 우리가 실제적으로 정신적 덫에 걸려 있다고 결론을 내릴 수밖에 없다. 실제적인 악이 신 자체인 세계에 존재한다면, 신은 문제를 해결할 수단이 아니라 극복해야 할 문제가 된다(악이 문제라고 가정한다면). 그러나 우리의 신 의식이 이런 문제를 해결할 동기를 부여한다고 가정하기 때문에 원활하게 작동하지 않는다. 악이 실제적이며, 우리가 악을 바꿀 수 있고 마땅히 그래야 한다고 가정하면, 일원론은 우리가 세계를 바꿀 때, 신을 바꿀 수 있고 실제로 신을 바꾼다는 의미가 된다. 악이 존재하지 않는다면, 뉴에이지는 존재하지 않는 사회문제를 해결하는 것을 자신의 과제로 삼고 있음을 인정해야 한다.

우리는 세계를 변화시키기 원한다. 그러나 인간 사회의 다양한 문제를 제거할 수 있다는 뉴에이지의 잠재력에 관한 대대적인 광고에도 불구하고, 뉴에이지의 일원론적 세계관은 그렇게 할 필요성이나 가능성을 약화시킨다. 실재를 바라보는 뉴에이지의 관점은 악을 존재하지 않은 것으로 만들거나 신을 악의 원인이자 구현자로 만들어 버린다.

4. 뉴에이지는 비합리성으로 치닫는다. 앞에서 우리는 하나님이 우리의 이성 능력을 초월하기 때문에 신비적인 요소가 늘 존재한다는 뉴에이지의 견해에 동의했다. 신성한 차원을 포함하기 위해 노력하는 모든 세계관들은 이성의 역할에 제한을 두어야 한다. 그러나 신비와 불합리 사이에는 중대한 차이점이 있다. 우리는 뉴에이지 세계관이 이성을 초월하기보다는 경시하고, 결과적으로 논리적 모순으로 치달을까 봐 염려한다.

일반적으로, 뉴에이지는 비록 완전히 불합리하지는 않지만 극단적으로 이상한 결론에 도달할 수 있는 문제가 많다. 몇 가지 예를 들자면, 만일 진리의 유일한 기준이 주관적 경험이라면, 우리는 어떻게 유아론(唯我論) — 나의 우주는 모두 개인적인 것이며 다른 사람이 거주하는 우주와 결코 동일하지 않는다는 사상 — 을 피할 수 있는가? 더 과격하게 말하자면, 나의 의식 범위 내에 있는 타인은 단지 나의 개인적인 감각이나 직관으로만 존재한다는 사상을 어떻게 설득할 수 있을까? 우주에 스며들어 있는 신성한 실재가 비인격적인 힘이라면, 우리는 어떻게 도덕적이고, 인격적이며, 사회적인 존재가 되었을까? 게다가 하나님이 비인격적이라면, 왜 신성한 실재를 인격적이고 주관적 방법으로밖에 입증할 수 없을까? 만일 우리의 정체성이 하나님이라는 것을 알지 못한다면, 하나님이 실수를 범했다는 결론을 어떻게 피할 수 있을까? 신이 신의 자아에 대해 잘못된 결론을 내릴 수 있는가?

조금만 생각해 보면, 뉴에이지 세계관의 기본 전제에서 비롯되는 이런 논리적 모순들을 더 많이 열거할 수 있을 것이다. 그러나 우리의 요점은 간단하다. 뉴에이지가 자신의 기초라고 주장하는 영적 지식인 "우리는 하나님"이라는 신비적인 지식이 일반적으로 합리적이라고 간주하는 사고형태인 이성과 모순된다는 것이다. 이와 반대로, "우리는 하나님의 피조물"이라는 기독교적 주장은 인간의 이성을 비롯하여 하나님의 창조세계의 모든 내용을 인정하고 존중한다. 이것은 이성을 초월하는 하나님을 아는 방법이 존재한다는 사상이 틀렸다고 주장하는 것이 아니다. 오히려 하나님이 창조세계의 창조자인 동시에 그것을 초월하듯이, 하나님은 이성의 원천인 동시에 이성을 초월한다.

결론

내 친구가 한번은 기독교 컨퍼런스가 열리는 호텔에 간 적이 있다. 그는 몇 호실로 가야 할지 확실히 알지 못했지만, 강사가 영성을 자주 언급하고 있는 발표장을 곧 찾아 냈다. 그러나 잠시 후, 그는 비록 강사의 입에서 예수님이 자주 언급되었지만, 기독교 영성에 관한 내용이 아님을 깨달았다. 그는 정확한 장소를 몰라 헤매다가 뉴에이지 단체의 회의장으로 잘못 들어갔던 것이다. 그곳을 서둘러 빠져나온 그는 결국 기독교 컨퍼런스 장소를 찾았다. 나중에 밝혀진 바로는, 내 친구처럼 컨퍼런스 장소를 정확히 몰랐던 다른 몇몇 사람들은 듣고자 했던 기독교 강사가 아닌 줄도 모른 채 뉴에이지 회의장에서 끝까지 강연을 들었다고 한다.

이 이야기에서 얻을 수 있는 한 가지 교훈은 기독교와 뉴에이지 사상이 사용하는 언어와 실천방식이 상당히 비슷하다는 것이다. 한편으로는, 일부 그리스도인들이 그렇듯이, 뉴에이지와 비슷하다는 이유만으로 기독교적 실천방식과 언어의 일부 내용을 무시하지 않도록 주의해야 한다. 명상이나 시각화 기법은 뉴에이지에서 일반적으로 사용하지만, 이것들은 물병자리 시대(점성술에서 자유, 평화, 우애의 시대)보다 수십 세기 앞서 존재했던 교회의 전통이다. 환경주의는 뉴에이지 운동의 공통적인 특징이지만 그렇다고 해서 기독교인들이 환경주의를 거부할 필요는 없다.

다른 한편으로는, 우리는 기독교의 기초와 목적이 뉴에이지의 기초와 목적과 전혀 다르다는 점을 분명히 보여 주려고 노력했다. 그리스도인들은 나무나 바위가 신성하다는 사상에 기초하여 환경에 관심을 두지 않는다. 하나님의 형상에 따라 지음받은 인간은 만물을 창조하신 하나님 앞에 책임을 져야 하기에 주변 세계를 아무렇게나 취급할 수 없다. 기독교적 묵상은 뉴에이지처럼 내면의 신성을 깨닫기 위한 것이 아니라, 우리와 다른 타자인 하나님께 마음을 집중하기 위한 것이다. 그러나 우리가 뉴에이지와 기독교 사이의 신학적 차이점을 분명히 알지 못한다면, 호텔에서 두 컨퍼런스 장소를 구별하지 못했던 사람들처럼 그리스도인들이 실제로는 뉴에이지를 받아들이고 있으면서도 복음을 듣고 있다고 믿을지도 모른다.

뉴에이지 운동만이 새로운 시대가 다가올 것이라고 예상하는 것은 아니다. 기독교는 초기부터 생명을 타락시키고, 분열을 일으키며, 개인과 사회의 평화를 혼란으로 몰아넣는 모든 것들이 사라지는 시대를 고대해 왔다. 그러나 기독교의 새로운 시대는 자각을 통해 성취되는, "우리는 신"이라는 단순한 깨달음이 아니다. 그리스도인들은 하나님이 창조하시는 새로운 시대를 기대한다. 이 시대는 만물이 예수님의 주되심을 인정함으로써 "하나님이 만유의 주로서 만유 안에 계시"게 되는 때다(고전 15:28). 간단히 말하면, 기독교의 새 시대는 "우리는 하나님의 피조물"이라는 신앙이 온전히 실현되는 때다.

8
나의 부족이 곧 나의 세계관이다: 포스트모던 부족주의

나는 상위 중산층이고, 이성애자이며, 유럽계 후손의 백인 남자이고, 서구 전통에서 교육을 받은 미국 시민이다. 어떤 상황에서는 이런 내용이 자랑할 만한 운 좋은 환경을 타고나 성공을 이룬 사람의 조건처럼 보일 것이다. 실제로 어떤 사람들은 이런 내용 — 적어도 내가 어느 정도 통제할 수 있는 조건들 — 이 인간이 바랄 수 있는 최고수준이라고 생각할 것이다. 그러나 다른 상황에서는 이런 내용이 세계 곳곳에서 벌어지는 억압 행위에 내가 공모했음을 드러낼 것이다(나의 고교시절 영어 선생님은 형용사를 많이 사용한 죄를 추가할 것이다). 이 경우에 나는 따라야 할 모범이라기보다 악의 사례로 간주될 것이다. 이것은 이 장의 핵심적인 내용을 보여 준다. 우리에 관한 가장 기본적인 사실을 설명하는 단어는 자명하지 않다. 그것들의 의미는 종종 다양한 배경을 지닌 사람에 따라 달라질 수 있다.

물론 상황을 묘사하는 형용사의 의미는 우리가 이미 암시한 다른 요소 — 우리는 엄청나게 다양한 세상에서 살고 있다 — 가 없다면 완전하지 않다. 게다가 수많은 사람이 "나는…이다"라는 표현을 빼 버린다면, 이 장의 첫 문장에서 자신에게 꼭 맞는 하나의 설명을 찾을 수 없을 것이다. 다양한 범위의 언어, 종교, 인종, 국적, 그 이외 다른 문화적 요인들이 전 세계적인 범위의 다양성을 일깨워 준다.

미국은 유럽계 후손들이 정착하여 정복했고, 미국 역사에서 다양한 집단들 사이에 상당한 긴장이 발생했기 때문에 다양한 문화가 서로 충돌했다. 그러나 문화가 상호 교류하는 빈도와 강도는 과거의 논란에 새로운 변수를 추가했다. 오늘날 사람들은 이민 패턴의 변화, 24시간 케이블 뉴스, 인터넷을 통한 세계의 접근 가능성, 하루 만에 거의 세계 모든 곳에 도달할 수 있는 능력(화물은 꼭 그렇다고 할 수 없지만)을 통해 자신이 사는 지역이 아닌 다른 세계에 더 많이 접촉할 수 있다. 새로운 사상 역시 문화에 관한 사고를 재형성해 왔다. 아울러 전통적인 문화 개념에 포함되지 않았던 집단들이 등장하여 지배적인 사회 권력 내에서 자기주장을 내세우거나 저항해 왔다. 이 모든 것들이 문화의 위치와 문화 간의 상호작용에 대해 새로운 차원의 질문을 던지게 한다.

이런 추세의 변화로 오늘날 젊은 사람들은 성인으로 성장하면서 다문화주의, 소수집단 우대정책, 포스트모더니즘, 해방 신학, 문화상대주의, 후기제국주의, 노인 차별, 메타내러티브(metanarrative), 소국분할화(balkanization), 정체성 정치학, 해체주의, 문화 전쟁과 같은 용어를 어휘목록에 포함시킨다. 그들은 대학에서 여성학을 전공하고, 서점에서 퀴어 이론(queer theory) 관련 코너를 훑어보고, 히스패닉계 동아리에 가입하거나 흑인 학생회에서 시간을 때우기도 한다. 이런 것들이 바로 포스트모던 부족주의의 사례다. 그러나 상위 중산층이고, 이성애자이며, 유럽계 후손의 백인 남자이고, 서구전통에서 교육을 받은 미국 시민―나와 같이―은 이런 장소에서 그다지 환영받지 못한다고 느낄 것이다. 실제로 나는 이런 장소에서 배척당했을 것이다.

내가 여성학이나 동성애학 전공 과정이나 히스패닉계 동아리에서 배제된 이유를 문의했다면, "동아리에 가입하세요. 하지만 우리의 역사에는 쾅하고 닫힌 문들로 가득합니다"라는 대답을 가장 먼저 들을지도 모른다. 괜찮다. 많은 집단에게 교육을 통한 희망이나 다른 기회를 극단적으로 제한했던 역사를 부인하기는 어렵다. "그러나 미국이 과거에 모든 사람을 공평하게 대우하지 않았지만, 미국의 이상이 이런 불의를 바로잡지 않았나요?"라고 내가 응수할 수도 있을 것이다. 그러면 이런 대답을 들을 것이다. "물론이죠. 그런 이상은 당신 같은 사람들에게 정말 도움이 됩니다. 그러나 당신 같은 사람들은 모든 힘들을 자기 손아귀에 확실히 쥘 수 있는 방식으로 그런 이상을 해석합니다."

미국의 이상에 호소해 봐야 아무런 소용도 없기 때문에 나는 좀더 기본적인 것에 호소할 수도 있다. 인간 본성에 말이다. "우리를 함께 묶어 주고 배척을 불공정한 것으로 만드는 어떤 근본적인 인간의 본성이 있지 않나요?" 이에 대한 대답은 두 가지다. 첫째, "인간 본성은 사회적 약자들의 정체성을 없애 버리는 추상적인 관념일 뿐이에요. 한 사람의 진정한 정체성은 인간 본성이라는 일반적인 개념이 아니라 자신의 문화적 특수성에서 발견할 수 있습니다"라는 대답을 듣는다. 두 번째 대답은 이렇다. "우리는 당신네(아이고!) 문화가 지배하는 사회에서 대부분의 삶을 살아야 합니다. 만일 당신을 우리 모임에 들어오게 하면, 당신은 당신의 사회제도의 규칙을 따라야 한다고 할 것이고 우리는 같이 따라가고 싶은 유혹을 받을 거예요. 우리 같은 사람들에게는 안전한 공간이 필요해요."

이런 가상의 대화(실제로는 몇 가지 대화를 조합한 것이다)를 통해 몇 가지 사항을 분명하게 알 수 있다. 가장 분명한 것은 정체성이 민족, 성별, 성적 취향,

그 이외 다른 요소에 깊이 뿌리박혀 있다는 점이다. 게다가 이런 정체성의 특별한 원천이 "미국인"이라거나 심지어 "인간"과 같은 일반적인 범주보다 훨씬 더 강한 영향력을 발휘한다는 점이다. 세 번째 특징은 사회적 약자라는 강한 의식이다. 마지막으로, 내가 나름대로 정의한 용어를 그들은 전혀 다른 의미로 사용한다는 것이다. 내가 말하는 이상이라는 용어는 우리 모두가 동의할 수 있는 진리에 호소하는 것을 의미한다. 하지만 그들은 이 용어를 힘을 차지하기 위한 경쟁을 의미하는 말로 이해한다. 그들이 자신들에게 안전하다고 생각하는 장소를 말할 때 나는 그 말에 불안감을 느낀다는 것을 인정하지 않을 수 없다. 나는 권력구조와 담을 쌓는다는 생각을 좋아하지 않는다.

앞서 언급한 요소들의 저변에는 강한 감정이 깔려 있다. 대화의 양 당사자들은 직접적으로 언급했든 그렇지 않았든 간에, 고통, 두려움, 불안, 이해 부족, 배척, 심지어 적대감을 드러낸다. 이런 상황에서 자연스럽게 나오는 것은, 비슷한 배경을 가진 사람들과 함께 결속하기 위해 "나와 비슷한" 사람을 찾고 싶은 충동이다. 달리 표현하면, 이것은 많은 사람이 "시민" 사회로 이미 대체되어 사라진 것으로 생각하는 부족 사회 구조와 비슷하다. 이것은 부족들의 행동방식이 아닌가? 부족원들은 공통의 언어, 의미, 경험, 사상을 가진 작은 집단 내에서 강한 정체성을 공유한다. 아울러 희소한 자원을 놓고 외부인들과 경쟁해야 한다는 의식, 그리고 생존을 위해서는 집단이 필수적이라는 느낌을 갖고 있다. 이런 충동은 앞으로 논의할 특징들과 결합하여 이른바 포스트모던 부족주의를 낳는다.

용광로에서 다문화주의와 포스트모던 부족주의까지

포스트모던 부족주의가 이전의 부족주의와 얼마나 유사한지는 논의의 여지가 있지만, 과거에 없었던 것이 생겨나고 있다는 것은 명확하다. 이런 새로운 현상은 문화의 접촉에 관한 과거의 사고에 대해 불만이 있음을 보여 준다. 따라서 이른바 포스트모던 부족주의라는 주제로 옮겨서 "포스트모던"이란 말이 왜 추가되었는지를 설명하기 전에, 우리는 부족주의가 무엇을 거부하는지, 그리고 그 까닭이 무엇인지 알아야 한다.

19세기와 20세기 초, 미국의 지배적인 문화교류 모델은 용광로(melting pot)라는 개념이었다. 이 개념은 우선 미국이 이민자의 나라이며, 특히 오랜 세월 이 땅에 살아왔던 사람들이 국가 정체성에 참여하지 못하고 배제되었다는 점을 인정했다. 이민자들은 모두 각자의 문화, 언어, 민족 역사를 가져왔다. 이런 역사의 힘은 새로 온 이민자들이 항상 리틀 이탈리아, 차이나타운, 펜실베이니아 더치 컨트리, 그 이외 유산을 공유하는 사람들이 모인 여러 장소에 첫 거주지를 마련한 것을 보면 분명히 알 수 있다.

그러나 한 세대가 지난 후, 이민 1세대의 자녀들은 댈러스나 캔자스시티와 같은 곳에서 살면서, 같은 동족들이 모인 거주지에 사는 부모들을 방문하러 왔다. 수십 년이 흐른 후, 이민 3세대들은 도시 근교에 집을 사고 영어 문법책을 썼고, 이민 1세대들이 모국어로 나누는 대화 내용을 알아들을 수 없게 되었다. 이탈리아, 중국, 독일 선조들의 모습이 그들의 얼굴에 분명하게 남아 있지만, 그들의 내면은 치즈버거와 자동차극장이 차지했다. 용광로는 그들을 귀화한 미국인(이탈리아계 미국인, 아시아계 미국인, 독일계 미국인)에서 평범한 미국인으로 만드는 데 성공했다. '여럿으로 이루어진 하나'(1955년까지 미국의 표어)는 단순한 국가적 표어가 아니었다. 이것은 하나의 현실이었다. 적어도 일부 사람들에게는 그랬다.

그러나 시간이 흐르면서 많은 사람이 **미국인**과 연결되었던 고리를 잃어버리자 그들은 중요한 무언가를 희생한 것은 아닌가 하는 의문을 갖기 시작했다. 게다가 인구의 상당수가 주류 사회에서 제도적으로 배제되었고, 미국인으로 완전히 받아들여진 적이 없었다. 후자는 아프리카계 미국인들이 가장 절실하게 느끼는 것이었다. 이것은 시민권 운동으로 이어져 1960년대에 절정에 이르렀다. 이러한 두 가지 감정 ― 문화적 정체성 상실에 대한 우려와 사회로부터의 배척 ― 으로 인해 "용광로"라는 개념에 대해 이의를 제기한 결과, 다문화주의라는 개념이 탄생했다.

다문화주의는 사람들마다 매우 다른 것을 의미하기 때문에 개념을 정의하기가 힘든 용어다. 내가 생각하는 정의는 아마 일반적인 상징인 모자이크를 통해 가장 잘 이해할 수 있을 것이다. 다문화주의는 미국을 과거의 다양한 문화적 정체성이 특유한 미국적 정체성에 결국은 굴복하는 장소로 보는 것이 아니라, 나름대로의 독특한 특징, 형태, 색깔을 지닌 타일 조각처럼 보존되는 장소로 본다. 이런 타일 조각들이 함께 어우러져 조화롭고 다채로운 예술품이 된다. 다문화주의는 차이점을 녹여서 없애는 대신, 보다 폭넓은 통일성 안에서 문화적 다양성을 존중했다.

용광로에서 모자이크 패러다임으로 바꾸려는 시도는 물론 강한 반발을 불러일으켰다. 이것은 미국이 스스로에 대해 생각하는 방식을 근본적으로 바꾸는 것이었다. 어떤 사람은 다문화주의를 부담스러운 할당제도로 보는가 하면, 다른 사람은 과거의 잘못을 바로잡는 기회로 보기도 했다. 다문화주의는 가족 전통의 긍정적인 이미지와 공유하는 유산 안에서 친밀한 소속감을 일깨워 주었다. 한편으로는 비애국적이며 미국의 문화전통과 기회에 대한 심각한 배은망덕으로 비치기도 했다.

용광로 모델과 모자이크 모델 사이의 논쟁이 해결되기 전에, 여러 집단에서 새로운 목소리가 나오면서 논의를 근본적으로 바꾸어 버렸다. 그것은 ─ 실제로는 집단적인 목소리였다 ─ 권력구조에서 소외되고, 다문화주의에 의해 홀대받던 사람들의 목소리였다. 그중에는 히스패닉과 같은 민족 집단도 있었고, 성별, 계층, 성적 취향, 연령, 장애와 같은 요소 때문에 자신을 약자로 보는 집단도 있었다. 언뜻 보기에 그것은 모자이크에 몇 개의 색깔을 추가하면 될 것 같았다. 그러나 두 번째 목소리인 포스트모더니즘은 이 모든 것을 바꾸어 버렸다.

포스트모더니즘의 메시지는, 모든 사회 구조는 기본적으로 그 속성상 정치적이라는 것이다. 더 직설적으로 표현하면, "모든 것의 핵심은 힘"이라는 주장이다. 포스트모더니즘에 따르면, 약자들이 부지불식간에 지배 문화의 규칙을 받아들였기 때문에 다문화주의는 실패할 수밖에 없다. 만일 이 주장이 옳다면 말이다. 모자이크가 만드는 궁극적인 그림은 자신의 목표를 유지하고 권력을 확보하기 위해 모자이크를 사용한 사람들에 의해 이미 결정되어 있었다. 따라서 포스트모더니즘 지지자들은 진리, 정의, 미국적 방식에 대한 기존 사회의 개념정의는 소수파에 대한 억압을 지원하고 부추겼다고 주장한다. 정의의 수호자인 사법 체계가 제도적으로 당신이 투표하고, 어떤 학교에 다니고, 고소득 직업을 가질 권리를 부정할 때 어떻게 당신은 정의에 호소함으로써 사회에서 제자리를 찾을 수 있단 말인가? 미국적 방식을 만든 사람들이 고착시킨 진리들이 당신의 집단을 적으로 묘사하거나, 당신의 기여를 무시한다면 그런 진리─**그들의** 진리─는 어떻게 **당신의** 진리가 될 수 있단 말인가? 달리 말하면, 포스트모더니즘은 정의와 진리가 사실은 정치와 권력에 관한 말이라고 주장한다. 이것은 다양한 색깔의 모자이크를 산산이 부숴 버렸다.

포스트모던 부족주의

다문화주의라는 용어와 마찬가지로, **포스트모더니즘**이라는 단어가 위험한 이유는 사람마다 그것을 전혀 다른 의미로 사용하기 때문이다. 먼저, 포스트모던의 '포스트'(post)에서 실마리를 찾는 것이 가장 좋을 것이다. 포스트모더니즘은 자신을 근대주의에 반대하거나, 근대주의를 초월하거나, 근대주의 이후를 뜻하는 것으로 이해한다. 따라서 다문화주의를 이해하기 위해 다문화주의의 반대 개념인 '용광로'를 이해한 것처럼 포스트모더니즘도 반대개념인 근대성을 이해할 때 명확하게 파악할 수 있다.

근대성은 근본적으로 절대적 확실성을 추구하는 것이었다. 이것은 비단 나의 확실성 문제만이 아니라 보편적 진리를 추구하는 문제이기도 했다. 근대주의자들은 각 개인이 편견을 버리고 적절한 조사 방법을 사용한다면, 이런 진리에 이를 수 있다고 믿었다. 진리에 이르는 길은 합리적인 사고였으며, 이것은 흔히 경험적 관찰과 과학적 방법론에 기초하는 것으로 이해했다. 일단 진리를 파악하면 우리의 모든 문제를 해결하는 데 이용할 수 있었고, 문제는 잘못된 생각을 믿은 데서 생겨났다. 부족의 미신에서 비롯된 오류의 흔적들은 무엇이든지, 관찰을 통해 확인할 수 없는 특정 문화의 사고나 신념 - 간단히 말해서 비논리적 개념 - 은 뿌리 뽑아서 희화화시키거나, 적절한 교육을 통해 수정하거나 하찮은 것으로 치부했다. 달리 말하면, 근대주의의 논리적 기준에 부합하지 않는 신념은 극복해야 할 대상이었다.

포스트모더니즘은 이런 근대주의의 모든 목표 - 보편성, 확실성, 절대적 진리, 개인주의, 공정한 중립성, 합리성, 과학에 대한 신뢰, 정복―에 문제가 있다고 본다. 포스트모더니즘의 공통적인 출발점을 찾는 많은 사람들은 장 프랑수아 리오타르(Jean-François Lyotard)의 말을 주목한다. 그는 말했다. "나는 **포스트모던**을 메타내러티브에 대한 불신이라고 정의한다."[1] 메타내러티브는 모든 개인적인 혹은 문화적인 이야기를 초월하는 이야기다. 메타내러티브는―파악할 수만 있다면―우리의 기원을 이해할 수 있고, 옳고 그른 것이 무엇인지를 설명해 주고, 존재의 목적을 정의해 주는 진리의 큰 창고다. 따라서 용광로 개념은 모든 특정한 문화적 표현이 미국적 방식이라는 진리에 자리를 양보해야 하는 근대주의적 메타내러티브로 간주된다. 근대주의적 메타내러티브는 종종 이런 영원한 진리를 세계의 다른 지역에 민주주의와 만인 평등 혹은 유익한 지구적 자본주의 형태로 전파해야 한다고 주장했다. 이 책에서 살펴본 세계관들, 이를테면 자연주의, 소비주의, 개인주의에서도 근대주의적 메타내러티브의 목소리를 들을 수 있다.

포스트모더니즘은 보편적 이야기, 절대적 진리에 대한 주장, 공정한 중립성이라는 사고를 불신의 눈으로 바라본다. 근대주의는 문화적 특수성을 거부하고 고유한 관습을 더 보편적인 것(가령, 인간 본성) 안으로 흡수하려고 하지만, 포스트모더니즘은 특수성을 높이 평가한다. 어떤 한 사람은 단순히 한 개인이거나 인류의 한 일원이 아니다. 우리는 특정한 피부색과 유전적 특징을 갖고 태어났다. 우리가 이 세계로 들어올 때 그곳에는 특정한 언어, 국적, 종교, 전통, 유산이 이미 우리를 기다리고 있었다. 이런 요소와 그 밖의 다른 요소들이 우리를 특정한 정체성과 역사를 가진 집단의 일원이 되게 만든다. 어떤 사람도 이 문제에 관한 한 선택권이 없다. 따라서 우리가 자신의 정체성을 발견하는 것은 인간 본성과 같은 추상적인 개념을 통해서가 아니다. 우리의 구체적인 현실―우리의 역사, 성별, 그 이외 다른 특유한 요소들―이 이 혼란한 세상에서 우리에게 뿌리와 소속감과 정체성을 부여한다. 이 뿌리를 잘라 내면 우리는 정체성의 핵심적인 부분을 잃을 것이다.

일부 포스트모더니즘 사상가들은 힘을 거의 모든 것을 결정하는 이런 문화적 영향력의 결과로 본다. 다른 사상가들은 문화가 매우 큰 영향을 미친다고 말하는 것으로 만족한다. 그러나 정도 차이는 있지만, 포스트모더니즘 지지자들은 우리가 상당한 양의 문화 보따리를 갖고 있다고 주장한다. 또한 이 문화 보따리는 다른 문화에 어떻게 반응해야 하는지에 대한 우리의 생각에 영향을 미친다고 말한다. 달리 말하면, 우리가 선하고, 참되고, 의미 있다고 믿는 것들은 우리 부족이 세계와 세계 속에서의 부족의 위치를 이해하는 방식과 동떨어질 수 없다는 말이다. 문화적 상호작용의 이면에는 우리가 간과할 수 없는 사회적 차원이 있다. 우리는 피부색과 성별, 역사와 관계없는 개인으로서 이 세상에 존재할 수 없다. 우리의 생각과 정체성은 근대주의의 보편적인 추상적 개념이 아니라 삶의 실제적인 특수성과 긴밀하게 연결된다.

포스트모던 부족주의와 힘

문화적 상호작용의 또 다른 차원은 모든 부족이 같은 힘을 갖고 있지 않다는 것이다. 어떤 형태의 힘―가령, 한 부족이 다른 부족을 군사적으로 패배시키는 것―은 명확하지만 다른 힘들은 그렇지 않다. 특히 포스트모더니즘은 우리가 실제적이고, 선하고 참된 것으로 여기는 것을 해석할 때 사회적 위치가 차지하는 역할에 초점을 맞춘다. 예를 들어, 백인이고 그리스도인인 미국인과 같이 유력한 부족은 성경의 출애굽 이야기를 죄의 노예상태에서 구원받는 역사적 사건으로 해석한다. 그러나 아프리카계 미국인들처럼 자신을 약자로 여기는 부족은 출애굽 이야기를 그들에게 아직 다가오지 않은 희망찬 비전으로 이해한다. 그들은 출애굽 이야기를 죄라는 비물질적인 힘으로부터 영적 해방을 기대하는 것이 아니라 경제적·정치적·사회적 노예상태로부터의 해방으로 해석한다.

우리는 두 집단이 같은 이야기를 읽고, 그 안에서 노예와 자유라는 같은 주제를 찾아내지만 이 주제의 의미가 문화적 경험에 따라 다르게 해석된다는 점을 인정할 수밖에 없다. 백인 해석자들은 아프리카계 미국인들이 출애굽 이야기를 받아들이는 방식을 당혹스럽게 여길지도 모른다. 미국에서는 어떤 사람도 노예로 살지 않고 "모든 사람"들이 구원을 정치적 혹은 경제적 영역을 초월하는 어떤 것으로 이해한다. 아프리카계 미국인들은 다른 인간을 가장 효과적으로 소유하는 방법이 반드시 그를 노예로 삼는 것만이 아니라고 주장할 것이다. 소유권, 정의, 교육, 구원으로 간주되는 내용에 관한 규칙을 만드는 사람이 모든 사물과 인간을 통제한다. 그들은 구원에 관한 영적 정의가 부자들이 가난한 사람을 계속 억압할 수 있도록 허용하기 때문에 역사에서 가난한 사람이 계속 억압당해 왔다고 말할 것이다.

이것은 포스트모더니즘의 또 다른 중요한 개념인 비교불가능성으로 이어진다. 비교불가능성이란 표면적으로 동일해 보이는 것들이 다른 상황에서는 전혀 다른 의미를 가진다는 뜻이다. 백인이 출애굽 이야기를 읽는 경우, 애굽왕 "바로"는 죄악의 권력이며, 정의는 이 권력에서 해방되고, 바로와 추격하는 애굽인들이 무서운 벌을 받는 것이다. 아프리카계 미국인, 동성애자, 남미인들에게 "바로"는 백인을 의미할 수도 있고, 정의는 애굽인들의 부를 빼앗아 마땅히 받아야 할 사람들에게 나누어 주는 것을 의미한다. 간단히 말해서, 우리는 이 이야기에서 누가 "선한 사람들"이고 "나쁜 사람들"인지에 대해 동의조차 할 수 없다. 비교불가능성은 출애굽 이야기가 결코 하나의 이야기가 아니라는 것을 뜻한다. 이 이야기가 의미하는 바는 원저자(현대 독자가 공유하지 않은 사회적 상황에서 이야기를 썼다)가 원래 의도했던 내용과 상관없이 그것을 읽는 독자가 처한 사회적 상황에 따라 달라진다.

출애굽 이야기를 해석하는 방법에 대한 의견 차이는 종교가 우리의 정체성에 대한 개념을 형성할 때 수행하는 중요한 역할을 일깨워 준다. 기독교가 자신을 메타내러티브―우주에서 우리의 위치를 설명하는 이야기―로 자처한다는 사실은 일부 포스트모더니즘 지지자들이 기독교에 대해 품는 적대감을 이해하는 데 도움이 된다. 그들의 불만은 보편적 진리를 소유했다는 기독교의 주장은 지배 문화가 특수성을 말살하고, 적들을 정복하는 데 이용된다는 것이다. 이런 시각에서 볼 때, 기존 권력구조에 저항하려면 기독교 역시 거부해야만 한다. 그 결과로 미국에서 한때 기독교가 가졌던 사회적 영향력이 도전을 받았다. 그리스도인은 이런 사회적 영향력 감소에 대해 기독교적 부족주의로 종종 대응한다. 이를테면, 기독교적인 언어, 음악, 문화, 교육제도를 통해 하위문화를 만들어 낸다. 이런 것들의 대부분은 문화적 이방인이라는 의식을 보여 준다.

요약

근대주의는 성적 취향, 성별, 인종을 우발적인 특성으로 본다. 예를 들어, 인간이 여성과 남성으로 태어난다는 것을 인정하지만 한 개인의 성이 그의 인간성을 결정하지 않는다고 말한다. 따라서 성은 인간의 우발적인 특성이다. 당신은 여성 혹은 남성인지에 상관없이 인간이 될 수 있다. 그러나 포스트모던 부족주의에서 인간은 성이나 우리 삶의 다른 구체적인 특징과 분리될 수 없다. 이것들은 우발적인 특성이 아니라 정체성, 도덕성, 종교, 진리의 개념에 영향을 미치는 기본적인 요소다.

보편성보다 특수성을 강조하는 것은 중요한 의미를 내포한다. 첫째, 이것은 진리가 두루 통용되는 형태를 띠는 것이 아니라 사회적으로 형성된다는 것을 뜻한다. 우리가 진리라고 여기는 내용은 우리의 성별, 역사, 문화, 인종, 능력, 성적 취향에 의해 형성된다. 둘째, 개인의 행복감은 어떤 보편적인 기준에 의해 측정할 수 있는 것이 아니라 진선미에 관한 독특한 개념을 가진 부족에 얼마나 잘 통합되는가에 따라 결정된다. 만일 이것이 사실이라면, 포스트모던 부족주의의 세 번째 의미는 소외된 집단들이 자신이 마땅히 받아야 할 사회적 인정과 권력을 얻기 위해서는 지배 문화의 주장을 약화시켜야 한다. 만일 모든 것이 정치적이라면, 정치적 전략(폭넓은 의미에서)을 사용하여 권력 구조를 바꾸어야 한다.

포스트모던 부족주의의 긍정적 측면

기독교의 일부 교단에게 포스트모더니즘은 오늘날 세계에서 볼 수 있는 모든 오류를 상징한다. 다양한 형태의 포스트모더니즘과 기독교 사이에 긴장이 존재하는 것은 분명하다. 포스트모더니즘은 기본적인 문제를 정의하고, 구원에 이르는 길을 제시하고 삶에 의미를 부여하는 메타내러티브로서의 기독교를 거부한다. 이에 대한 반발로 많은 그리스도인들은 의식적이든 그렇지 않든 보편적이고 절대적 진리를 약속하는 근대주의로 도피한다. 그러나 근대주의는 흔히 절대적 진리의 기초로 개인과 국가, 과학, 인간 이성에 호소하고 하나님을 주변적인 것으로 전락시킨다. 이것은 기독교의 지적 원천으로서의 하나님에 대해 의문을 갖게 한다. 달리 말하면, 근대주의가 기독교에 대해 완전히 우호적이었다면, 이 책에는 개인주의, 국가주의, 자연주의, 그 이외 근대주의와 함께 발생한 모든 세계관이 포함되지 않았을 것이다. 비록 포스트모던 부족주의를 기독교 세계관으로 받아들일 수 없다 해도, 이것은 근대주의에 대해 유익한 평가를 제공한다. 무엇보다도, 근대성에 대한 비판은 기본적으로 **포스트**모더니즘의 핵심 내용이다.

1. 포스트모던 부족주의는 우리가 공감을 개발하도록 도와준다. 오늘날 미국 기독교의 어떤 교파는 한때 미국 주류 사회에서 아주 편안함을 느꼈다. 하지만 세월이 흐르자 시민권 운동, 다문화주의, 포스트모던 부족주의 및 다른 요소들의 등장으로 상당히 많은 변화가 일어났고 많은 그리스도인들은 자신의 위치를 사회구조의 바깥에 두어야 한다고 믿게 되었다. 공립학교는 크리스마스가 아니라 콴자(일부 아프리카계 미국인들이 12월 26일에서 1월 1일 사이에 여는 문화축제)와 하누카(11월이나 12월에 열리는 유대교 축제)를 주요 내용으로 하는 "방학" 프로그램을 지원한다. 대학은 소수 집단에게 입학 우선권을 제공하고 디즈니랜드는 자사의 놀이공원에서 "동성애자의 날"을 광고한다.

여기서 우리의 관심사는 이러한 양상이 긍정적이냐, 부정적이냐가 아니라 그리스도인들의 반응을 알아보는 것이다. 그리스도인들의 일반적인 반응은 실제적인 사회문제와 해결책에 대해 같은 생각이나 지식을 가진 사람들이 모이는 장소를 찾는 것이다. 간단히 말하면, 우리가 밀려났다고 느끼면 비슷한 생각을 하는 사람들을 찾아서 함께 "부족"을 만드는 것이다. 우리는 종종 완곡한 표현으로 펠로우십(fellowship: 목표나 사상을 공유하는 우호단체 - 역주)이라는 용어를 사용하지만, 만일 우리의 반응이 두려움에 근거한 것이라면 부족주의라는 표현이 더 적절할 것이다. 그러나 이런 소외감은 우리를 부족 안으로 물러나게 하는 대신, 같이 소외감을 느끼는 다른 사람들에 대해 더 많이 공감할 수 있는 능력을 제공할 수 있다. 분명히 후자가 더 기독교적인 반응일 것이다.

우리가 안전한 집단 안으로 물러나고 싶은 충동과 싸워야 한다면, 다른 사람들이 경험하는 소외감과 그들이 수행하는 부족 차원의 대응이 우리에게 훨씬 더 의미가 있다. 힘은 다른 사람을 억압하는 행동에 대해 우리의 눈을 감게 하여 공감하지 못하게 한다. 힘을 가진 사람들에게는 사회의 주변부에 있는 사람들의 애원이 조용히 흐느끼는 소리로 들릴 뿐이다. 그러나 당신 자신이 사회의 주변부에 있다면, 이런 애원이 훨씬 더 마음에 와 닿을 것이다. 이런 의미에서 미국 그리스도인들이 소외감을 공유하는 것은 다른 사람들이 말하려는 것을 듣는 데 도움이 될 수 있다. 이것은 사회정의에 대한 우리의 책임을 회복할 가능성도 제공한다.

2. 부족주의는 그리스도인이 낯선 권력 개념에 의존하고 있음을 인식하도록 도와준다. 그리스도인들은 하나님 나라에서의 위치와 사회에서의 위치 사이에서 균형을 유지하기 위해 오랫동안 노력했다. 콘스탄티누스 황제가 313년에 기독교를 공인했을 때 기독교와 국가 간의 관계에 큰 변화가 일어났다. 그리스도인에 대한 박해가 끝나고 교인들이 크게 늘어났지만 많은 사람들이 기독교를 공인한 것 때문에 초대 교회의 영적 생명력을 상실했다고 생각했다. 문제는 그리스도인들이 다양한 형태의 사회적 영향력들(가령, 경제적·정치적·교육적 영향력)을 획득할 때 그런 영향력들이 서로 엉키고 영적 권위와 뒤섞이는 경향이 있다는 점이다. 주의를 기울이지 않는다면, 영적 자원이 사회적 힘과 뒤섞이게 되고, 행복을 얻기 위해 사회적 힘에 의존하게 된다.

8. 나의 부족이 곧 나의 세계관이다: 포스트모던 부족주의

포스트모더니즘은 이 세계를 사회적 힘들이 자기 집단의 대의를 발전시키기 위한 각축장으로 본다. 그럴 경우 그리스도인들은 중요한 선택에 직면하게 된다. 우리는 힘에 대한 이런 정의를 받아들이고 우리의 몫을 지키기 위해 가능한 모든 일을 할 것인가? 아니면 권위에 대한 독특한 기독교적인 이해를 추구할 것인가? 많은 사람들이 기독교가 권력의 중심에서 엄청난 영향력을 행사하던 "좋았던 옛 시절"로 돌아가기를 고대한다. 그러나 어떤 사람들은 세속 권력을 획득한 사람들이 그 권력을 영적 언어로 포장할 때 기독교에 미칠 엄청난 위험을 내다본다. 그리스도인들이 사회적 권력구조와의 관계를 어떻게 다루어야 하는지에 대한 복잡한 토론을 하고 싶지 않지만, 세속 권력에 대한 과도한 의존과 오용이 영적 생명력을 갉아먹는다는 점은 분명한 것 같다.

3. 부족주의는 그리스도인이 죄의 제도적인 측면을 인식하도록 도와준다. 그리스도인들은 흔히 죄를 개인적인 차원으로만 보는 함정에 빠진다. 그러나 죄는 역사를 통해 우리의 사회구조 안에 고착된다. 경제적 요인은 노예제라는 악을 직시하기 어렵게 만들었다. 지적 우월성에 관한 오래된 관념들은 식민주의와 성차별주의를 오랫동안 지속시켰다. 그리고 미국이 북미 전체를 지배할 운명을 짊어지고 있다는 주장인 명백한 사명설 때문에 미국 영토를 확장하는 과정에서 아메리카 원주민들이 비인간적으로 학대당했다. 미국 역사의 수많은 어두운 장면에서 진실하고 선하며 총명한 그리스도인들이 억압을 지지하는 제도에 참여했다. 결국 기독교의 평판은 엄청난 타격을 입었다. 제도적 악이 발생하는 이유는, 일반적으로 개인의 악한 동기가 아니라 사회제도가 우리의 사고방식과 행동방식에 깊이 뿌리박혀 있기 때문이다.

이런 점을 고려하면 부족주의가 제도와 문화의 힘에 초점을 맞추는 이유를 이해할 수 있다. 어떤 한 문화의 관점에서는 자연스럽고 공정하게 보이는 법률적 혹은 경제적 구조가 다른 문화의 관점에서는 낯설고 억압적으로 보일 수 있다. 자기 "부족" 바깥의 소리를 들을 때 우리는 흔히 무의식적으로 자신이 힘의 불균형을 영구화시켜 온 위치를 발견하게 된다. 부족주의가 자신의 문화를 안전하게 보호하는 관점에서 이런 불평등을 해결하려고 할 때, 그리스도인들은 기독교 신앙에 우선적으로 충실해야 하므로 주변의 권력구조를 끊임없이 평가하고 비판해야 한다. 특히 그런 구조에서 이익을 얻을 경우에 더욱 그렇다. 그런 평가와 비판을 통해 사회제도가 어떻게 타인의 존엄과 권리를 박탈하는지를 인식해야 한다. 부족주의는 이런 인식을 하도록 도와준다.

4. 문화는 질서 있는 생활방식을 제공한다. 사람이 죽으면, 고인이 사랑했던 사람들이 고별사를 하면서 적절한 존경을 표하는 것이 일반적인 상식이다. 이것은 사람들이 살면서 반드시 해야 할 기본적인 일 중 한 가지다. 우리는 가족을 이루고, 자녀를 교육하고, 정부를 만들고, 범법자를 처벌하고, 예배하고, 인생의 중요한 절기를 축하하고, 물건을 만들고, 죽은 자를 추모한다. 간단히 말해서, 우리가 살면서 수행하는 활동내용은 문화와 상관없이 공통적이다. 그러나 이런 활동을 수행하는 방식은 문화에 따라 다르며, 앞으로도 다를 것이다. 인생에서 이런 보편적인 활동을 수행하는 방식은 사소한 것이 아니다. 그것은 이 거대한 우주에서 살아야 하는 우리에게 고향에 있는 것 같은 느낌을 주기 때문이다. 또한 삶에 질서와 리듬을 주고, 우리가 이런 기본적인 활동에 부여하는 중요성을 표현할 수 있는 틀을 제공한다.

문화에 따른 수행 방식, 의례, 풍습의 차이는 긴장을 불러일으킨다. 내부인에게 일상적인 것이 외부인에게는 낯설고 심지어 완전히 잘못된 것으로 보이기 때문이다. 이런 긴장에 직면할 때 근대주의는 문화적 차이를 보편적 진리에 맞추어 고쳐야 할 잘못된 것으로 보는 경향이 있다. 그러나 포스트모더니즘 부족주의는 관습이 삶의 기본적인 활동에 질서를 제공한다는 점을 인정하기 때문에 다양성의 보존을 지지한다.

대체로 그리스도인들은 포스트모더니즘 부족주의가 다양한 관습을 인정하는 것을 기꺼이 찬성한다. 이런 관습 중 많은 것들이 그 자체로는 도덕적으로 중립적이기 때문이다. 사랑하는 사람이 죽어서 시신을 매장하든, 화장하든 간에, 수의를 입혀서 거리를 지나 묘지로 운구하거나 시신을 지하 석실에 안치할 때, 대부분의 사람들은 다양한 장례예식을 도덕적 관점에서 판단해야 한다고 느끼지 않을 것이다. 그러나 이것은 장례예식이 문화적으로 중립적이라는 의미가 아니다. 나의 문화적 관점에서 볼 때, 사랑하는 사람의 시신을 장례행렬을 지어 거리를 지나게 하는 것은 상당히 불편하다. 우리는 장례예식에 부여된 모든 관념들, 그 이외 다른 기본적인 인간 활동들이 동일한 가치를 지녔다고 말하려는 것이 아니다. 나중에 언급하겠지만, 이 점이 우리와 포스트모던 부족주의가 다른 부분이다. 우리의 요점은 가족 구성원의 죽음에 대한 애도를 표현하고, 하나님을 예배하고, 자녀를 양육하는 **방식**이 대체로 문화에 의해 형성된다는 점이다. 깊이 뿌리박힌 관습을 존중하는 것은 모든 사람에 대한 존중을 나타내는 중요한 부분이며, 그리스도인이 자연스럽게 여겨야 하는 가치다.

포스트모던 부족주의의 잠재적 문제점
종교, 인종, 생활방식, 국적이 다른 사람들이 어떻게 서로 어울려 살 것인가는 이 시대의 가장 절박한 문제 중 하나다. 다른 문화들이 서로 존중하기를 바라고, 제국주의적인 힘이 소외된 집단을 지배하는 것을 거부한다는 점에서 포스트모던 부족주의와 기독교의 관심사가 같다. 그러나 그리스도인들은 부족주의적 세계관이 이런 목표를 달성하거나 정당화할 수 있는 충분한 자원을 갖고 있는지 질문해야 한다. 부족주의적 세계관은 모든 목소리를 듣기를 원한다고 말하지만, 포스트모던 부족주의의 가정들이 실제적인 의사소통의 기초를 제공할 수 있을까? 비록 이 가정들이 모든 문화에 속한 모든 사람들에 대한 존중을 주창한다 해도, 그들의 지적 기초는 이런 존중에 대한 정당한 근거를 제공하는가? 포스트모던 부족주의가 최종적인 권위로서의 진리를 없앨 때, 자신의 행동과 신념을 위한 수단으로서 힘에 의존하는 것을 피할 수 있을까? 마지막으로, 우리는 이 세계관에서 억압을 극복할 수 있는 근거를 찾을 수 있을까?

1. **포스트모던 부족주의는 문화결정론을 가정한다.** 시간, 윤리, 신성한 것, 죽음, 그 이외 많은 것들에 대한 우리의 인식은 항상 문화라는 필터를 통해 이루어진다는 신념은 포스트모던 부족주의의 핵심적인 내용이다. 보다 강한 형태의 포스터모던 부족주의는 문화가 우리의 현실 인식을 **결정한**다고 말한다. 사실 우리는 세계를 그렇게 이해할 수밖에 없다. 그러나 문화적 관념과 관습의 폭넓은 다양성을 생각할 때, 문화결정론은 매우 놀라운 의미를 지닌다. 문화결정론이 옳다면, 우리는 제한된 문화와 시대의 밖에 있는 사람들이 지닌 동기를 이해하기 어려울 뿐 아니라 그들에게 공감하거나 신념을 공유하지도 못할 것이다. 만일 우리의 본성이 외부인들은 이해할 수 없는 부족 집단의 고유한 산물에 불과하다면, 우리는 문화적 심연 건너편에 있는 다른 사람을 바라볼 때 당혹해하면서 머리를 긁적일 수밖에 없다.

하지만 자세히 들여다보면, 포스트모던 부족주의는 자신의 신념을 소통하기 위해 인간 본성의 공통성에 호소해야만 한다. 폭력, 억압, 소외에 관한 어느 부족의 견해가 그들 자신의 독특한 관점―다른 집단과 전혀 공통점이 없는 관점―에 지나지 않는다면, 다른 집단의 사람들은 그런 관점을 이해할 수 있을까? 외부인들이 그 말을 귀로 들을 수는 있겠지만 그 말의 의미는 같지 않을 것이다. 만일 포스트모던 부족주의가 주장하는 문화결정론이 옳다면, 서로 다른 집단에 속한 개인들이 사용하는 언어의 의미는 결코 같지 않을 것이다.

실제로 문화 간 상호작용을 경험한 바에 따르면, 서로 다른 사람들이 소통할 수 있는 공통점이 분명히 존재한다. 비록 다른 문화의 언어적 뉘앙스, 전통, 역사, 교육제도 배후에 깔린 지적 유산, 법률제도, 가족 형태에 대해 자세히 알지 못한다 해도, 서로 공유하는 인간 본성이 존재하기 때문에 사람들을 교육하고, 정의를 확장하고, 자녀를 안전하고 사랑이 넘치는 환경에서 키우려는 다른 문화의 성향을 이해할 수 있다. 포스트모던 부족주의가, 문화적 차이가 소통의 장애가 될 수 있다는 점을 이해한 것은 옳다. 그러나 문화적 배경이 우리의 관점을 결정하기 때문에 서로 다른 문화 간에는 소통조차 불가능하다고 주장하는 것은 너무 지나치다.

2. 포스트모던 부족주의는 "부족들"을 상대화시키는 반면 "내 부족"을 절대화시킨다. 비록 포스트모던 부족주의가 다양한 문화 집단이 부족의 경계를 넘어 생각을 소통하는 방법을 설명할 수 있다 해도, 다양한 인종적·민족적·종교적 생활양식 공동체들 사이의 평화로운 공존이라는 과제를 실행할 수 있는 공통적 권위를 제공하지 못한다. 그리스도인들은 이것을 비극적인 것으로 보아야 한다. 우리는 근대주의가 어떤 문화가 객관적이고 보편적

이고 영구적이라고 생각하는 신념을 이용하여 소수 집단의 목소리를 지배하는 것을 허용하고 그들을 권력 구조에서 배제하는 것에 대해 비판적으로 동의하기 때문이다. 무엇보다도, 그리스도인들은 어떤 문화적 진리나 기준, 전통, 관습이 최종적 권위를 갖는다는 신념을 거부해야 한다. 게다가 그리스도인들은 모더니즘의 가정 아래에서 종종 소외감을 느낀다. 예를 들어, 근대주의자들은 신의 계시에 기초한 기독교와 같은 종교는 과학과 이성을 소중하게 여기는 대학과 아무런 관련이 없다고 주장했다. 과학적 자연주의자들은 과학과 이성이 모든 사람에게 영구적이고, 보편적으로 타당하다고 본다. 포스트모더니즘이 이성의 타당성에 관한 근대주의적 가정에 대해 하나의 특별한 하위문화라고 정의하면서 이의를 제기하자, 그리스도인이나 다른 모든 집단을 모든 대화에서 배제할 수 있는 정당한 근거가 사라졌다.

이것은 두 가지 이유 때문에 기독교에 좋은 소식처럼 보였다. 첫째, 그리스도인들은 사회적·정치적 대화를 통해 이전에 억압당했던 목소리를 들을 수 있다는 확실한 희망을 품게 되었다. 둘째, 그리스도인들은 자연스럽게 자신의 관점이 진지하게 받아들여질 것이라고 생각하게 되었다. 그러나 이러한 "좋은 소식"이 그리스도인들에게 곧 물거품이 되고 말았다. 포스트모던 부족주의가 보편적 이성을 권위로 받아들이지 않고, 그 빈 공간을 자기 부족의 기준과 문화적 관습이라는 권위로 대체했기 때문이다. 앞서 보았듯이, 포스트모던 부족주의는 진리가 다양하다고 주장한다. 나의 부족이 내가 진리로 인식하는 것을 결정하기 때문에, 나의 부족의 신념과 권력 구조가 다른 부족에게는 중요하지 않겠지만 내게는 권위를 갖게 된다.

이것은 언뜻 보기에 도저히 해결할 수 없는 몇 가지 문제를 야기한다. 첫째, 문화가 우리의 관점을 결정하고 권위를 갖는다면, 우리 자신의 문화를 비판하거나 수정할 **방법**을 찾기 어렵다. 우리의 현실 인식이 사회적으로 결정되는 것이 분명하므로 그것을 회피할 수 없고, 또한 무언가를 평가할 때 반드시 필요한 거리를 확보할 방법도 없다. 결국 우리가 평가하려는 문화―그것이 우리 문화라면―가 문화의 평가 기준이 되어 버린다.

그럴 경우 우리 문화 내부의 무언가를 비판하거나 바꾸어야 할 **이유**를 설명할 수 없게 된다. 게다가 나의 부족이 여성에게 할례를 준다면, 그런 관습은 내가 속한 부족의 문화적인 현실이다. 그런 경우, 부족 사회 안의 한 개인이 어떻게 또는 왜 여성 할례의 관습을 금지하는 편이 더 **낫다**는 주장을 할 수 있을까? 그런 주장을 하려면 현재의 문화적 관습 밖으로 나가서 무엇이 더 나은지를 결정하기 위한 비교 기준을 찾아야 한다. 그러나 포스트모던 부족주의에서는 그것이 불가능하다. 결국 부족주의는 개인에 대한 문화의 결정론적 지배력을 절대화하는데, 이것은 문화를 하나님의 자리에 놓는 것이다. 현실, 도덕성, 구원, 기원과 목적에 대한 개인의 전체적 개념은 초월적이신 하나님이 아니라 자신이 속한 부족의 전통에 의존하게 된다.

둘째, 이른바 영원한 진리를 자기 부족이 주창하는 "진리"로 대체하는 것은 외부인에 대한 존경이나 관용을 보장하지 않는다. 그것은 오늘날 몇몇 문화적 규범들이 힘을 가질 경우, 그런 규범에 따르지 않는 외부인들에게 복종이나 죽음을 요구하는 것을 볼 때 명백하다. 따라서 자신의 문화를 절대화하는 것은 존경의 토대를 제공하기는커녕 다른 사람의 신념을 무시하는 것이다. 외부인들을 정복하거나 죽이고 싶은 충동을 느끼지 않을지는 모르지만, 다른 사람이 우리의 말에 반드시 주의를 기울여야 한다고 기대할 만한 이유는 없다. 그들은 다른 집단의 권위를 인정하지 않기 때문이다.

3. **포스트모던 부족주의는 또 다른 권력 싸움으로 변질된다.** 문제를 정

의하는 방법에 따라 해결책도 상당히 달라진다. 좋든 나쁘든, 근대주의는 우리의 기본 문제를 무지로 정의했고, 진리를 앎으로써 무지를 없앨 수 있다고 보았다. 포스트모던 부족주의는 이런 관점을 거부하고 근대주의가 실제적인 목표—권력 획득—를 은폐하기 위해 진리를 연막으로 사용했다고 주장한다. 포스트모던 부족주의는 근대주의에 의해 영구화된 힘의 불균형을 바로잡고 싶지만, 이것을 위해 보편적 진리에 호소할 수 없다고 말한다. 그렇다면 어떻게 이 목적을 달성할 수 있을까? 오래된 오류를 바로잡기 위한 근거가 되는 공통적 진리나 미덕이 없다면, 포스트모던 부족주의가 불공정한 권력 구조를 수정하기 위해 이용할 수 있는 방법은 힘밖에 없을 것이다.

포스트모던 부족주의가 목적을 달성하기 위해 힘에 의존하는 것은 몇 가지 불행한 의미를 내포한다. 첫째, 여기에는 인간 본성에 대한 환원주의적 관점이 포함된다. 우리는 경제적·사회적 위치가 우리의 행복에 별로 중요하지 않다는 인상을 주고 싶지 않다. 우리는 사회적·경제적·정치적 존재다. 하지만 우리는 **단지** 그것만이 전부가 아니다. 포스트모던 부족주의가 인간 문제를 사회적·경제적 기준으로만 정의하면, 인간 본성의 다른 중요한 측면을 놓치게 되고, 나의 상태를 내가 속한 특정 부족의 사회적 행복으로만 규정할 수 있다고 가정하게 된다.

둘째, 포스트모던 부족주의가 자신이 추구하는 목적을 획득할 수단으로써 힘에 의존하는 것은 역설적이다. 무엇보다도, 근대주의에 대한 포스트모던 부족주의의 기본적인 비판은 진리를 사용하여 다른 집단에 대한 강제를 정당화한다는 것이다. 포스트모던 부족주의의 문제는 특정한 진리를 가진 나의 집단의 힘을 극대화하는 것이 나의 유일한 목적이라면, 내가 그런 목적을 달성하기 위해 강제력을 사용하는 것을 무엇으로 막을 수 있는가 하는 것이다. 만일 "그것이 힘의 본질"이라면, 그리고 공인된 힘의 유일한 형태가 사회적 혹은 경제적 힘이라면, 내 집단의 목적을 달성하기 위해 힘을 사용하는 것은 허용될 뿐 아니라 도덕적인 의무다. 역설적이게도, 이것은 부족 간 적대감, 불평등, 분쟁을 없애기보다는 더 큰 갈등을 일으키는 수단이 된다.

4. 포스트모던 부족주의는 피해의식을 가진 문화(혹은 광신적 집단)를 만들어 낸다. 포스트모던 부족주의의 흥미로운 특징은, 많은 집단이 자기 몫의 권력을 요구하기 위한 수단으로써 자신을 피해자로 본다는 것이다. 우리는 피해에 대한 합법적인 권리 주장을 비난하고 싶지 않다. 사람에게 손해를 끼친 제도나 상황을 고치는 것은 도덕적 행동의 기본적인 목표다. 하지만 스스로 피해자로 자처하는 부족주의적 접근방식은 몇 가지 문제를 일으킨다. 첫째, 부족한 힘에 대한 권리를 주장하기 위해 피해의식에 호소한다면, 부족이 억압을 극복해야 할 동기는 존재하지 않는다. 포스트모던 부족주의는 억압당한 사람들의 피해의식을 도덕적 선으로 이해하는 경향이 있기 때문에 상황이 훨씬 더 어려워진다. 피해자는 선하고, 힘 있는 사람들은 본질적으로 부패했다고 여긴다면, 사회적으로 성공하여 힘을 가진 사람들은 억압자가 된다. 게다가 피해 보상 요구에 대해 피해의 정도에 따라 힘을 부여하게 된다면, 부족들 간에 가장 심하게 억압당한 집단이 되려는 이상한 경쟁이 발생한다. 이 경쟁에서는 힘없는 사람이 승리자가 된다. 결과적으로 포스트모던 부족주의는 피해 정도를 과장하고 영구화하려는 강력한 동기를 제공하고, 한편으로는 과거의 오류를 고쳐서 발전하려는 실제적인 징후를 간과하는 혼란스러운 신호를 보낸다. 사실 고통은 끔찍한 것이며, 절대 소홀히 다루어서는 안 된다. 그러나 포스트모던 부족주의는 고통을 없애려는 토대를 제공하지도 않고, 고통을 정치적·사회적 지렛대로 사용하려는 경향이 있다.

5. **포스트모던 부족주의는 문화적으로 환원주의적이다.** 부족이나 문화와 같은 용어는 그렇게 단순하지 않다. 여기에는 많은 요소들―언어, 역사, 전통, 종교, 민족, 인종, 그 이외 다른 요소들―이 포함된다. 그러나 부족주의는 어떤 문화적 요소가 실제로 "중요한지"를 선택하려는 경향이 있다. 부족주의는 흔히 개인의 배경들 중 한 가지 특징―가령, 성적 취향, 성별, 민족, 경제적 계급―을 임의로 선택하고 개인의 정체성을 그것으로 축소한다.

이 장의 서두에서 나를 묘사한 내용―상위 중산층이고, 이성애자이며, 유럽계 후손의 백인 남자이고, 서구 전통에서 교육을 받은 미국 시민이다―을 다시 살펴본다면, 이런 환원주의가 갖는 문제를 금세 알게 된다. "상위 중산층"은 "이성애자"와 문화적으로 동일한 개념이 아니다. "백인"은 "미국 시민"과 같은 말이 아니다. 사실 이 가운데 어느 것도 나에 대해 같은 내용을 말해 주지 않는다. 게다가 이것은 나의 전체적 문화를 설명해 주지 않는다. 여기에는 내가 캔자스 시골지역의 노동자 가정에서 성장했다는 내용이 포함되어야 한다. 그렇다면 이런 문화적 요소들 중 어느 것에 의해 내가 소속될 집단이 결정될까? 간단히 말하면, 우리의 정체성을 한 가지 요소로 축소하는 것은 완전히 독단적인 행위이며 실제적인 인간을 제대로 평가하지 못하는 것이다.

결론

지금까지 우리의 견해가 충분히 전달되었다면, 두 가지가 명확해졌을 것이다. 첫째, 우리는 근대주의에 대한 부족주의의 비판 내용 중 많은 부분에 대해 동의한다. 근대주의는 흔히 진리의 수호자라고 주장하는 지배 문화에 다른 문화를 동화시키기 위해 강압적인 방법을 사용했다. 근대주의는 집단들

간에 투쟁을 일으켰고 문화가 우리의 세계관을 형성하는 중요한 방법임을 인식하지 못했다. 아울러 우리는 이런 문제에 대한 해답을 갖고 있다는 포스트모던 부족주의의 주장에 대해 비관적이다. 우리는 기독교가 제3의 대안을 제시한다고 생각한다.

기독교는 다양한 언어, 민족적 배경, 종교적 지지를 지닌 사람들이 서로 근접해 있는 상황에서 탄생했다. 그들은 부족에 대한 충성을 어떻게 처리해야 할지에 대해 중요한 선택을 해야 했다. 기독교의 대응은 모든 문화적 차이를 없애 버리는 근대주의의 노력이나 부족을 절대화하려는 포스트모더니즘과는 정반대다. 바울이 "너희는 유대인이나 헬라인이나 종이나 자유인이나 남자나 여자나 다 그리스도 예수 안에서 하나이니라"(갈 3:28)고 선포할 때, 그는 모든 사람을 통합하고, 우리의 종교적·민족적·경제적·정치적·성적 정체성을 초월하는 실재로 예수님을 제시한다. 어떤 문화적 요소도 우리에게 궁극적 권위가 될 수 없다. 한편으로, 초기 그리스도인들이 이방인 개종자들에게 할례—유대계 그리스도인들에게는 극히 중요한 문화적 상징이자 관습—를 주어야 하는지에 관한 문제에 봉착했을 때, 그들은 문화적으로 낯선 관습을 그들에 부과함으로써 "이방인 중에서 하나님께로 돌아오는 자들을 괴롭게 하지 말[자]"(행 15:19)고 결론을 내렸다. 요약하면, 그들은 하나님에 대한 신앙을 표현하는 문화적 수단과 하나님에 대한 신앙 자체를 구별할 수 있었다.

아마도 이런 모습이 가장 생생하게 드러나는 곳은 요한계시록일 것이다. "각 나라와 족속과 백성과 방언에서 아무도 능히 셀 수 없는 큰 무리가 나와…보좌 앞과 어린 양 앞에 서서 큰 소리로 외쳐 이르되 구원하심이 보좌에 앉으신 우리 하나님과 어린 양에게 있도다 하니"(계 7:9-10). 이 환상에서 우리는 창조, 타락, 구원에 이르는 위대한 기독교적 메타내러티브의 궁극적인 모습을 본다. 이 이야기는 하나님에 대한 영광스러운 비전으로 끝난다. 이것이 메타내러티브인 경우, 세계를 포괄하는 어떤 이야기도 보편적 진리가 아니라는 포스트모던 부족주의의 관점과 상반된다. 그러나 이런 하나님에 대한 예배가 다양한 국가, 부족, 사람, 언어의 배경과 별개가 아니라 그 안에서 일어난다는 사실을 놓쳐서는 안 된다. 이 성경 구절에서 사람들은 특정한 국가, 부족, 언어 집단의 일원으로서의 정체성을 유지하면서도, 동시에 동일한 하나님을 향해 경배를 드린다.

나는 상위 중산층이고, 이성애자이며, 유럽계 후손의 백인 남자이고, 서구 전통에서 교육을 받은 미국 시민이다. 이런 요소들은 내가 어떻게 살고, 세계를 어떻게 보는지에 대한 정보를 어느 정도 알려 준다. 그러나 내가 그리스도인이라는 사실은 이런 요소들 중 어느 것에도 궁극적 권위를 부여해서는 안 된다는 것을 요구한다. 내 주변에는 자신의 문화적 특징을 다르게 설명하는 사람들이 있다. 이 사실은 내게 하나님이 모든 부족의 독특한 특징을 초월하시지만, 하나님을 경험하고 신앙을 표현하는 방식이 우리의 시대와 장소에 따라 늘 달라진다는 것을 일깨워 준다.

이보다 더 좋을 수 없다: 종교가 된 심리 치료

영화 "이보다 더 좋을 수 없다"에서 가장 결정적인 순간에, 배우 잭 니컬슨이 정신과 의사와 만나기 위해 대기실에서 기다리는 여러 사람들 가운데로 걸어가며 외친다. "지금보다 더 좋아질 수 없다면 어쩔 거요?" 심리 치료는 치유받기 원하는 사람들에게 거의 아무런 희망을 주지 못한다는 것을 암시하는 그의 냉소적인 폭탄 발언은 그 상황에서 분명 귀에 거슬리는 결과를 초래했을 것이다. 어쨌든 사람들이 대기실에서 기다린 이유는 삶이 좋지 않을 때 심리 치료가 상황을 개선하는 데 도움이 될 것이라고 믿기 때문이다.

그들만이 그런 것은 아니다. 우리 인간은 희망을 바라는 종(種)이다. 우리는 대부분 심리적 상처를 입은 삶이 좋지 않다고 여긴다. 이 장에서 우리는 그런 희망적인 견해를 견지하고, 우리의 사회적·심리적 상처가 개선될 수 있다고 가정할 것이다. 우리가 제기하고 싶은 질문은 영화 "이보다 더 좋을 수 없다"에 나오는 그 사람들과 우리 문화에 속한 많은 사람이 어째서 심리 치료를 받으면 삶이 더 나아질 것이라고 기대하는가이다. 왜 심리 치료사인가?

이 질문―왜 심리 치료사인가?―이 이상하게 느껴진다면, 이 질문의 역사적 상황을 살펴보는 것이 도움이 될 것이다. 사람들은 항상 거의 자동적으로 심리 치료사를 찾게 하는 여러 가지 문제를 갖고 있다. 그러나 약 1세기 전까지 심리 상담사, 심리학자, 정신과 의사는 존재하지 않았다. 20세기 이전에 살았던 사람들은 자신의 문제를 어떻게 해결했을까? 그들은 아마 종교 지도자들과 이런 문제들을 논의했을 것이다. 이것은 중요한 변화이다. 지난 세기에 서구 세계는 필립 리프(Philip Reiff)가 언급해서 유명해진 "심리 치료 문화"가 되었기 때문이다. 이런 심리 치료 문화로 변화하면서, 심리 치료사는 목사나 사제를 대신하여 사람들이 인간관계나 행동에 도움을 받기 위해 찾는 전문가가 되었다.

심리 치료사가 종교적 전문가를 대체한 것 자체도 주목할 만하지만 심리 치료사들의 영향력이 증가하는 속도는 아주 놀라울 정도다. 오랜 세월 동안 종교는 보편적으로 최고의 안식처로 여겨졌다. 반면에 심리학은 역사적인 관점에서 볼 때 이제 막 새로 등장한 것이다. 하지만 심리학의 권위는 이제 서구사회에서 확실히 뿌리를 내렸다. 삶이 바람직한 상태가 아니라고 느낄 때, 사람들은 담당 목회자(만약에 있다 해도)가 아니라 심리학자와 상담한다. 직장인이 직장 업무를 방해하는 중독 문제와 싸우고 있다면, 사람들은 그를 심리 치료사에게 보낸다. 사람들이 가족이나 결혼문제로 도움을 받으려 할 때도 마찬가지다. 텔레비전 방송국이나 법원에서 연쇄살인범이나 소아성애자의 정신 상태와 동기를 이해하기 위해 전문가가 필요할 경우, 정신건강 전문가가 첫 섭외대상자가 된다. 사람들은 자녀 양육, 우울증, 이혼 조정, 자연재해나 충격적인 경험 이후의 위기관리, 그리고 우리의 현재 삶이 좋은 삶이 되지 못하게 만드는 수많은 문제들에 대한 조언을 심리 치료사에게 구한다.

심리 치료는 모두 구원에 관한 것이다

오늘날 수많은 사람이 심리 치료를 좋은 삶에 이르는 하나의 수단으로 여긴다. 심지어 일부 사람들은 그것을 유일한 수단으로 본다. 좋은 삶에 관한 언어가 우리가 구원에 대해 말할 때 의미하는 것과 비슷한 것이라면, 그것은 세계관에 관한 이 책에 이 장이 포함된 이유를 설명해 줄 것이다. 앞서 지적했듯이, 구원을 중점적으로 다루는 목회자가 이전에 수행하던 많은 역할을 이제는 심리 치료사가 떠맡게 되었다는 것만이 전부가 아니다. 심리 치료의 확산은 구원을 추구하는 것에 관해 무언가를 말해 준다. 우리는 자신의 삶이 이룰 수 있거나 마땅히 이루어야 하는 것보다 더 좋지 않다는 느낌을 갖고 있다. 이것은 불완전한 삶에 대한 불만과 완전함을 추구하고자 하는 욕구를 나타낸다.

우리가 더 완전한 삶을 추구하려는 이런 욕구를 실제로 느낀다고 가정할 경우, 해결해야 할 큰 문제는 이런 목표를 달성하기 위해 현대 심리학을 얼마나 신뢰해야 하는가이다. 궁극적으로 현대 심리학은 우리가 충만한 삶을 추구하는 것을 방해할까? 혹은 심리학은 개인적인 관계 문제를 다루는 데 아마도 유일하고 신뢰할 만한 최고의 수단을 제공할까? 아니면 이 양극단 사이일까?

심리학과 기독교를 바라보는 세 가지 관점

일부 기독교계에서는 심리학이 인간의 영적·정신적 건강에 결정적인 역할을 한다고 믿는다. 흔히 성경적 상담(biblical counseling)이라는 이름으로 대변되는 이런 견해는 성경이 목회 심리상담의 유일한 지도원리가 되어야 한다고 주장한다. 스탠턴 존스(Stanton Jones)와 리처드 버트만(Richard Butman)이

공저한 「현대 심리 치료와 기독교적 평가」(Modern Psychotherapies)에서 저자 중 한 사람은 성경적 상담 운동 분야의 저명한 사람과의 대화 내용을 회상한다. 심리학을 연구하는 그리스도인들을 위한 조언을 해달라고 요청하자, 이 심리 상담사는 "대학원을 그만두세요. 심리 상담사로서 하나님을 섬기고 싶으면 신학교에 가서 인간의 말이 아니라 하나님의 말씀을 공부해야 합니다"[7]라고 대답했다. 이런 조언에 깔린 가정은 모든 문제는 본질적으로 영적이며 영적 도구를 이용하여 다루어야 한다는 것이다.

이런 대답은 부분적으로는 심리학의 체계와 기본적인 기독교적 신념 사이의 긴장에 대한 우려를 보여 준다. 우리는 이런 우려의 많은 부분에 공감하며, 나중에 이런 세계관의 충돌에 대해서 자세히 살펴볼 것이다. 그러나 우리는 중요한 부분에서 성경적 상담 운동과 의견을 달리한다. 우리는 현대 심리학 연구와 방법론이 성경이 제공하는 내용을 넘어서는 통찰을 주지 못한다는 그들의 주장에 동의하지 않는다. 성경이 인간의 심리와 관계를 이해하는 데 신뢰할 만하고 매우 소중한 원천이지만 그와 관련된 지식을 모두 모아 놓은 책은 아니다.

사회적이고 행동적 문제를 해결하는 데 심리학이 적절한 역할을 할 수 없다는 의견에는 동의하지 않지만, 이 스펙트럼의 다른 극단 역시 문제가 있다고 본다. 우리가 "종교가 된 심리 치료"라고 부르는 이 견해는 반대편 극단에서 나타나는 환원주의다. 성경적 상담 학교처럼 모든 심리학적 문제를 영적 실패 또는 부적응의 한 형태로 규정하는 대신, 종교가 된 심리 치료는 영적 문제를 본질적으로 심리학적인 문제로만 정의함으로써 이 문제를 축소한다.

본질적으로 영적 문제를 비롯한 모든 문제를 심리학적 부적응의 문제로 축소하는 것은 종교가 된 심리 치료와 일반적 심리학을 구별하는 기준이 된다. 후자는 심리학을 기독교 세계관으로 통합할 수 있는 하나의 도구로 본다. 이와 반대로 종교가 된 심리 치료는 자신의 세계관을 종교의 대안으로 제시하는 절대주의적 견해다. 따라서 어떤 신학적 세계관도 양립할 수 없다고 본다. 그 대신, 모든 것을 영적 영역 탓으로 돌리는 것을 정신질환의 증상으로 보거나 치유과정의 잠재적 협력자가 아니라 심리적 발전을 방해하는 것으로 본다. 종교가 된 심리 치료는 영적 차원을 완전히 거부한다. 따라서 신학적 자원이 심리적 문제를 영적 문제로 오진하기 때문에 치료의 가치가 전혀 없다고 본다. 심리나 행동의 문제를 있는 그대로 볼 때에만―순수하게 오로지 심리학적 문제로만―그런 문제로 고통받는 사람의 삶이 개선될 희망이 있다.

우리의 견해는 이런 양극단 사이에 놓여 있다. 우리는 성경적 상담 관점이 환원주의적이기 때문에 거부한다. 분명히 성경은 건강한 삶이나 결혼이 어떠해야 하는지에 관한 중요한 정보를 제공한다. 그러나 성경은 개인이나 부부를 건강한 마음이나 인간관계로 회복시키는 과정에 대해 담낭수술 지침을 제공할 때처럼 구체적인 상황을 철저하게 파고들지 않는다. 다른 한편으로는, 종교가 된 심리 치료가 주장하듯이, 심리 혹은 인간관계의 부적응은 영적 의미가 전혀 없다고 믿는 것 역시 환원주의적이라고 본다. 우리는 심리학이 유용하지만 불완전한 학문이기 때문에 심리학의 연구와 치료방법은 충만한 삶을 향한 온전한 추구와 통합되어야 한다고 본다.

현대 심리학의 역사

심리학(Psychology)이란 단어를 문자적으로 번역하자면, 심령(psyche), 곧 영혼을 연구하는 학문이다. 전통적인 의미에서 심리학은 인간의 내적 정신생활 – 우리의 동기, 생각, 감정, 영적 감수성, 도덕적 성향 – 을 연구한다. 이런 정의에서 볼 때, 심리학은 역사적 뿌리가 깊다. 20세기 초에 심리학이 대학의 독립적인 학문으로 등장하기 전에는 철학과 신학의 하위 부분으로 존재했다(지금도 존재한다).

영혼에 관한 체계적인 학문이라는 심리학의 개념은 매우 중요하다. 초기 사상가들은 보통 영혼(psyche)이 인간과 동물을 구분한다는 데 동의했기 때문이다. 비록 인간이 다른 동물과 같은 것을 먹고, 같은 기관을 갖고 있으며, 같은 질병 때문에 죽고, 그 이외 생물학적 유사성이 많다 해도 영혼의 능력은 인간을 동물과 구분시켜 준다. 이런 차이점들이 우리와 동물이 공유하는 생물학과, 인간만이 소유하는 심리학의 경계를 표시해 준다. 영혼의 본질 혹은 영혼이 인간의 신체와 독립된 구성요소인지에 대해 많은 논란이 있음에도 불구하고, 초기 심리학은 인간이 다른 생물을 초월하는 능력이 있는 특별한 종이라는 데 동의했다.

전통적인 의미의 심리학은 오늘날에도 여전히 존재한다. 그러나 보통 심리학이라는 용어로 연상되는 직업은 18세기 후반과 19세기 초에 나타나기 시작했다. 이 시기에 자연과학의 발견이 폭발적으로 증가했다. 인간의 사회적·심리적 행동에 깊은 관심을 기울였던 사람들은 자연과학이 이용하는 것과 비슷한 방법을 사용한다면, 자신의 연구가 똑같이 획기적으로 발전할 수 있을지를 묻기 시작했다. 이런 방법론의 변화가 본격적으로 이루어지면서 사회과학인 심리학이 신학과 철학에서 분리하여 독립적인 학문이 되었다. 이런 새로운 형태의 심리학의 목표는 인간에 관한 실험 가능하고, 계량할 수 있고, 관찰할 수 있는 지식을 얻는 것이었다. 간단히 말하면, 심리학적 지식이 자연과학의 검증 과정과 유사한 방식으로 확인될 수 있어야 한다는 것이다.

과학적 검증 방법으로의 변화는 결정적인 질문을 유발한다. 현대적이고 과학적인 심리학 접근방법이 옛 관점을 **대체**해야 하는가? 혹은 이 접근방법이 이전의 관점을 보완하는 도구를 **제공**하는가? 새로운 방법들은 단순히 중립적인 도구가 아니기 때문에 그런 질문을 할 수 있다. 과제의 형태에 따라 도구를 선택하게 된다. 과학적 방법이 인간 존재와 활동의 모든 범위를 조사하기에 적절한 도구인가 하는 것이 문제다. 심리학에서 사용하는 과학적 접근방법의 배후에 깔린 가정들은 삶의 목적 혹은 심리적 행복이나 건강에 관한 해답을 제공할 수 있을까?

이 질문에 대한 해답이 긍정적이라면, 우리는 과학 심리학을 철학적·신학적 접근방식의 **대체수단**으로 보는 종교가 된 심리 치료를 다룰 것이다. 과학 발생 이전의 관점들은 직접 관찰하거나 측정할 수 없는 실재를 가정하지만, 심리학에 대한 이런 이해는 하나님이나 영혼과 같은 비물질적 존재를 거부한다("영혼의 과학"을 의미하는 심리학에게는 약간 역설적이다). 따라서 심리학은 인간 영역과 비인간 영역 사이의 구분을 없애야 한다고 주장한다. 인간의 행동(언어, 미적 판단, 도덕성, 영적 감수성 등)과 다른 동물의 행동 간의 차이는 독특한 인간의 능력 때문이 아니라 인간 세계가 더 복잡하기 때문에 발생한다. 심리학의 통찰은 우리 자신과 세계에 대한 불완전한 설명일 뿐 아니라, 심리학이 대체하려는 철학적이거나 신학적인 세계관과 대립되는 완전한 형태의 세계관(일반적으로 과학적 자연주의 세계관의 일종)을 보여 준다.

이와 대조적으로, 많은 사람들은 심리학의 범위를 좀더 온건하게 바라본다. 인간에 대한 과학적인 연구는 인간 본성, 우리의 문제와 치유 방법에 대한 통찰을 제공하지만, 우리 존재의 어떤 측면은 과학과 과학 도구의 영역 밖에 있다고 주장한다. 예를 들어, 이들은 과학적 연구를 통해 임산부가 특정 약물을 복용하는 것이 태아의 신경학적 문제를 일으키고, 그런 태아에게 흔히 발생하는 행동장애가 이런 신경학적 문제와 연관이 있다는 점을 확인해 준다는 점에 동의한다. 그러나 이런 심리학적 접근은 이것이 전부가 아니라고 주장한다. 우리는 모든 인간 행동을 생물학적 원인으로 환원할 수도 없고, 모든 해답을 과학적인 방법으로 찾을 수도 없다고 본다. 또한 심리학은 추론, 선택, 욕구, 사랑, 예배와 같이 "인간 영혼에 관련된" 능력이 생물학과 연결되어 있다는 점을 인정해야 하지만 과학적 관점만으로는 충분히 이해할 수 없다고 본다.

게다가 "온건한 심리학"을 수용하는 사람들은 과학이 훌륭한 설명 도구이지만 처방 도구로서는 완전하지 않다고 주장한다. 예를 들어, 과학은 특정 약물과 그에 따른 행동 사이의 인과관계를 설명할 수 있다. 심지어 특정 심리 치료를 건강한 행동과 태도를 유발할 수 있는 효과적인 수단으로 제안함으로써 처방에 도움을 줄 수 있다. 그러나 심리학 자체는 어떤 행동이 건강한지 혹은 비정상적인지를 판별할 능력이 없다. 마찬가지로, 과학적 도구는 사람들이 어떤 것을 믿거나, 특정한 방식으로 행동하는 이유에 대한 지식을 제공하지만 우리가 마땅히 무엇을 믿어야 하며, 어떻게 행동해야 하는지에 대해서는 말해 줄 수 없다. 이러한 중재적인 관점은 정상 혹은 비정상, 건강한 혹은 병약한과 같은 구별을 제공하기 위해 심리학이 자신의 한계를 인정해야 하며, 아울러 자연과학이 제공하는 방법을 보완하고 초월하는 도구를 이용해야 한다고 주장한다.

다양한 심리학파

앞에서 심리학의 범위에 대한 두 가지 다른 관점을 대략 살펴보았다. 이를테면, 종교가 된 심리 치료는 그 자체로 포괄적 세계관을 제공하며, 좀더 온건한 심리학은 다양한 다른 세계관으로 통합될 수 있다. 그러나 심리학의 적절한 범위에 대한 논의는 우리 과제의 일부를 검토한 것에 지나지 않는다. 지난 세기에 아주 폭넓은 심리학 이론들이 개발되었다. 그중 일부는 그것이 제시하는 가정들 때문에 포괄적 세계관을 제공하는 종교가 된 심리 치료 범주에 포함된다. 다른 심리학 이론들은 "온건한 심리학"적 관점에 해당한다.

심리학 이론을 종합적으로 살펴보는 것은 이 장의 범위를 넘어선다. 우리는 조사범위를 네 가지 대표적인 접근방식―프로이트의 정신분석이론, 로저스의 인간중심치료, 스키너의 행동주의, 가족체계치료―으로 제한할 것이다. 이 몇 가지 방식들 간에도 인간의 상황에 대한 분석과 그에 대한 처방에서 근본적인 차이가 있다는 것을 확인할 것이다. 이런 불일치는 조사를 확대할수록 더 커진다. 게다가 지면의 제한 때문에 우리는 이런 접근방식에 관한 중요한 정보를 많이 생략하고 기본 개념만을 제시할 것이다.

프로이트와 정신분석

종교가 된 심리 치료의 세계관을 전형적으로 보여 주는 학파는 지그문트 프로이트(1856-1939)의 사상에서 시작된다. 그는 자신의 심리 치료 방법인 정신분석을 사람들이 인생의 미로를 헤쳐 나가도록 돕는 수단 그 이상이라고 제시한다. 정신분석은 종교, 문화, 역사, 정치, 경제와 같은 모든 사회 현상을 이해할 수 있는 여과 장치다. 프로이트는 인간이 왜 특정 신념을 갖고, 어떤 일에 돈을 지출하고, 어디에서 일하고, 정부 제도를 좋아하는지 혹은 경멸하는지를 자신의 이론으로 설명할 수 있다고 믿는다. 그는 정신분석이 심리학적·사회적 현실에 적용되는 순수한 과학적 방법이라고 믿는다. 정신분석은 자기 이해에 대해 믿을 만한 방식을 제공하고 우리가 바라는 최선의 삶으로 인도한다.

일반적으로, 프로이트는 삶을 경쟁하는 내적 힘들의 요구를 중재하는 일종의 투쟁으로 이해한다. 한쪽에는 이드(id: 문자적으로 "그것"을 뜻한다)가 있다. 이드는 비인격적이고 불합리한 충동으로서 쾌락을 추구한다. 프로이트는 이것을 성적 충동이라고 말하지만, 그의 성 개념에는 인간의 모든 쾌락 추구 충동이 포함된다. 이드는 모든 사람이 태어날 때부터 갖고 있는 반사회적이고 이기적인 충동이다. 이드의 반대편에는 초자아(superego)가 있다. 초자아는 쾌락 추구 활동을 제한하는 부모의 제지로 처음 형성되고 나중에는 사회적 제약 — 법, 예절, 다양한 상황에서 적절한 행동과 적절하지 못한 행동에 관한 불문율 — 을 내면화함으로써 나타난다.

이드와 초자아는 서로 끊임없이 긴장 상태를 유지한다. 우리의 개인적 이드는 사회적 가치가 매우 제한적인 수준 외에는 마땅히 해서는 안 된다고 하는 것을 갈망한다. 사회는 우리에게 이런 제한을 부과한다. 이런 경계가 없다면 사회가 혼란에 빠지기 때문이다. 끊임없이 싸우는 두 부분 사이에 우리의 내적 생명인 자아(ego)가 존재하며, 두 충동을 중재한다. 문제는 우리의 사고, 곧 의식적인 자아는 이 게임에서 후발 주자라는 점이다. 이드와 초자아가 얼마 동안 왕성하게 작동한 후에야 자아가 충분히 발달한다. 이런 점 때문에 프로이트는 정신적 문제를 유아기에서 찾는다.

프로이트 사상에 관한 매우 일반적인 내용(억압, 무의식, 꿈 분석, 성적 발달 단계, 오이디푸스 콤플렉스, 죽음의 본능 원칙과 여러 가지 중요한 프로이트 개념에 대해서는 언급조차 하지 않았다)을 통해 정신분석의 목표를 이해할 만한 실마리를 찾을 수 있다. 개인적인 정신 문제와 관계 문제는 개인주의적인 이드의 욕구와 초자아가 부과한 사회적·관계적 제한 사이의 불균형에서 흔히 발생한다. 초자아의 요구는 사회적·정치적·경제적 삶이 질서 있는 체계를 요구하기 때문에 무시할 수 없다. 그러나 그런 현실에 지나치게 주의를 기울이다 보면, 우리가 갈망하는 쾌락과 자유가 억압되어 신경증에 걸리게 된다. 반대로, 사회적 현실과 규칙에 대한 감각을 잃어버리면 정신병이 생긴다. 이드를 만족시키기 위해 획득한 쾌락은 사회적 이방인이 됨으로써 상실한다. 따라서 우리가 바랄 수 있는 최선의 삶—프로이트의 기준으로 볼 때 구원받은 삶—은 이렇게 서로 갈등하는 내적 충동들이 균형을 이루는 삶이다. 이런 균형을 찾는 것은 사회가 점점 더 복잡해짐에 따라 더 어려워진다. 사회가 복잡해질수록 순응에 대한 압력이 커지기 때문이다. 프로이트는 사회적 압력이 쾌락을 추구하고 성 지향적인 충동, 즉 이드를 어느 정도 만족시키면서도 궁극적으로 사회를 유익하게 하는 운동이나 경제활동과 같은 경쟁적인 활동으로 점차 전환시킨다고 말한다.

현대사회에 관한 이런 진단 때문에 현대사상에서 모든 초자아의 흔적을 지우려는 프로이트의 바람은 매우 절박한 과제가 된다. 그는 하나님을 유아기의 아버지 경험에서 유래한 환상이라고 믿는다. 아이는 아버지를 무서운 세상에서 자신을 지켜주는 보호자로 본다. 다른 한편으로, 아버지는 아이들의 쾌락 추구를 끊임없이 점검하는 강제력인 초자아를 상징한다. 우리의 사회 경험은 이와 동일한 이중성을 갖는다. 이를테면, 우리는 다른 사람들에게 안전을 의존하지만, 그 때문에 개인주의적인 욕구를 희생해야 한다는 것을 인식한다. 프로이트는 결국은 우리가 원하는 안전을 아버지와 사회가 보장하지 못한다는 것을 인식하게 된다고 말한다. 따라서 우리는 이런 외적인 권위에 비해 더 큰 강제력을 가진 하나님을 창조한다. 간단히 말하면, 우주의 힘들이 우리 자신의 유한한 힘을 쉽게 압도할 수 있다는 것을 알기 때문에 하나님이라는 환상을 창조했다고 본다.

하나님이라는 환상에 의존하는 사람들은 승산이 없는 상황에 빠진다. 존재하지 않는 하나님은 실제적인 위협에 어떠한 안전도 제공하지 못하고, 우주의 실제 현실을 성숙한 방식으로 직면하지 못하게 한다. 달리 말하면, 하나님에 대한 믿음은 발달이 억눌린 상태를 나타내며, 이런 상태에서 전능한 아버지가 모든 위협으로부터 보호해 줄 것이라는 환상에 매달린다. 아울러 하나님은 초자아의 궁극적인 표현이기 때문에 이런 환상은 우리의 행복에 대해 엄청난 대가를 요구한다.

여러 사회가 하나님 개념을 기꺼이 수용하는 이유는 규칙이 사회적 상호작용의 거친 모서리를 부드럽게 만들어 주기 때문이다. 사람들이 법률과 사회적 관행이 단지 임의적인 관례에 불과하다는 것을 안다면, 규칙 위반자들에 대한 처벌 근거를 찾기 어려울 것이다. 따라서 사회는 사람들에게 사회적 규칙이 하나님의 뜻이라고 주장한다. 당신이 부모를 거역하거나 사회적 관습이나 규칙을 위반한다면, 단순히 동료 시민을 불쾌하게 만든 것이 아니다. 당신은 하나님과 불화하게 되고 하나님과의 불화는 영원한 결과를 낳는다. 이런 시각은 이드의 요구를 무기력하게 만들고, 행복에 대한 모든 희망을 빼앗아 버린다. 프로이트에 따르면, 종교는 정신건강을 잘못된 길로 이끈다. 좀 더 완전한 삶으로 돌아가는 길은 하나님 환상을 없애 버리고, 개인문제와 사회문제에 정신분석이라는 과학적 방법을 적용하는 것이다.

로저스와 인간중심 심리학

칼 로저스(1902-1987)는 처음으로 인간중심 심리학을 주장한 뛰어난 이론가다. 인간 본성을 매우 어둡게 본 프로이트와 반대로, 로저스의 접근방식의 핵심은 인간 본성이 기본적으로 선함을 믿는 것이다. 이런 선함의 실현을 가로막는 장애물은 특정 개인이 원하는 것과 다른 사람들의 기대 사이의 갈등에서 비롯된다. 사실 이 접근방식의 정식 명칭인 **인간중심 심리학**(때로 환자중심 심리학 혹은 인본주의 심리학이라고도 한다)은 심리 치료사의 목적이 환자의 목적과 다를 수 있음을 인정한다. 따라서 심리 치료사의 희망, 기대, 세계관을 환자에게 강요하지 않으려고 노력한다. 심리 치료는 환자가 원하는 것을 중심으로 이루어져야 한다.

로저스는 보수적인 기독교 가정에서 자랐다. 그는 행동이나 관념에 순응할 것을 강요하는 기독교적 접근방식이 강압적이라고 보고 성년기 초반에 기독교를 거부했다. 그러나 로저스는 심리학에서도 똑같이 강제적인 방법을 사용한다는 것을 알았다. 로저스는 심리 치료사의 가정과 목적이 사람들을 특정 방식으로 생각하거나 행동하도록 노골적으로 강요하지는 않지만, 환자의 문제를 어떻게 정의할 것인지, 무슨 목적을 추구할 것인지를 결정한다고 말한다. 달리 말하면, 심리학적 체계와 방법은 가치중립적이지 않다. 여기에는 사람들이 어떠해야 하며, 어떻게 그런 이상을 달성할 수 있는지에 대한 가정이 포함되어 있다. 로저스의 대안은 심리학자가 아니라 환자들이 자신의 정체성을 결정하고 획득해야 한다는 것이다. 그는 이런 과정을 "자아실현"(self-actualization)이라고 부른다. 이 용어에는 우리가 자아실현을 간절히 바라는 잠재력을 갖고 있다는 개념이 들어 있다. 심리학자의 과제는 환자가 스스로 선택한 정체성, 즉 독특함을 낳도록 도와주는 산파로서의 역할을 하는 것이다.

자기 정체성을 실현하고 싶고 성장하고 싶은 욕구는 각 개인에게 뿌리 깊이 박혀 있다. 사람들이 성장하는 토양은 사랑이다. 사랑은 받아들여 질 것이라는 확신 속에서 자기 정체성을 선택할 수 있게 만든다. 다른 사람들이 우리를 있는 그대로 혹은 우리가 되고자 하는 모습 그대로 받아들일 때—로저스는 이것을 무조건적인 긍정적 수용이라고 부른다—우리는 자신을 긍정적으로 조건 없이 바라볼 수 있다. 문제는 무조건적이고 긍정적인 관심이 매우 드물다는 것이다. 우리 주변 사람들은 조건부 동의를 직간접적으로 전달한다. 수용할 때 조건을 내세우는 것은 비단 종교나 심리학자만이 아니다. 대부분의 권위자들이 자신의 판단에 따라 선택한 이상을 우리의 인생에 실현하려고 시도한다. 그러나 그 이상은 우리의 희망과는 거리가 먼 것일 수 있다. 결과적으로, 있는 그대로의 자신을 적극적으로 받아들여 자기 정체성을 성장시키는 대신, 주변 사람들의 인정을 얻기 위해서 위선적으로 **반응하게** 된다. 하지만 그렇게 해도 다른 사람들은 우리를 진정으로 받아들이지 않는다. 그들은 실제 우리 모습과는 다른, 우리에 대한 여러 가지 기대를 받아들인다.

이런 긴장을 고려할 때, 심리 치료사의 역할은 자아실현을 위해 필요한 무조건적이고 긍정적인 관심을 제공하는 것이다. 심리 치료사가 환자를 공감적으로 이해하지 못한다면 이런 일은 일어나지 않는다. 공감은 상대방을 "동정하고" 최대한 환자의 열망으로 들어가고 환자의 자아실현이 무엇인지 보여 주는 것이다. 이것이 가능하려면, 심리학자는 모든 문제를 해결할 수 있는 해답을 갖고 있는 유일한 권위자처럼 심리 치료에 임해서는 안 된다. 심리학자가 필요한 이유는 다른 권위자들이 자신의 기대를 환자에게 전가했기 때문이다. 인간중심 심리 치료사는 전통적인 의미의 해답을 제공하지 않는다. 그런 해답은 하나의 조치로 모든 문제가 풀리는 세상을 가정하기 때문이다.

로저스의 접근방식의 핵심에는 현실 ─ 인간의 현실이든 다른 현실이든 상관없이 ─ 의 본질에 대한 해답을 추구하는 것은 무익한 도전이라는 신념이 있다. 우리가 세계에 대해 아는 것은 우리의 경험으로 축소될 수 있다. 게다가 그것은 각 개인마다 고유한 경험이다. 환자의 경험은 주변의 다른 사람의 경험과 다르고, 심리 치료사의 경험과도 다르다. 따라서 심리 상담사는 경험과 그로 인해 생긴 느낌을 이해하도록 환자를 돕는 동반자가 되는 것이다. 또한 긍정적인 자존감을 저해하는 방해물을 분명하게 보여 주고, 환자가 무조건적으로 자신을 받아들일 수 있도록 조건 없이 수용하는 시범을 보여 주어야 한다. 자기 수용을 통해서 내적 자유가 생기면 우리는 잠재력을 개발하여 목표를 향해 성장할 수 있다.

스키너와 행동주의

B. F. 스키너(1904-1990)는 두 가지 중요한 면에서 로저스의 심리학과 다르다. 로저스는 다른 사람들의 영향으로부터 환자를 자유롭게 하여 자신의 타고난 선을 실현하려고 노력한다. 반면, 스키너는 자유와 도덕적 선함은 신화에 불과하다고 믿는다. 실제로 스키너는 우리의 행동은 스스로 선택할 수 있는 것이 아니라 외부적 혹은 유전적 조건에 좌우된다고 말한다. 자유는 환상이다. 게다가 윤리적 행동은 자유로운 선택을 요구하기 때문에 결정론적 행동들은 윤리적 측면에서 설명할 수 없다.

스키너의 심리학은 6장에서 살펴본 과학적 자연주의 전통에 기초한다.

자연주의와 마찬가지로, 스키너는 우주는 법칙에 따라 작동되는 물질로 이루어진 폐쇄된 체계라고 주장한다. 인간도 예외가 아니다. 그는 화학, 생물학, 물리학의 언어로 우리의 이야기를 가장 정확하게 설명할 수 있다는 과학적 자연주의자들의 주장에 원칙적으로 동의하지만 그런 설명은 실제로는 불가능하다. 가장 단순한 인간 행동의 인과관계를 추적하기 위해 가장 기본적인 원자 수준의 화학적·신경학적 구성요소로 환원한다면 엄청난 복잡성 때문에 어찌할 바를 모를 것이다. 다행히도, 스키너는 사회과학이 지름길을 제공한다고 말한다. 인간 행동의 생물학적 요소를 직접적으로 추적하는 대신, 사회과학이 우리의 행동 배후에 놓인 생물학적 원인을 일으키는 사회적 영향력을 확인할 수 있다. 스키너는 이런 조건 아래에서 인간 활동을 기계적 원인으로 환원할 수 있다는 과학적 자연주의에 동의한다. 따라서 철학, 종교, 윤리, 그 이외 다른 모든 비과학적 관점들은 인간이 자유롭다고 가정하기 때문이 설득력이 없다.

　스키너의 세계관에 들어 있는 결정론적인 특성은 그의 심리학적 접근방법에 붙여진 명칭, 곧 행동주의에서 잘 나타난다. 엄밀하게 말하면, 인간은 **행동하지 않는다**. 행동은 다양한 선택사항 중에서 선택할 수 있는 자유를 가정하기 때문이다. 그 대신 우리는 유전적이고 환경적인 조건에 따라 **처신한다**. 우리는 자신이 자유롭게 행동한다고 생각할지도 모른다. 그러나 실제로 우리의 처신은 우리 주변과 내부의 힘들에 의해 결정된다. 이것은 일탈이나 악하다고 여기는 행동을 처벌하는 전통적인 방식이 학대 행위라는 뜻이다. 다만 처신할 뿐 개인은 달리 선택의 여지가 없기 때문이다. 그와 동시에 스키너는 우리가 처벌하는 많은 활동이 우리의 생존과 행복에 해롭기 때문에 완전히 없애야 한다고 주장한다. 우리는 다만 과학적인 방식으로 그런 활동을 없애야 한다.

　스키너는 행동과학을 통해 우리가 삶을 개선하는 행동과 삶에 해로운 행동을 어떻게 습득하는지를 밝힐 수 있다고 말한다. 일단 진단이 내려지면, 이른바 조작적 학습(또는 조작적 조건형성)을 통해서 전자를 촉진하고 후자를 제거할 수 있다. 아주 간단하게 말하면, 스키너는 인간과 동물이 주변 환경으로부터 모두 새로운 형태의 행동을 촉진하거나 과거의 행동을 억제하는 강화 학습을 받는다면, 그들의 행동이 수정될 것이라고 말한다. 그 원리는 우리가 음식이나 안락한 환경과 같은 외부 자극으로 쥐(실제로 스키너는 많은 실험에서 쥐를 사용했다)나 인간에게 자극을 주는 것과 동일하다.

　행동주의 심리학의 목표는 환경적 조건이 행동에 어떤 영향을 미치는지를 더 잘 이해하는 것이다. 우리의 미래는 우리 주변의 복잡한 그물망 같은 결정 요소들을 과학적으로 잘 이해하는 사회공학자의 손에 맡겨야 한다. 그들의 지식이 증가할수록 삶의 여러 조건을 개선할 수 있으며, 결과적으로 사람들이 행복하고 평화롭고 풍요로운 삶을 살 수 있도록 조직화할 수 있다. 행동주의 심리 치료는 개인이 자신과 타인에게 해로운 행동을 수정할 수 있도록 돕는 데 사용할 수 있으며, 더 나은 인간의 미래를 만들기 위해서는 행동과학에 따라 사회구조를 완전히 재구축해야 한다.

가족체계치료

앞의 세 가지 접근방법은 단순한 심리 치료 방법이 아니다. 그 심리 치료 방법들에는 스스로 주장하는 특별한 세계관이 포함되어 있다. 각 방법은 정신적·사회적 적응을 이룰 수 있는 유일하고 직접적인 길이 각 방법의 특정 세계관의 신조 안에서 가능하다고 주장한다. 이와 반대로, "가족체계"치료는 특정한 세계관에 기초해 있지 않으며 다양한 다른 세계관을 수용할 수 있을 만큼 융통성이 있다. 아울러 가족체계치료는 특정한 창시자를 전면에 내세우는 하나의 심리학파가 아니라 서로 비슷한 점이 많은 여러 심리 치료 방법을 일컫는다. 다양한 가족체계 접근방법의 공통점은 한 개인에만 초점을 맞추는 치료 방법을 거부한다는 것이다. 개인 중심의 심리 치료 방법의 문제는 특히 곤경에 처한 아동이나 청소년들을 대상으로 상담하는 사람들에게 분명하게 드러난다. 개인의 심리적인 문제를 다룰 때, 상황이 나아지는 경우는 매우 드물다. 환자들이 심리 치료를 받은 후 곧장 일반적으로 아동의 심리적 문제가 발생한 근본적인 이유인 가족이 처한 상황으로 돌아가기 때문이다.

에드윈 프리드먼(Edwin Friedman)은 "시스템 사고"(systems thinking)의 기원을 1950년대의 컴퓨터의 개발이라고 본다. 컴퓨터의 등장으로 거대한 양의 정보를 처리할 필요와 능력이 생겼고, 컴퓨터를 이용하여 일하는 사람들은 새로운 방식으로 생각할 필요가 있다는 것을 발견했다. 직선적인 원인과 결과(cause-and-effect) 형태의 사고가 불충분한 이유는 한 시스템 내의 구성요소들이 각 부분이 아니라 더 큰 전체의 한 부분으로 작동하기 때문이다. 프리드먼은 "구성요소는 자신의 '속성'이 아니라 네트워크 안에서의 자기 위치에 따라 역할을 수행한다"고 말한다.[2] 각 구성요소는 그것이 속한 시스템에 따라 다른 역할을 수행한다.

많은 심리 치료사들이 자신의 현장에서 중요한 유사점을 발견했다. 초기의 접근방법들은 심리학적 문제를 다룰 때 먼저 환자의 성격에 관한 이론에서 출발했다. 그 다음, 환자 개인의 정신과 삶 속에 있는 요소들을 다룸으로써 심리학적 문제를 해결했다. 다른 식으로 말하자면, 이런 심리 치료적 접근방식은 환자 개인의 주관적(intra-subjective) 삶에 초점을 맞추었다. 그러나 "시스템 사고"는 같은 환자라도 완전히 다른 사회조직에서 산다면, 전혀 다른 관념과 경험, 아마도 완전히 새로운 문제를 가질 것임을 인정한다. 개인에게 가장 큰 영향을 미치는 사회조직은 거의 대부분 가족이다. 따라서 가족체계치료는 상호주관적(inter-subjective) 접근방법을 사용한다. 이 방법은 가족 구성원 간의 관계를 살펴보고 그 상호관계가 어떻게 건강한 삶 혹은 건강하지 못한 삶을 만들어 내는지 판단한다. 결과적으로 가족체계치료는 단순히 개인을 치료하는 것으로는 충분하지 않다고 결론을 내렸다. 가족의 상호관계가 바뀐다면 문제가 해결될 수 있다.

이런 통찰의 배후에는 어떤 사람도 중립적인 환경에서 태어나지 않는다는 인식이 깔려 있다. 가족들은 저마다 역사를 갖고 있으며, 이 역사에는 특정 가치관, 기대, 전통, 의사소통 방법이 포함된다. 우리의 행동과 사고는 우리와 가장 가까운 사람들의 반응과 사고에 의해 형성된다. 우리는 가족관계 속에서 지배력을 행사하거나 다른 사람의 통제에 대응하는 방법을 찾아 나가면서 자신의 위치를 발견한다. 이 과정은 하나의 이동이 게임의 전체 양상을 바꾸는 체스 게임과 비슷하다. 가족은 상호 연결된 여러 관계로 이루어지기 때문에 가족 중 한 사람의 변화는 전체 가족관계를 바꾼다.

이것은 우리가 개인 치료 방법의 한계를 이해하는 데 도움을 준다. 가족체계는 변화에 저항한다. 심지어 기존 가족구조가 건강하지 못한 경우에도 다양한 가족 구성원들이 그런 상황에 대처하기 위해 전략을 개발하며, 이런 전략은 습관으로 굳어진다. 그러므로 가족체계치료는 모든 가족 구성원이 가족관계 구조와, 환자의 호전이 가족의 변화 의지에 달려 있다는 점을 이해하도록 도와주려고 한다.

9. 이보다 더 좋을 수 없다: 종교가 된 심리 치료

심리학의 긍정적 측면

앞에서 우리는 이전에 요약한 세 가지 접근방법 ― 정신분석, 인간중심치료, 행동주의 ― 을 세계관의 범주로 구분할 수 있다고 언급했다. 이 세 가지 방법의 핵심내용은 모두 기독교의 일반적인 이해와 다른 현실 인식에 기초한다. 그럼에도 이 세계관들은 기독교와 양립할 수 있는 통찰을 갖고 있다. 비록 이 세 가지 접근방법에 내포된 형이상학적 모델을 받아들일 수 없다 해도, 치료 방법과 전략 측면에서 유용한 개념을 제공한다. 우리는 다음과 같은 두 가지 측면을 인정하고 싶다.

1. **심리학과 기독교의 통합은 우리가 이미 해오던 것들을 인정한다.** 주일학교 유치부 아이들을 줄을 맞추어 앉혀 놓고 두 시간 동안 강의해서는 안 된다는 것을 알기 위해 교육심리학이나 발달심리학의 전문가가 될 필요는 없다. 7세 아동들은 그렇게 학습할 수 있는 나이가 아니다. 마찬가지로, 교회가 성장하면 보통 두 번째 혹은 세 번째로 고용되는 사역자는 청소년 담당 목회자다. 어떤 면에서 볼 때 이것은 별로 타당하지 않다. 목회자 한 사람이 얼마 되지 않는 6-7세 주일학교 학생의 영적 요구를 해결하는 데에만 투입되기 때문이다. 그뿐 아니라, 주일학교 학생들은 헌금도 거의 하지 않는다. 다른 면에서 보면, 이 일은 절대적으로 타당하다. 사춘기는 영성 발달에서 매우 중요한 시기이며 대부분은 이 시기에 기본적인 종교적 신념을 형성한다. 따라서 이런 방식으로 자원을 투여하는 것은 합리적이다. 이 두 가지 예는 우리가 심리학의 통찰을 교육과 사역에 어떻게 적용하고 있는지를 보여주는 장면이다.

사실 모든 인간의 활동 ― 개인 활동이든 조직 활동이든 ― 에는 심리적인 차원이 있으며, 그런 활동에 작용하는 심리학적 역동을 이해하면 지혜를 얻을 수 있다. 수많은 연구에 따르면, 성인들의 종교적 신념과 행위는 종교에 관한 부모의 태도, 동료집단에 대한 충성, 교육적 영향, 그 이외 여러 가지 다른 요소와 아주 밀접한 상관관계가 있다. 어떤 사람들은 그런 정보를 이용하여 종교적 신념을 심리학적 요인으로 환원하여 설명할 수 있다고 주장한다. 문제는 설령 우리가 어떤 사람이 왜 특정 종교적 신념을 가졌는지를 설명할 수 있다고 해도(이것은 큰 가정이다), 그 사람의 신념이 옳은지의 여부는 여전히 의문으로 남는다. 아울러 이런 형태의 환원주의는 무신론자들에게는 엄청난 충격이다. 그들의 불신앙은 그들 자신의 심리적 영향과 강력하게 관련된 것에 불과하기 때문이다.

2. 심리학은 우리에게 가장 넓은 의미의 구원이 하나의 과정임을 기억하게 한다. 기독교는 **구원**이라는 용어를 두 가지 방식으로 사용한다. 흔히 우리는 하나님과의 신앙 관계에 들어가는 단계를 뜻하는 칭의를 구원이라고 말한다. 이것은 틀린 말이 아니다. 그러나 이 용어를 적절하게 사용하는 다른 방식을 흔히 간과한다. 구원은 칭의뿐 아니라 신앙 안에서 성장하는 단계인 성화, 하나님이 우리의 부활 생명 안에서 구원 과정을 완성하는 단계인 영화를 포함하는 과정을 말한다. 기독교는 이 여정의 중간 단계에서 심리학의 통찰을 통합할 수 있다. 우리는 모두 칭의 이후에도 하나님의 뜻과 연합하기 위해 치유받고 성숙해야 할 부분이 많기 때문이다. 하나님의 자녀들은 마음을 약하게 만드는 많은 짐을 하나님과 다른 사람들과의 관계 속으로 끌고 간다. 심리 치료는 사회적·심리적 치유 과정의 중요한 부분이 될 수 있다.

3. 심리학은 우리가 과거나 인간관계에 얼마나 긴밀히 연결되어 있는지를 일깨워 준다. 앞서 간단하게 소개한 모든 심리학파는 개인의 특정 행동

과 과거 사이의 강한 상관관계를 상정한다. 게다가 이들 학파는 성폭행, 방치, 부모의 죽음과 같이 다양한 형태의 트라우마를 겪는다면, 특정 심리 상태가 발생할 가능성이 더 높다는 것을 인정한다.

정신적 행복과 역사와 인간관계의 관련성을 인정하는 것은 새로운 것이 아니다. 이런 인식은 성경에서도 볼 수 있다. 이런 인식을 통해서 우리는 왜 각 신자가 "구름같이 둘러싼 허다한 증인들"의 일부인지 이해한다. 허다한 증인들의 역사는 아담과 하와에서 시작하여 시간과 장소에 상관없이 모든 하나님의 백성을 포함한다. 또한 성경이 왜 하나님의 교회를 가족 혹은 친교공동체로 묘사하는지 이해하도록 도와준다. 그리스도인이 된다는 것은 곧 개인이 새로운 역사와 새로운 관계 안으로 통합되는 것이다. 그런 통합은 그리스도인의 역사와 관계의 다른 측면들을 무시하지 않는다. 요점은 그런 역사와 관계를 새롭게 하고 구원하여 하나님의 구원사역의 더 넓은 지평 안에 놓는 것이다. 종교가 된 심리 치료 이야기는 흔히 우리의 역사와 관계가 우리 삶의 윤곽을 결정하게 한다. 기독교는 그런 관계를 치유하려고 노력하는 한편 그것이 최종적인 것이 아님을 지적한다.

4. 기독교와 심리학은 치유와 건강을 추구한다. 우리 모두가 정신적 삶을 완벽하게 조절했다면, 심리 치료 전문가들은 결코 생겨나지 않았을 것이다. 우리에게 필요하기 때문에 그런 전문가들이 생기는 것이다. 이 세상에 심리 치료 전문가들이 많은 것은 우리의 심리적 문제와 필요가 얼마나 큰지를 보여 준다. 심리적 문제는 추방해야 할 침입자이며 건강을 회복해야 한다는 우리 안에 깊이 내재한 직관을 보여 준다. 아주 단순하게 표현하자면, 정신건강이 심리적 문제보다 더 우월한 것으로 이해한다. 아울러 정신건강 전문가들은 심리적 온전함을 회복하는 것을 도덕적인 명령으로 본다.

기독교는 온전함이 일종의 명령이며, 손상되고 불완전한 모든 부분을 건강하게 회복하는 것이 구원이라는 신념을 공유한다. 사실 오랜 세월 기독교 신학은 이러한 구원과 회복 과정을 쎄라퓨오(*therapeuo*: 심리 치료 혹은 치유를 뜻하는 그리스어)라고 일컬었다. 우리가 궁극적으로 치유받기 원하는 것은 죄(罪)다. 죄(우리는 죄뿐 아니라 죄의 결과의 상속자로서 죄의 여러 측면을 직접적으로 책임져야 한다)는 다양한 모습으로 나타난다. 그중 일부는 우리 삶의 사회적·심리적 차원으로 나타난다. 따라서 인간 존재의 모든 차원을 포괄하는 구원의 더 넓은 지평에서 심리학적 자원을 바라볼 때, 심리학은 온전함을 추구하는 과정에서 기독교의 동반자가 된다.

5. 기독교와 심리학은 인간이 풍성한 삶을 살기 위해 사랑, 수용, 존중이 필요하다는 것을 인정한다. 사람들이 당연히 받아야 할 사랑, 수용, 존중을 받는다면, 훈련받은 심리학자가 아니라도 대부분의 심리 치료 센터나 정신건강 시설이 필요 없다는 것을 알 수 있다. 나는 이것이 정신건강 전문가들이 다루는 문제들의 유일한 원인이라고 말하는 것은 아니다. 그러나 유일한 주요 원인은 아닐지라도 하나의 주요 원인인 것은 분명하다.

우리가 심리학 자체를 기독교의 적이라고 간주하는 견해를 단호하게 거부하는 이유 중 하나는 기독교 이야기가 사랑, 수용, 존중의 필요성을 말하기 때문이다. 하나님의 가장 기본적인 속성은 사랑이다. 하나님이 우리에게 요구하시는 모든 의무는 하나님을 사랑하고 이웃을 사랑하는 것으로 요약할 수 있다. 구원에 관한 기독교적 이해를 요약하면, 하나님이 아무런 자격이 없는 우리를 받아들이셨다는 것이다. 인간에 대한 하나님의 존중이 얼마나 깊은가 하면, 하나님은 우리가 완전히 파괴적인 선택을 할 때조차도 우리의 뜻을 무시하시지 않는다.

우리의 요점은 사랑과 수용의 필요성에 대한 심리학의 통찰이 새로운 발견이 아니라는 것이다. 우리를 만드신 창조주는 우리의 존재라는 직물에 이런 필요를 함께 짜 넣으셨다. 심리학이 기독교 이야기라는 우산 속으로 이런 통찰을 가지고 들어올 때, 심리학은 하나님을 쫓아가면서 하나님의 생각을 헤아리는 것이 된다. 심리학적 도구가 개인으로 하여금 사랑, 수용, 존중을 우리를 향한 하나님의 바람과 일치하는 방식으로 표현하도록 도와줄 때, 심리학은 하나님이 설계한 현실을 이해하는 수단이 된다.

종교가 된 심리 치료의 잠재적 문제

우리가 다루는 여러 심리적 문제는 인간 본성에 관한 잘못된 가정에서 비롯된 것이라고 요약할 수 있다. 인간의 심리와 행동을 다루는 정신건강 전문가들은 인간 본성과 자유, 목적에 대한 가정, 그리고 우리의 현재 모습과 이상적인 삶 사이에 존재하는 기본문제에 대한 정의에 기초하여 일한다. 다음에 제시하는 문제점들은 인간 본성에 관한 일부 심리학의 잘못된 가정을 보여 준다.

1. **많은 심리학적 접근방법이 높은 수준의 결정론을 가정한다.** 우리는 일부 심리 치료 방법이 결정론적이라는 점을 앞서 살펴보았다. 그 방법들은 우리의 행동과 신념으로 선택한 것이 아니라 생물학적이고 환경적인 힘에 의해 결정된다고 믿는다. 이러한 결정론적 경향은 일반적으로 자연과학적 방법(때로 자연주의적 세계관)을 채택하는 것, 인간과 동물의 모든 질적인 차이를 없앤 것과 관련이 있다. 예를 들어, 스키너는 결정론을 자기 세계관의 중심에 놓고, 동물실험을 통해 인간 심리학에 관한 대부분의 결론을 이끌어 냈다. 프로이트는 인간과 동물의 차이를 더 많이 강조했지만 여전히 우리의

정신생활을 초기 경험의 산물로 본다. 가족체계치료는 자신의 견해를 자연주의적 가정 위에 놓지 않지만, 일부 변형된 형태의 가족체계치료는 개인이 단순히 가족 환경의 산물이라는 "집산주의자"의 관점을 취한다.

여기에서 기독교적 견해는 중요한 긴장을 유지해야 한다. 그리스도인은 우리의 활동이 생물학적·사회적 환경에 의해 어느 정도(정도의 크기에 대해서는 저마다 의견이 다를 것이다) 제한된다는 것을 부정할 수 없다. 그와 동시에, 이 영향은 우리가 이런 조건을 뛰어넘을 수 없을 정도로 그리 크지 않다. 인간의 자유가 없다면, 우리의 행동에 책임을 물을 수 없으며, 심리 치료를 정교한 기계나 동물을 훈련시키는 것과 다른 것으로 볼 근거도 없을 것이다. 선택이 없다면, 심리적 문제는 우리 내부 또는 주변의 기계 결함에서 비롯되는 증상으로 축소될 것이다.

우리의 행동에 대한 생물학적/사회적 영향과 자유 간의 긴장은 이른바 종교가 된 심리 치료와 성경적 상담 운동이라는 양극단에서 왜 중용을 추구하는지 그 이유를 설명해 준다. 전자는 삶을 완전히 우리의 통제 밖에 있는 요인이 일으키는 결과로 환원한다. 후자는 심리학이 부정적인 영향이 끌어당기는 힘을 극복하기 위해 우리의 자유를 향상시키는 도구와 통찰을 제공할 수 있다는 점을 충분히 인정하지 않는다.

2. 심리학은 인간의 삶에 대한 환원주의적 이해에 기초하여 작동한다. 이 세계의 많은 것들의 이름이 잘못 붙여져 있다. "파자마 파티"(slumber party)를 할 때, 실제로 잠(slumber)을 자는 경우는 거의 없다. 미식축구에서 "골라인"(Goal line)은 약간 의미가 통하는 말이다. 공격 담당 코치는 아무렇게나 공격수들을 택하는 것이 아니라 골라인을 통과하기 위해 그들을 신중하게 선택한다. 마찬가지로, 심리 치료 방법은 그 자체가 목적이 아니라 다른 목적을

이루기 위한 수단이다. 미식축구 경기의 목적이 게임의 속성에 의해 명확하게 정의되듯이, 심리 치료의 목적도 인간 본성에 대한 이해에 의해 결정된다.

종교가 된 심리 치료의 근본적인 문제들 중 하나는 인간의 목적에 관한 부적절하고 환원주의적 개념에서 출발한다는 것이다. 프로이트와 스키너의 자연주의적 가정은 목적을 규정하는 데 중요한 문제를 일으킨다. 6장에서 살펴보았듯이, 다양하게 배열된 물질만으로 이루어진 폐쇄된 우주에 부여하는 모든 목적은 임의적일 것이다. 게다가 스키너의 행동주의 심리학이 행복을 증진하고, 더 오랜 생존을 보장할 수 있다 해도, 혹은 프로이트의 정신분석을 통해 개인이 더 넓은 사회적 환경 안에서 안락한 장소를 발견한다고 해도, 인간이 물리적 생존과 부드러운 사회적 상호교류 이상의 존재라면, 그런 것들은 우리가 가장 간절히 바라는 것이 아닐 것이다. 마찬가지로, 로저스의 심리 치료법은 환자들에게 폭넓은 개인적인 자기표현을 제공할지도 모른다. 그렇게 될 경우, 자기 인격(personality) 실현은 개인적 특질(personhood)의 발달로 대체되고, 결과적으로 또 다른 형태의 개인주의가 될 뿐이다. 가족 구조 안에서 환자가 평화와 안정을 얻는 것은 심리 치료의 중요한 목적이다. 그러나 가족체계치료가 이것을 유일한 목적으로 여긴다면, 이것은 가족 단위를 선과 온전함의 기준으로 만드는 것이다.

우리가 주장하는 요점은 간단하다. 인간 본성에 관한 프로이트, 로저스, 스키너의 가정에 따르면, 영적으로 공허하고 도덕적으로 파산한 사람이 심리학적으로는 건강하고 온전할 수 있다는 것이다. 이런 결과가 가능한 이유는 그들이 인간 본성을 정의할 때 영적 차원을 제거하고 윤리를 가치들의 집합으로 축소하기 때문이다. 생존, 사회적 행복, 가족관계, 표현의 자유는 모두 소중한 목표이며, 심리학이 이런 것들을 건전한 방식으로 얻을 수 있게 도와주는 한, 중요한 역할을 수행한다고 볼 수 있다. 그러나 심리학이 이것들을 **궁극적** 목적으로 간주한다면, 그것은 인간 본성에 관한 환원주의적 관점으로서 인간의 목적에 관한 기독교적 이해와 양립할 수 없다.

3. 종교가 된 심리 치료는 인간의 문제를 심리적인 문제로 축소한다. 우리는 종교가 된 심리 치료가 인간 본성을 잘못 이해하고 있다고 본다. 이런 시각은 자연스럽게 인간의 근본문제에 관한 심리학의 입장에 대해 의구심을 갖게 한다. 심리 치료를 구원의 수단으로 볼 때, 현재 삶의 모습과 이상적인 삶 사이에 있는 것은 모두 심리학적인 용어로만 정의된다. 그렇기 때문에 해답 역시 심리학적 자원에서 나와야 한다.

기독교적 관점에서는 하나님에게서 멀어진 것을 인간의 근본문제로 본다. 심리학적 자원은 이런 문제를 직접적으로 극복하는 데 충분하지 않다. 우리가 하나님과의 관계가 소원해지면, 타인과의 관계, 우리 자신과의 관계를 망가뜨린다. 이런 관계의 회복이 또한 구원의 한 부분이 되기 때문에 심리학의 무기고에 있는 무기들은 이 과정에서 도움이 될 수 있다. 만일 서로 경쟁하는 심리학적 충동 사이에서 균형을 찾는 것, 약물, 가족상담, 그 이외 심리학에서 이용할 수 있는 다른 도구들이 온전한 건강을 가로막는 사회적·정서적 장애물을 없애는 데 도움이 된다면, 그리스도인들은 그런 자원을 잘 이용해야 한다. 그러나 사회적 혹은 심리학적 용어로만 우리의 가장 본질적인 문제를 정의한다면, 인간의 가장 근본적인 문제를 해결하는 데 꼭 필요한 자원을 이용하지 못할 것이다.

4. 종교가 된 심리 치료가 주장하는 가치중립적 심리학이라는 가정은 신화일 뿐이다. 심리학 자체를 종교의 대안으로 여기는 사람들은 종교와 달리 심리학은 검증할 수 없는 신념에 기초하지 않고, 환자에게 임의적인 가치를

부여하지 않는다고 주장한다. 또한 심리학이 가치중립적이며 순수하게 과학을 지향한다고 주장한다. 여기에서 명백한 문제는 완전히 객관적인 관점에서 심리학(혹은 과학)을 접근한다는 사고 자체가 가치에 영향을 받은 것이라는 점이다. 심리학은 본질적으로 주관적이거나 영적인 것의 가치를 평가절하한다. 이에 대한 가장 분명한 사례는, 하나님이 우리의 현실 대처능력을 방해하는 유아기적 환상이라는 프로이트의 선언일 것이다. 따라서 환자를 그런 환상에서 벗어나게 하는 것은 심리 치료사의 책임이다. 스키너는 사회 공학자들이 삶의 틀을 짜야 한다고 믿는다. 그러나 누가 혹은 무엇이 개인의 가치를 결정하는가? 프로이트와 스키너는 전혀 가치중립적이지 않은 토대 위에 자신들의 세계관을 세운다.

 심리 치료사의 가치를 환자에게 전가하지 않기 위해 많은 노력을 기울인 로저스조차도 자신의 심리학적 방법이 결코 가치중립적이지 않다는 점을 알지 못했다. 자아실현을 위해서는 자신의 정체성이 하나님이 설정한 기준에 부합해야 한다고 믿는 환자가 로저스 심리학을 따르는 심리 치료사에게 치료를 받는다면 어떻게 될까? 심리 치료사가 환자에게 타고난 자기 성향을 하나님의 권위에 굴복하라고 조언한다면, 그것은 인간중심치료의 핵심 가치인 개인의 자아실현을 침해하는 것이다. 환자가 하나님의 뜻에 대한 어떠한 인식과 상관없이 오직 긍정적인 자존감을 추구해야 한다는 말을 듣는다면, 이것은 심리 치료사의 가치관을 환자에게 전가하는 것이며 로저스 심리학의 핵심적인 원칙에 어긋나는 것이다.

 어떤 세계관도 가치중립적이지 않다. 가치는 인간 본성, 신, 진리, 그 이외 세계관과 관련된 다른 근본적인 문제들을 이해할 때 깊숙이 스며들어 있다. 종교가 된 심리 치료는 중립적이며 편견이 없는 세계관이라는 거짓 주장을 통해 기독교가 제시하는 세계관을 비롯해 다른 세계관들보다 더 우월하다고 말할 수 없다. 종교가 된 심리 치료는 자신의 확신과 신념이 더 낫다는 것을 입증함으로써만 자신의 타당성을 보여 줄 수 있다.

결론

많은 측면에서, 우리는 우리 자신을 모른다. 왜 우리는 사랑에 빠지는 걸까? 왜 우리는 해로운 줄 아는 습관이나 행동을 계속할까? 어떻게 같은 사람이 어떤 사람에게는 끔찍할 정도로 잔인하게 행동하고, 어떤 사람에게는 관대하고 자비롭게 대할까? 꿈에서 왜 우리는 월마트의 주식도 전혀 갖고 있지도 않는데, 주주총회에 알몸으로 나타날까?

심리학이 대중적 인기를 끄는 이유는 이와 같은 수많은 질문들이 우리 생각 속에서 자연스럽게 일어나기 때문이다. 이런 질문이 우리 존재의 핵심이기 때문에 심리학은 수학, 화학, 회계학과 같은 분야보다 삶의 궁극적 문제에 대답할 가능성이 가장 많은 후보자가 되는 것 같다. 달리 말하면, 심리학의 범위가 왜 많은 사람이 심리학을 종교의 경쟁자 혹은 더 나아가 대안 종교로 보는지를 설명해 준다. 이를 통해 심리 치료사가 이 장의 서두에 언급한 수많은 사람에게 어떻게 종교적 권위자 역할을 하는지를 이해할 수 있다.

특히 기독교적 심리 치료사의 감독 아래 수행되는 심리 치료는 우리가 하나님, 이웃, 자신을 건강한 방식으로 사랑하지 못하게 하는 문제를 해결하는 데 도움을 줄 수 있다. 이런 심리 치료는 우리 몸의 화학적 불균형 때문에 생긴 문제에 빛을 던져 줄 수 있다. 또한 가족들 간에 새롭고 더 건강한 의사소통 방식을 가르쳐 줄 수 있다. 그러나 심리 치료를 부적절하게 사용한다면 좋은 것도 해를 끼칠 수 있다. 심리학은 하나님이 우리를 창조하신 목적과 완전함의 기준을 현재에도 그리고 앞으로도 영원히 제공할 수 없다. 심리학이 기독교 세계관의 우산에서 벗어나 자신이 스스로 정의한 구원을 제공하는 대안으로 제시하는 것은 도가 지나친 것이다. 심리학은 우리를 "이보다 더 좋을 수 없는" 삶으로 인도할 수 있는 자원이 없다.

10
기독교·세계관·이야기

지금까지 우리는 기독교와 경쟁하는 여덟 가지 세계관의 기본적인 내용을 살펴보았다. 이제 기독교 세계관의 핵심적인 내용을 간략하게 소개하려고 한다. 우리는 이 과제를 앞 장들과 다른 각도에서 접근할 것이다. 다른 접근 방법을 사용하는 이유는 일차적으로 기독교가 서로 연결된 명제들로 환원할 수 있는 철학 체계가 아니기 때문이다. 기독교 세계관의 기초는 하나님과 그의 창조세계의 상호교류에 관한 이야기에 더 가깝다. 우리는 일련의 명제를 분석하는 것과는 달리 이야기를 살펴볼 것이다. 명제 혹은 지적 체계는 정적인 반면, 이야기는 역동적이다. 하나님의 이야기는 그런 특징을 공유한다. 이야기가 역사 무대 위에서 펼쳐질 때 새로운 요소와 사건이 예고된 후에 일어나고, 전체 이야기의 배경 속에서 그 부분에만 초점이 맞추어지는 방식으로 이전 내용과 결합한다.

둘째, 이 이야기는 하나님, 우리 자신, 우리가 사는 세상에 관한 어떤 사상을 계시하며, 이것은 기독교 세계관에서 중요한 역할을 한다. 그러나 하나님의 이야기로부터 올바른 사상을 얻는 것이 일차적인 목적은 아니다. 하나님의 이야기의 일차적인 의도는 하나님에 **관해 아는** 것이 아니라 하나님을 아는 것이다. 단지 어떤 것에 관해 아는 것은 우리의 모든 지식을 체계적으로 정리하는 것이다. 그러나 어떤 것을 아는 것은 그보다 더 깊은 것이다. 그것은 우리의 지성만 바꾸는 것이 아니라 우리 자신을 바꾼다. 1장에서 말했듯이, 기독교 세계관의 목적은 근본적인 변화, 곧 정체성, 확신, 윤리, 행동의 변화다.

이 장에서 우리는 기독교 세계관의 몇 가지 핵심적인 내용을 요약하고, 기독교 세계관의 신념과 이 책에서 다룬 다른 세계관들과의 차이점을 검토하고, 이러한 신념이 삶의 다양한 측면에서 갖는 의미를 살펴보려고 한다. 우리는 기독교 세계관의 기원이 이야기에서 비롯된다고 확신하기 때문에 명제 형식을 이용하여 기본적인 신념을 이끌어 내지 않을 것이다. 우리는 하나님 이야기의 다섯 가지 주요 내용-창조, 타락, 언약, 성육신, 구원-을 살펴봄으로써 어떤 신념이 자연스럽게 도출되는지를 알아볼 것이다.

하나님의 이야기에 나타나는 다섯 가지 행동

1막 1장: 창조. 하나님의 이야기는 극적으로 시작한다. 성경의 첫 구절은 하나님이 하늘과 땅을 창조하셨다(창 1:1)고 말한다. 이것은 틀림없이 엄청난 주장이다. 다음 구절은 하나님이 혼돈과 무질서한 것을 취하여(창 1:2) 질서와 논리-아마도 첫 구절보다 더 엄청난 주장일 것이다-를 부여했다고 말한다. 질서를 부여할 때, 창조활동의 여러 단계마다 "하나님이 보시기에 좋았더라"(창 1:4, 10, 12, 18, 21, 25)는 구절이 나타나는 것은 매우 중요하다. 하나님은 창조를 모두 마치고 더 강하게 표현하신다. "하나님이 지으신 모든 것을 보시니 보시기에 심히 좋았더라"(창 1:31).

여기에서 하나님에 관한 몇 가지 중요한 사상이 비롯된다. 예를 들어, 하

하나님은 창조 이야기의 처음부터 존재하셨기 때문에 자신을 창조할 필요가 없으셨다. 하나님이 말씀하실 때 거대한 우주가 출현한 사실은 하나님이 도저히 믿기 힘들 정도로 강력하시다는 것을 보여 준다. 또한 이 이야기는 하나님이 우주 공간을 차지하는 물질만 창조하신 것이 아니라 그 모든 것에 질서를 부여하셨다는 것을 보여 준다. 이것은 하나님이 물질계가 작동하는 법칙을 창조하셨음을 강하게 시사한다.

아울러 이 이야기는 세계에 대한 몇 가지 중요한 내용을 말해 준다. 첫째, 우주는 시작이 있으며 영원한 것이 아니다. 둘째, 하나님이 의도적으로 우주를 창조하셨다. 따라서 우주는 우연이나 우발적인 사건의 우연한 융합이 아니다. 우주는 창조된 실재이기 때문에 하나님으로부터 독립적이거나 자족적이지 않다. 하나님이 창조세계에 질서를 부여하신 것은 세계 창조자로서의 하나님의 의식과 별도로 세계의 규칙성을 **묘사할** 수 있을지 모르지만, 규칙성을 설계한 하나님을 언급하지 않고는 궁극적으로 그것을 **설명할** 수 없다. 마지막으로, 하나님이 만물을 창조하실 때 그것에 대해 "좋았더라" 그리고 "심히 좋았더라"고 계속 말씀하셨다. 따라서 성경이 물질세계 자체를 악하게 보지 않는다는 점은 분명하다. 창조세계는 선하며, 하나님은 창조세계를 소중하게 여기고 사랑하신다.

기독교의 출발점은 이 책에서 소개한 다른 세계관들과는 완전히 정반대다. 어떤 세계관도 이런 종류의 창조를 기본적 사상으로 삼지 않는다. 소비주의와 같은 일부 세계관은 만물의 기원이 무엇인지에 대해 질문조차 하지 않는다. 다른 세계관들은 자신의 기본적인 현실의 기초를 먼 과거의 "나의 부족"(포스트모던 부족주의), 나의 국가(국가주의), 혹은 나의 자아(개인주의)에서 찾는다. 과학적 자연주의는 이 책에서 우주의 기원을 진지하게 고민하는 유일한 세계관이다. 그러나 자연주의 세계관은 기독교적 창조의 이해를 단호히 거부한다. 그 대신 우주를 구성하는 기본적인 물질과 그것을 지배하는 법칙이 영원하다고 가정한다. 나중에 살펴보겠지만, 창조 이야기의 부재는 이런 세계관에 일관성의 문제를 일으킨다.

1막 2장: 인간의 창조. 창조 이야기에는 인간의 창조라는 두 번째 핵심적인 장면이 포함된다. 인간은 창조의 특별한 부분이다. 우리는 흙으로 만들어져 흙으로 돌아간다(창 3:19). 다른 모든 피조물과 마찬가지로, 우리는 일시적이며 가변적인 존재다. 다른 한편으로, 성경은 오로지 인간만이 "하나님의 형상"(창 1:27)으로 지어졌다고 말한다. 대부분의 성경학자들은 "하나님의 형상"은 일차적으로 우리의 과제가 창조세계 내에서 하나님의 관심사를 대변하는 것을 나타낸다고 주장한다. 따라서 인간은 "인간의 모든 범위, 곧 이 땅을 통치하고 다스리는 방식에서 하나님의 왕국을 적극적으로 나타내라는 하나님의 요청을 받는다."[1]

피조물이자 하나님의 형상이라는 우리의 위치가 우리의 관계의 성격을 규정한다. 하나님은 인간과 독특한 방식으로 관계를 맺으신다. 그분은 인간과 대화하시고, 축복하시고, 인간에게 그들이 사는 동산을 돌보라는 책임을 맡기시고, 그들이 정당하게 선택할 수 있는 행동의 경계를 정하신다. 다른 피조물을 다스리라는 요청을 받았기 때문에, 자신과 다른 창조 질서에 대한 우리의 책임은 특별하다. 인간은 하나님의 대리자이기 때문에 이런 통치는 창조세계를 착취하는 방식이 되어서는 안 된다. 동산과 그 안의 모든 것은 좋았지만 하나님이 아담 안에 심어 놓으신 또 다른 관계 욕구를 채우기에는 충분하지 못했다. 아담을 창조하신 후 하나님은 "사람이 혼자 사는 것이 좋지 [않다]"(창 2:18)고 생각하셨다. 그래서 하나님은 하와를 창조하시고, 나중에 아담과 하와는 많은 자손을 낳는다.

우리의 관계적 속성이 우리 존재의 다양한 범위의 상호 관련된 차원을 가정하고 포괄하기 때문에 이 이야기에서 상당히 중요한 정보를 유추할 수 있다. 동산을 경작하라는 하나님의 명령(창 2:15)에서 이것을 분명히 볼 수 있다. 인간 존재의 사회적인 측면은 사람들이 동산에서 함께 일하라는 요청을 받았고, 또 그들이 이 명령을 이행하는 것은 윤리적으로 중요하다는 점에서 명확하다. 하나님이 창조세계 공동체의 다른 구성원에게 명령하시지만(가령, 창 1:22), 인간을 향한 그의 명령에는 독특한 특징이 있다. 인간은 의지를 가진 존재이며 하나님의 명령에 대한 순종 혹은 불순종을 선택할 수 있기 때문이다. 또한 이 과제에는 생물학적이고 경제적인 내용이 들어 있다. 아담과 하와는 동산을 경작하여 몸을 유지하는 데 필요한 물질적 재화를 생산해야 한다. 이 이야기는 그들에게 이성이 있다는 것을 암묵적으로 인정한다. 동산의 다른 피조물과는 달리, 인간은 필요한 의식주를 얻는 방법에 대한 본능적인 지식이 없다. 이성은 무엇보다도 그들에게 물질적 필요를 얻는 방법을 가르친다.

우리의 요점은 하나님의 이야기가 인간을 다차원적인 존재로 묘사한다는 것이다. 이 모든 인간의 능력은 하나님의 창조활동에서 비롯된 것이며, 우리가 하나님, 다른 사람, 그 이외 창조세계와 교류하도록 주어진 수단 중 일부이다. 간단히 말하면, 이것은 삶의 모든 차원이 영적 의미를 갖는다는 것을 보여 준다. 아담과 하와와 하나님의 관계는 인간이 자신의 관리 아래 놓인 것들과 관계를 맺는 방식과 분리될 수 없다. 또한 하나님이 설정하신 한계에 순종하는 것과 분리될 수 없다. 이것은 바로 이 책에 소개된 다른 세계관들이 부적절하다고 생각하는 이유를 설명한다. 다른 세계관들은 우리 존재의 한 측면을 절대화하고 그에 따라 환원주의적 경향을 갖는다. 개인을 절대화하는 개인주의는 우리의 사회적 속성을 적절하게 다룰 수 없다. 도덕적 상대주의는 우리의 자유와 의지를 절대화하려고 한다. 그러나 도덕적 상대주의는 이것들의 정당한 표현을 윤리적으로 제한하는 것을 무시한다. 포스트모던 부족주의는 사람이 문화의 산물이라고 주장함으로써 개인의 도덕적 책임을 약화시킨다. 과학적 자연주의는 지적 영역과 하나님이 양립할 수 없다고 보기 때문에 우리 삶의 영적인 부분을 제거한다.

하나님이 우리를 창조하신 방법에 담긴 의미는 거대하기 때문에 우리는 이 주제를 수박 겉핥기식으로 다룰 수 있다. 이것은 우리 삶의 모든 측면이 하나님과의 관계라는 우산 속에 들어와야 한다는 반복적인 주제의 기초다. 심리적 건강, 재정적 책임, 생산성, 국가에 대한 충성, 문화적 자부심, 적극적인 기도생활은 우리 존재의 구성요소이며, 우리의 구원을 향한 노력 안에 포함된다. 인격의 한 측면을 구원의 유일한 강조점으로 삼는다면, 인간 삶의 다른 중요한 부분이 구원 과정에서 빠지게 된다. 따라서 하나님이 창조세계에 대해 의도하신 온전함을 실현하기 어렵다.

또한 하나님의 이야기에는 창조세계가 소중하다는 사상이 깊이 새겨져 있다. 하나님은 인간이 완전한 삶을 사는 데 필요한 모든 것을 공급하심으로써 그가 창조하신 것을 사랑하고 돌보신다. 하나님은 인간에게 제공한 모든 능력이 생산적이고 만족스러운 방식으로 사용될 수 있도록 창조적인 배출구를 제공하신다. 인간은 사회적이고 업무적인 협력자로서 서로에게 소중하다. 동산의 나무들은 인간에게 아름다움(인간은 동산의 아름다움을 누리라는 말을 듣는다)과 생물학적 필요를 제공하기 때문에 소중하다. 따라서 아담과 하와는 상대방과 그들이 사는 동산을 마땅히 돌보아야 한다. 그러나 창조세계를 소중히 여겨야 하는 궁극적인 이유는 창조세계가 유용하기 때문이 아니다. 창조세계의 가치와 중요성의 원천은 창조세계를 향한 하나님의 사랑이다.

서로 경쟁하는 다른 세계관들도 우리가 타인을 사랑하고 창조세계를 돌볼 의무가 있다는 점을 인정한다. 그러나 그들이 생각하는 이런 의무의 근거는 불안정하다. 개인주의, 도덕적 상대주의, 인간중심치료, 소비주의는 우리가 사람들과 사물을 돌보아야 한다고 말한다. 단지 사람과 사물이 개인적인 목적을 달성하는 데 도움을 줄 때에만 그렇다. 사람과 사물이 이런 역할을 수행하지 못한다면 무시해도 된다. 다양한 형태의 자연주의는 인간이 어떻게 타인을 사랑할 수 있는지, 왜 타인을 사랑해야 하는지에 대해 설명하지 못한다. 부족주의와 국가주의의 신념은 내부인에 대한 사랑과 보호를 생존전략으로 설명하지만 외부인들은 위험한 요소로 본다. 이와 반대로, 기독교 세계관은 하나님이 만물을 소중하게 여기고 사랑하시기 때문에 인간과 그 이외의 피조물을 비롯한 모든 창조세계가 가치 있고 소중하며, 사랑스럽다고 말한다.

하나님의 이야기에서 인간의 중요성은 특별한 책임을 동반한다. 무에서 우주를 창조하는 능력을 가지신 하나님은 특정한 능력을 아담과 하와에게 주신다. 어떤 의미에서 하나님은 그들을 동역자로 보시고, 하나님의 영역 일부에 대한 관리책임을 부여하신다. 그들의 과제는 하나님이 그들에게 주신 모든 능력―함께 일하고, 생각하고, 소비하고, 선택하는 것―을 궁극적으로 하나님에게 속한 것에 대한 그분의 사랑을 나타내는 방식으로 사용하는 것이다. 마지막 내용은 인간이 맡은 책임의 중요한 내용을 보여 준다. 인간은 하나님의 세계 안에 자신의 위치를 가지며, 하나님이 그것을 소중히 여기시기 때문에 그 위치는 중요하다. 그러나 인간의 위치는 하나님의 위치와 다르기 때문에 인간의 의무와 함께 한계가 주어진다. 인간의 능력, 특히 인간의 의지는 자신의 한계를 넘어설 가능성을 제공한다. 이것이 하나님의 이야기 제2막의 시작이 된다.

2막: 타락. 오래 지속되는 이야기의 공통적인 특징은 비극이다. 기독교도 별반 다르지 않다. 아담과 하와는 엄청난 자유를 부여받았지만, 한 가지 제한이 있다. "동산 각종 나무의 열매는 네가 임의로 먹되 선악을 알게 하는 나무의 열매는 먹지 말라"(창 2:16-17). 기독교 이야기의 비극적인 부분은 그들이 이 경계를 넘어간 것이다. 이 일로 인해 그들의 삶은 혼란스럽게 된다. 문제는 이 일이 아담과 하와의 삶만 망쳐 버린 것이 아니라는 것이다. 전 인류(한 사람은 예외다)와 모든 창조세계가 이 불순종과 그에 따른 끔찍한 결과에 함께 휘말린다. 일반적으로 이 사건을 "타락"이라고 한다. 창조세계의 선함이 이 사건 때문에 비틀어지고 왜곡되었기 때문이다. 조화는 불화로 변하고, 평화는 분쟁과 죽음으로 전락하고 만다. 선으로부터의 타락은 선한 창조세계를 파괴하고, 이것은 이후 하나님 이야기의 모든 내용에 영향을 미친다.

그리스도인들은 아담과 하와의 불순종 사건에 모든 창조세계가 연루되는 메커니즘에 대해 오랫동안 의견이 엇갈렸지만, 그 뿌리에 교만이 있다는 것에 대해서는 동의했다. 이런 맥락에서 사용되는 교만은 오직 하나님께만 합당한 위치로 우리 자신을 끌어올리는 것을 의미한다. 자기 높임의 유혹은 2막에서 등장한다. 뱀이 아담과 하와에게 금지된 열매를 먹어도 "너희가… 하나님과 같이 되[리라]"(창 3:5)고 말한다. 타락의 이면에 놓인 가장 중요한 사실은 최초의 인간들이 금지된 것을 먹었다는 것이 아니다. 문제는 그들이 인간이 아닌 어떤 존재가 되기를 원했다는 것이다. 그들은 경계를 넘어가서 그들에게 속하지 않은 것을 취하려고 한다.

열 살 난 나의 아들은 총명하고, 재미있고, 재능이 많다. 그렇지만 나는 아들에게 나의 픽업 차량을 운전하거나, 자정까지 깨어 있거나, 총을 소지하는 것을 허락하지 않는다. 아들이 신용카드를 가지려면, 몇 년은 지나야 할 것이다. 아들은 훌륭한 아이지만 열 살 수준에서 그런 것일 뿐 성인은 아니다. 따라서 금지된 활동을 하려고 한다면, 그 결과는 좋지 않을 것이다. 아담과 하와는 인간으로서 적절한 자유와 책임을 부여받았다. 사실 그들은 원래 인간으로서 훌륭했다. 그러나 그들은 하나님이 아니었다(그렇게 될 수도 없었다). 그들은 하나님의 영역을 침범했고, 그 결과는 대재앙이었다.

이것은 교만이 초래한 비극이다. 비록 그들이 동산을 경작했지만 궁극적으로 아담과 하와는 삶을 유지하기 위해 모든 것을, 심지어 존재 자체를 하나님께 의존했다. 이것은 그들을 겸손하게 만들었을 것이다. 그러나 오만하게도 그들은 자신들에게 주어지지 않은 한 가지를 붙잡았다. 현실을 제대로 직시했다면 하나님이 그들에게 주신 힘, 책임, 자유에 대해 마땅히 감사해야 했다. 그러나 그들은 감사하지 않고 더 많은 것을 움켜쥐려고 했다. 하나님이 사랑으로 창조하신 세계를 제공받은 그들은 그 사랑에 마땅히 화답해야 했다. 그러나 교만은 이것을 파괴적인 자기애로 왜곡한다. 간단히 말하면, 타락은 하나님으로부터 받은 선한 것을 잘못 사용한 것이다.

하나님의 선을 오용한 결과, 그것이 발생한 순간부터 지금까지 전체 창조세계를 흔들어 놓는다. 1막의 주제가 하나님이 창조세계와의 관계를 시작하신 것이라면, 하나님 이야기의 2막의 주요 내용은 이 관계의 파괴다. 원래 아담과 하와는 하나님과 마음을 터놓고 정직하게 소통했다. 그러나 그들이 불순종한 후에 하나님이 다가오셨을 때 "아담과 그의 아내가 여호와 하나님의 낯을 피하여 동산 나무 사이에 숨[었다]"(창 3:8). 그들과 하나님의 관계는 솔직함에서 도피로 바뀌었다. 이것이 전부가 아니었다. 하나님이 어떻게 된 일인지 묻자, 아담은 책임을 아내에게 돌린다(창 3:12). 그들은 서로에게서 멀어지게 된다. 이런 상황은 여기에서부터 후대로 점점 더 확대된다. 그들의 아들 가인은 질투심에 불타서 동생 아벨을 살해한다(창 4:1-16). 라멕(창 4:23-24)은 가문의 복수와 살인을 시작한다. 죄가 확대되는 과정을 살펴보자. "하나님과의 왜곡된 관계는 부부, 가족, 사회를 차례로 손상을 입혀 분열시킨다."[2]

타락 이후 전개되는 이야기의 모든 내용에는 불순종의 부패한 결과가 나타난다. 성경에서만 그런 것이 아니다. 이런 결과는 우리 삶의 구석구석에 퍼져 있다. 이것이 창조 이야기와 달리, 모든 세계관이 죄와 파괴의 문제를 다루어야 하는 이유다. 모든 철학자와 종교는 우리가 보편적으로 무언가 깊이 잘못되어 있다는 점을 인정한다. 라인홀드 니버(Reinhold Niebuhr)가 표현했듯이, "원죄 교리는 기독교 신앙 중 유일하게 경험적으로 입증 가능한 교리다."[3]

우리는 이러한 비극적인 잘못을 뼈 속 깊이 느끼기 때문에 이것을 간과할 수 없다. 그러나 이것은 모든 세계관이 이러한 창조세계의 왜곡을 같은 방식으로 해석한다는 뜻은 아니다. 뉴에이지는 이런 잘못을 느낄 때, 이원론적 환상 안에 우리의 신적 자아를 가두는 것으로 해석한다. 국가주의는 우리의 문제를 군사적 혹은 경제적 불안으로 규정한다. 자연주의적 세계관은 오래된 미신에 의지하기 때문에 문제가 발생하면 이것은 과학으로만 치유될 수 있다고 주장한다. 요약하면, 역사상의 모든 세계관은 우리가 무언가 심각하게 잘못되었다는 것을 깊이 인식한다. 그러나 그에 대한 진단은 완전히 다르다.

이런 다양한 세계관들의 주요 내용에 동의할 수 있는 한 가지 이유는 죄가 삶의 모든 측면을 오염시킨다는 기독교적 확신에서 비롯된다. 뉴에이지 지지자들이 영성을 배제하고 물질을 지나치게 강조한 것에 대해 우려할 때 혹은 국가주의자들이 정치적·경제적 불안에 대해 염려할 때, 그리스도인들은 곧장 조건부 동의를 표시할 수 있다. 기독교 세계관은 이런 것들을 문제로 보는 것에 주저하지 말아야 한다. 다만 하나님의 이야기는 그것들이 유일한 문제가 아니라 더 큰 문제의 증상으로 규정한다는 점에서 다른 세계관과 다를 뿐이다. 우리는 이런 이유 때문에 환원주의를 다시 비판한다. 이 책에서 소개한 다양한 세계관들이 실패한 한 가지 이유는 문제를 제대로 볼 수 있을 정도로 시야가 크지 않다는 것이다. 죄는 삶의 모든 측면에 스며든다. 죄는 어디서나 나타난다. 건전한 기독교 세계관은 경제적·사회적·도덕적·심리적·영적·지적 차원의 죄를 인정하며 죄를 우리 존재의 어느 한 영역으로 축소하지 않는다.

이 책을 쓰게 된 한 가지 기본적인 동기는 다양한 세계관의 환원주의가 인간 존재의 근본적인 문제를 잘못 진단하고 있다고 확신했기 때문이다. 아울러 이런 오진이 인간 타락의 파급효과와 관련이 있다고 믿는다. 만일 근본적인 문제가 하나님의 영역에 대한 우리의 지나친 요구에서 비롯된 것이고, 우리의 노력으로 이 문제를 해결하려고 시도한다면, 문제는 해결되지 않고 영구화될 뿐이다. 우리가 각각의 세계관에서 확실히 발견한 부분은 바로 이것이다. 소비주의는 더 많은 돈과 재화를 축척함으로써 이 문제를 해결하려고 한다. 종교가 된 심리 치료는 심리 치료사를 하나님의 위치에 놓는다. 뉴에이지와 개인주의는 방식은 다르지만, 각 개인을 우주의 가장 중요한 실재로 만든다. 국가주의와 포스트모던 부족주의는 정치적·사회적 조직을 궁극적인 권위로 높인다. 세계관의 기본적인 질문 중 하나는 누가 신인가 하는 것이다. 기독교는 오직 하나님만이 이 역할에 적합하며, 원죄는 하나님을 그보다 못한 다른 것으로 대체한 것이라고 주장한다.

대부분의 비극과 마찬가지로, 기독교 이야기의 비극적인 이 부분에는 엄청나게 역설적인 유머가 들어 있다. 하나님의 영역을 침범한 후, 혼란에 빠진 인간은 스스로 이 문제를 해결할 수 있다는 영리한 생각을 떠올린다. 하지만 이것은 문제, 곧 하나님이 무대에서 밀려나신 상황을 지속시킬 뿐이다. 우리는 문제를 해결책으로 다시 정의하고, 심리 치료, 정부 프로그램, 문화적 고립, 돈, 교육, 그 밖의 다른 것을 신뢰한다.

역설적이게도, 이런 해결책들이 타락의 끔찍한 결과를 해결하는 데 실제로 중요한 역할을 하려면 각 해결책이 하나님의 통치 아래 적합한 위치를 차지해야 한다. 그러나 우리가 그런 해결책들을 유일한 해법으로 본다면, 그것은 또 다른 문제가 될 뿐이다. 각각의 "해결책"이나 종합적인 해결책이 하나님의 권위 아래 놓이지 않는다면, 재난을 지속시킬 뿐이다. 기독교적 관점에서 볼 때, 스스로 땅을 파서 구덩이에서 탈출하려는 시도가 하나님의 통제 아래 놓이지 않는다면, 그것은 우리를 더 깊은 구덩이로 빠뜨릴 뿐이다. 하나님을 떠나 독립을 선언함으로써 비롯된 타락의 해결책을 찾으면서 하나님으로부터 독립을 주장하는 것은 우스꽝스러운 역설이다. 이것은 우스운 일이면서, 한편으로는 엄청난 비극이다.

3막: 언약. 대부분의 이야기는 여기에서 끝난다. 은혜로우신 하나님이 선하고 아름다운 세계를 창조하신다. 인간이 창조세계의 선함과 은혜를 거절하고 반역한다. 당신은 하나님이 우리를 끝장낼 것이라고 생각할지 모른다. 잠시 후, 이 이야기가 그런 방향으로 전개될 것처럼 보인다. 하나님은 죄가 인간 사회에 가득하고 "사람의 마음으로 생각하는 모든 계획이 항상 악할 뿐임"(창 6:5)을 보시고 이렇게 말씀하신다. "내가 창조한 사람을 내가 지면에서 쓸어버리되 사람으로부터 가축과 기는 것과 공중의 새까지 그리하리니 이는 내가 그것들을 지었음을 한탄함이니라"(창 6:7). 하지만 홍수 후에 하나님은 노아와 그의 가족을 보존하시고 그들과 계약, 곧 언약을 맺으신다. "내가 다시는 사람으로 말미암아 땅을 저주하지 아니하리니 이는 사람의 마음이 계획하는 바가 어려서부터 악함이라. 내가 전에 행한 것 같이 모든 생물을 멸하지 아니하리니"(창 8:21).

이 언약을 통해 하나님은 아무런 자격도 없는 인간과의 관계를 다시 주도적으로 맺으신다. 하나님은 가장 가능성이 없어 보이는 환경에서 아브라함을 통해 한 민족을 창조하시고, 역시 불가능해 보이는 조건 속에서 그들을 보존하신다. 예를 들어, 결국 아브라함의 자손들은 당대의 가장 강력한 제국의 노예가 되고, 하나님은 그들을 이끌어 내어 매우 긴 여정을 거친 후에 땅을 주신다. 때로 이 언약 백성은 한 국가로서 번영을 누린다. 어느 때에는 이 백성이 완전히 사라질 것처럼 보인다. 이스라엘의 땅은 바벨론과 바사의 정복으로 황폐해지고, 백성은 포로로 끌려간다. 고국으로 돌아가도 좋다는 허락을 받은 후 이스라엘은 헬라제국의 작은 속국이 되었고, 나중에는 로마제국의 훨씬 더 작은 속국이 된다.

하나님은 이 모든 흥망성쇠를 거치면서 자비롭게도 자기 백성을 보존하신다. 이런 보존에 대한 감사와 신실한 신앙을 보여 주는 빛나는 사례를 여러 시대에서 확인할 수 있다. 그러나 하나님의 백성은 타락을 초래했던 것과 똑같은 오만과 망각을 더 자주 보여 준다. 여러 세기 동안에 걸친 이 이야기의 요점은 하나님의 백성이 보여 준 불성실함이 아니라(비록 신실함이 이상적 덕목이긴 하지만), 하나님이 자기 백성에게 나타내신 신실함이다. 심지어 그들이 다른 왕국들이 힘을 얻기 위해 사용한 수단에 의지하거나, 하나님의 선지자들의 간청을 무시할 때조차도 하나님은 언약을 끝까지 지키신다. 다음 두 개의 막에서는 이런 하나님의 은혜를 강조한다.

4막: 성육신. 우리의 기본적인 문제가 하나님으로부터 독립을 선언하고 그분의 역할을 빼앗으려고 시도한 데서 비롯되었다면, 해결책은 우리가 다시 하나님께 올바르게 의존하는 것이다. 그러나 우리는 스스로 그렇게 행할 능력이 없는 것 같다. 언약을 충실히 지키지 못한 우리의 모습은 역사에서 계속 반복되어 나타난다. 우리는 도움이 필요하다. 우리 자신이 아닌 구주가 필요하다. 이런 필요성 때문에 하나님 이야기의 4막, 곧 성육신이 펼쳐진다. 성육신은 하나님이 예수 안에서 육신이 되었다는 신앙을 일컫는다. 틀림없이 이 신앙은 도전적인 사상이다. 우리는 모두 현재의 인간이 어떤 존재인지를 너무나 잘 알기 때문이다. 또한 하나님이 어떤 분이신가에 대한 개념도 갖고 있다. 두 개념은 쉽게 조화가 되지 않는 것처럼 보이기 때문에 긴장이 발생한다.

초대 그리스도인들도 동일한 갈등을 겪었다는 사실을 알면 도움이 될 것이다. 그들이 예수님을 만난 경험은 그가 인간이면서 동시에 하나님이라는 확신을 주었다. 그러나 초대 그리스도인들은 수 세기 동안 어떻게 이 둘을 통합할 것인가를 두고 논쟁을 벌였다. 성육신에 대한 기독교적 이해를 살펴보는 최선의 방법 중 하나는 그리스도인들이 어떤 관점을 거부했는지 알아보는 것이다. 에비온파라고 부르는 집단은 예수님을 하나님이 메시아로 선택하신 매우 선한 사람이라고 믿었다. 이것은 예수님이 완전한 신이 아니라는 뜻이었다. 그와 반대로, 가현설 신봉자들은 예수님이 진짜 하나님이지만 진짜 인간은 아니라고 믿었다. 예수님의 육체는 환상이었다는 것이다. 네스토리우스파는 예수님 안에 두 개의 본성이 있다고 제안했다. 예수님이 기적을 일으킬 때는 그의 신성이 활동하고, 예수님이 고통으로 울거나 움찔하고 놀랄 때는 그의 인성이 나타난 것이다. 달리 말하면, 두 개의 본성이 예수님 안에서 하나로 통합된 것이 아니라 단순히 예수님 안에서 다른 공간을 차지했을 뿐이다. 교회가 이 세 가지 관점을 모두 거부한 이유는 완전한 신성과 완전한 인성이 한 인간 안에 완전하게 통일되어 있다는 확신을 온전히 나타내지 않았기 때문이다.

전통적으로 기독교는 성육신의 기술적인 측면을 이해하려는 노력보다는 이 교리가 하나님과 우리에 관해 무엇을 말하는지에 더 초점을 맞추었다. 성육신은 3막에 나타난 언약과 연속선상에 있으며, 우리를 대신하여 하나님이 적극적으로 개입하심을 강조한다. 하나님은 인류와의 관계를 맺으시기 위해 아브라함의 자손으로부터 한 민족을 세우고, 애굽의 노예상태에서 자기 백성을 해방하고, 땅을 주고, 백성을 인도하고 경고할 선지자를 보내겠다는 언약을 아브라함과 체결하신다. 성육신은 하나님의 개입을 새로운 차원으로 끌어올린다. 인간 예수 안에서 하나님이 우리의 역사 안으로 들어오시고 우리 가운데 사신다.

또한 성육신은 예수라는 온전한 인간을 강조함으로써 창조 사상을 나타낸다. 성경이 최초의 인간에게 붙여진 명칭(창 1:26-27)인 "하나님의 형상"(고후 4:4)으로 예수님을 묘사한 것은 주목할 만한 가치가 있다. 이것은 예수님의 인성이 우리 모두를 향한 하나님의 목적 — 하나님과 완벽한 관계를 맺고 있는 생명 — 을 나타냄을 암시한다. 예수님에게 인성이 없다면 완전하지 않다. 그러나 예수님 안에서 인성이 온전하게 이루어졌다. 예수님 안에서 물질은 신성을 끌어내리지 못한다. 오히려 신성이 피조된 것과 물질적인 것을 고양시킨다. 예수님이 온전히 인간이시라면, 자신을 온전히 따르라는 그의 요청은 우리가 더 이상 인간이라는 이유로 자신의 죄에 대해 핑계를 댈 수 없다는 뜻이다.

성육신을 이해할 때 어려움을 겪는 이유는 이 이야기의 2막에서 찾을 수 있다. 에덴동산에서 추방당한 지 아주 오래되었기 때문에 성육신이 없었다면 우리는 창조세계가 하나님에게 반역하지 않았던 때를 잊어버렸을 것이다. 타락은 모든 것을 오염시켜서 창조세계와 하나님의 평화로운 일치를 기억할 수도 없게 한다.

따라서 창조세계와 하나님의 부조화라는 현재 상태는 보통 우리를 두 방향 중 한쪽으로 이끈다. 첫째는 한 영역을 다른 영역으로 흡수하는 일원론을 지향하는 경향이다. 뉴에이지 사상은 물질 영역을 단순히 신기루로 평가절하하며, 뉴에이지의 일원론은 모든 것을 신성한 것으로 흡수한다. 자연주의의 일원론은 그것과 반대 방향으로 간다. 자연주의는 신성한 것을 제거하고 모든 것을 물질로 환원한다. 두 번째 방향은 물질과 신성한 것을 양립할 수 없는 것으로 보는 강한 이원론이다. 안타깝게도, 이런 종류의 이원론은 결코 나타나서는 안 될 곳에서—기독교에서—가장 자주 등장한다. 역사상 많은 그리스도인들이 물질적인 것을 악이나 영성의 방해물로 보았다. 이런 사상에 따르면, 우리가 진실로 하나님과 연결되기 원하면 영적 능력 이외의 모든 차원을 무시해야 한다.

이러한 이원론적 응답은 두 가지 오류에 빠지고 만다. 첫째, 우리에게는 우리를 죄에서 구원해 줄 결함이 없는 영적 영역이 없다. 우리 존재의 모든 영역은 타락과 관련되어 있다. 따라서 구원은 우리 삶의 모든 차원에서 이루어져야 한다. 두 번째 오류는 예수님의 인간성이 확실하며 온전하다는 사실을 인정하지 않는 것이다. 성육신 안에서 하나님과 일치되는 것은 육신을 이탈한 영적 존재가 아니라 물리적·심리적·사회적·지적·영적 인간이다. 따라서 물질적인 것은 본질적으로 나쁜 것이 아니다. 인류의 타락으로 인해 우리의 다른 능력과 함께 물질적인 것이 나쁘게 된 것이다.

따라서 성육신은 일원론이나 그와 상반되는 이원론을 넘어서 하나님과 창조세계의 적절한 관계를 이해할 수 있는 제3의 방식을 보여 준다. 성육신은 예수님 안에서 하나님은 온전히 하나님이시고, 인간 예수는 온전히 인간이라는 의미에서 이원론적이다. 그러나 성육신은 하나님과 창조세계 사이의 관계 일치, 의지와 사랑의 일치라는 이상을 상징한다.

1막의 내용은 하나님이 우리를 창조하셨기 때문에 우리를 안다는 점을 알려 준다. 그러나 성육신은 이것이 어느 정도 거리를 둔 앎이 아니라는 것을 일깨워 준다. 하나님은 성육신을 통해 예수님이 되심으로써 인간성 내부로부터 우리를 아신다. 예수님은 이 땅에서 사실 때 굶주리시고, 친구들과 어울리시고, 행복과 분노를 경험하시고, 장거리 여행으로 지치시고, 심한 고통을 겪으셨다. 간단히 말하면, 그는 모든 유혹과 도전과 함께 인간으로서의 모든 경험을 겪으셨다. 히브리서 기자는 이렇게 썼다. "우리에게 있는 대제사장은 우리의 연약함을 동정하지 못하실 이가 아니요 모든 일에 우리와 똑같이 시험을 받으신 이로되 죄는 없으시니라"(히 4:15). 마지막 구절은 결정적인 차이를 분명히 보여 준다. 예수님의 무죄성은 비록 모든 다른 인간들이 죄가 있다 해도, 인간성 자체는 죄가 없다는 것을 보여 준다. 그러나 죄는 인간성을 부패시킨다. 예수님이 실제적이고 온전한 인간성을 입는다는 사실은 하나님의 구원이 인간성에서 벗어나는 것이 아니라 온전한 인간성을 회복하는 것임을 보여 준다. 이 내용은 우리를 하나님의 이야기 마지막 장으로 이끈다.

5막: 구원. 하나님의 이야기 마지막 내용은 우리가 구원이라고 부르는 것이다. 성경은 구원을 다양한 방식으로 나타내지만, 기본적인 개념은 회복이다. 어떤 것이 처음에는 좋은 상태였다가 부패한 후 새로운 상태로 회복하는 것이다. 구원은 창조에서 시작하여 이 이야기의 모든 이전 내용에 대해 결론을 내리는 것이다.

기독교 이야기의 5막은 4막이 끝나기 전에 시작한다. 무죄하며 성육신하신 하나님-인간(God-human)인 예수님은 십자가에 처형된다. 그러나 그의 죽음은 끝이 아니다. 하나님은 부활을 통해 그의 죽음을 역전시키신다. 이 사건이 모든 것을 변화시킨 이유는 이 사건을 통해 하나님에게서의 분리와 죽음이 모든 창조세계에 대해 역전될 가능성이 생기기 때문이다. 다른 많은 교리와 마찬가지로, 그리스도인들은 예수님의 죽음과 부활이 우리와 하나님의 관계를 회복하는 방법에 대해 다양한 이론을 제시한다. 이 이야기의 본질에 비추어 볼 때, 예수님이 가져오신 구원에 참여하는 것은 예수님이 구원을 **어떻게** 이루셨는가에 대한 정확한 이해에 좌우되지 않기 때문에 여기에서는 이와 관련된 논의를 피하고자 한다.

앞서 우리는 예수님의 죽음과 부활이 구원의 **가능성**을 제공한다고 말했다. 여기에서 구원의 가능성이란 표현을 하나님이 구원을 성취하실 수 있느냐 혹은 없느냐의 문제로 오해하지 말아야 한다. 그럼에도 구원이 여전히 가능성으로 남는 이유는 우리 자신 때문이다. 하나님이 에덴동산에 있는 아담과 하와의 의지를 무시하지 않으셨기 때문에 그들에게는 하나님을 거역할 가능성이 있었다. 마찬가지로, 하나님은 우리에게 구원을 주실 때 우리의 의지를 무시하지 않으신다. 우리는 여전히 불순종을 선택할 수 있다. 하나님의 구원을 받아들이기 어려운 이유는 우리의 타락 때문에 하나님과 계속 거리를 두기 때문이다. 여러 번 보았다시피, 하나님은 관계 회복에서 주도권을 행사하신다. 이 단계에서도 하나님은 성령으로 오셔서 우리의 의지가 하나님의 의지와 다시 일치하게 하시고 그의 언약 백성이 되게 하신다.

성경은 이런 일치의 조건을 믿음이라고 말한다. 믿음은 흔히 어떤 사상에 대한 신념으로 정의한다. 그러나 이런 정의는 믿음에 대한 온전한 기독교적 의미를 나타내기에 부족하다. 믿음은 **믿음의 내용**뿐 아니라 **믿음의 방법**까지도 포함한다. 후자는 우리 전 존재의 신념, 곧 구원을 베푸시는 하나님에 대한 신뢰를 말한다. 어떤 사상에 대한 지적인 동의만으로는 충분하지 않다. 예수님의 구원사역에 대한 믿음은 삶의 모든 측면을 건드리고 변화시켜야 한다. 하나님의 이야기는 우리의 정체성, 확신, 가치관, 행동을 하나님의 뜻과 일치시키는 방식으로 우리 개인의 이야기를 다시 쓰라고 요구한다.

기독교 신앙 체계의 내용은 독특할지 모르지만, 신앙 체계라는 점에서는 특별하지 않다. 모든 세계관이 신앙 체계이기 때문이다. 기독교와 마찬가지로, 모든 세계관에는 우리의 삶을 새롭게 하려는 신념이 포함되어 있다. 아울러 각 세계관은 이 세계가 무언가 심각하게 잘못되었으며, 진단을 통해 잘못된 부분을 고칠 수 있는 처방을 제공할 수 있다고 주장한다. 또한 모든 세계관은 구원이 미래에 다가올 간절한 희망이라는 점에서 신앙 체계다. 현재 세계의 타락 상태는 각 세계관의 해결책이 바라는 구원을 실제로 이룰지의 여부를 아직 판단할 수 없다는 말이다. 이 세계가 아직도 혼란하다는 점을 고려할 때, 이 책의 어떤 세계관도 자신들의 구원에 대한 처방이 효과적임을 입증하지 못했다. 다만 믿음을 갖고 있을 뿐이다.

이제 우리가 질문해야 할 문제는 기독교의 구원 개념이 지금까지 검토한 다른 신앙 체계의 개념과 비교하여 어떤 차이가 있는가이다. 앞 장에서 구원 개념을 살펴보면서 각 세계관이 제시하는 현재의 타락 상태에 대한 진단과 구원받은 인간의 모습을 다음과 같이 요약한다.

그리스도인들은 구원의 비전으로 표현된 많은 내용에 대해 거의 문제를 느끼지 못할 것이다. 무엇보다도, 각 세계관은 죄의 영향을 받은 삶의 특정 영역을 치유하려고 한다. 사실 우리는 인간 삶의 각 영역이 창조를 통해 정당성을 부여받았으며, 각 영역에 구원이 필요하다고 주장했다. 문제는 앞서 다룬 각 구원 모델들이 단지 삶의 일부분만 구원한다는 것이다. 이 구원 모델들은 각 개인이 영적 자아, 혹은 경제적 자아, 혹은 정치적 자아, 혹은 심리적 자아, 혹은 문화적 자아, 혹은 개인적 자아, 혹은 도덕적 자아, 혹은 이성적 자아로서 구원이 필요하다고 본다. 그러나 이 모델들의 인간 이해가 부분적이기 때문에 구원 계획 역시 삶 전체를 포용하지 못한다.

표. 구원이란

뉴에이지	이원론적 환상을 극복함으로써 신적 자아를 해방한다.
자연주의	미신(종교 등) 때문에 발생한 무지를 극복하고 이성을 이용하여 모든 문제를 해결한다.
종교가 된 심리 치료	심리 치료 방법을 이용하여 자유롭게 타인 및 자신과 건강한 관계를 맺는다.
개인주의	이용 가능한 모든 자원을 활용하고 타인의 모든 제약적 기대에서 벗어남으로써 자신의 특정 목적을 달성한다.
소비주의	필요를 채우기 위해 충분한 부를 축적한다.
포스트모던 부족주의	정치적 힘을 통해 지배집단의 억압을 극복하고 문화적 정체성을 지킨다.

국가주의	군사적·정치적·경제적 힘을 이용하여 국가 이익, 전통, 국토를 지킨다.
도덕적 상대주의	타인이 우리에게 부과한 제한된 가치판단에서 해방되고, 행동의 차이를 관대하게 받아들인다.

이와 반대로, 기독교적 구원은 하나님의 자녀 됨, 노예상태에서 해방, 칭의, 용서, "그리스도 안에 거함", 죄로부터 자유, 새로운 탄생, 새로운 창조와 회복을 비롯한 다양한 방식으로 표현된다. 이런 구원의 은유들은 모두 죄로 인한 왜곡에서 자유로워지고 온전한 사람으로 하나님과 다시 연합된 새로운 관계를 상상한다. 앞서 말했듯이, 기독교의 구원은 많은 측면에서 창조 때의 관계로 돌아가는 것이다. 나중에 논의하겠지만, 타락의 지속적인 영향이 남아 있기 때문에 처음 상태와는 중요한 차이가 있다. 그러나 핵심적으로 구원은 타락의 회복, 추방으로부터의 귀환, 조화로운 창조 질서의 회복에 관한 것이다. 한때는 죄가 우리와 하나님과 창조세계 사이를 멀어지게 했지만, 구원은 우리를 하나님의 동역자 관계로 다시 회복시킨다.

구원받은 삶에 대해서는 여러 측면에서 말할 수 있지만, 두 가지 주요한 점만 언급하려고 한다. 첫째, 현재 우리의 구원 상태는 실질적이지만 부분적이다. 나중에 이 부분에 대해 다시 언급할 것이다. 구원은 하나님 편에서는 완성되었지만 우리의 삶은 아직 이 구원을 충분히 나타내지 못하고 있다. 둘째, 깨어지고 무질서한 이 세계의 근본 원인이 교만이라면, 구원을 위해서 교만을 버려야 한다. 간단히 말하면, 구주가 필요함을 인정하는 것은 우리 자신을 하나님의 위치에 놓는 것이 미친 짓이라는 것을 이제 이해한다는 뜻이다. 아울러 그 구주가 온전한 하나님이시기 때문에, 예수님이 우리를 구원하신다는 것은 우리가 하나님의 의로운 역할—타락했을 때 우리가 하지 못했던 역할—을 인정한다는 뜻이다.

예수님을 구주로 인정하는 것은 단순히 입술로만 고백하는 것 이상이어야 한다. 이것은 완전한 변화로 이어져야 한다. 이 부분에서 많은 사람들은 구원의 표시로서 거의 대부분 행동의 변화로만 생각한다. 행동의 변화가 수행하는 타당한 역할을 간과하고 싶지는 않다. 우리의 행위가 하나님이 우리에게 주신 능력을 오용할 때, 이런 행동은 우리 삶 속에 하나님의 통치를 받아들이는 행동으로 바뀌어야 한다. 게다가 이런 변화는 더 깊어져야 한다. 앞서 언급했듯이, 교만은 배은망덕, 오만, 불건전한 자기애와 같은 추한 친척들을 끌어모은다. 구원은 이런 것들을 건강한 상태로 바꾸어 우리를 다시 감사할 줄 알고 겸손한 사람으로 만들어야 한다. 그리하여 우리를 창조하시고 하나님의 동역자로 회복시키시고, 하나님의 백성과 연합하게 하시는 하나님께 일차적인 사랑을 바치게 해야 한다. 달리 말하면, 구원은 우리의 행동뿐 아니라 우리의 인격과 관련된다.

창조 때와 마찬가지로, 동역자 관계는 우리의 의무를 규정한다. 우리는 하나님이 세계를 향해 품으신 사랑을 우리 존재의 모든 부분에서 나타내야 한다. 하나님의 교회, 하나님의 백성으로서 우리의 과제는 하나님의 구원 활동에 나타난 특징을 역사 속에서 모범적으로 실천하는 것이다. 하나님을 외면했을 때조차도 하나님은 우리를 사랑하셨기에, 우리는 우리를 미워하는 사람들을 사랑해야 한다. 우리의 구원이 하나님의 동산을 돌보라는 새로운 요청이라는 인식이 삶의 모든 측면—공동체 참여, 직업, 우정, 가족 생활, 경제적 노력, 심지어 먹는 음식과 먹는 방법까지도—에서 드러나야 한다. 예수님은 이것을 제자들에게 가르친 기도문에서 아버지의 뜻이 "하늘에서 이루어진 것같이 땅에서도 이루어지이다"(마 6:10)라고 요약했다. 우리 삶의 각 부분이 하나님 나라의 목적과 본질을 지향해야 한다. 여기에서 명백한 문제는 우리가 이런 동역자 관계의 목적을 매우 불완전하게 실천한다는 것이다. 1장에서 말했듯이, 우리의 삶은 흔히 우리가 믿는다고 주장하는 내용과 일치하지 않는다.

하나님의 이야기 다시 돌아보기

기독교는 구원 사건이 이미 일어났다고 주장하면서, 동시에 우리의 현재 삶에 구원이 불완전하게(흔히 아주 불완전하게) 성취된 상황을 어떻게 설명하는가? 이 문제는 우리가 기독교 세계관을 하나의 이야기로 제시해야 한다고 주장하는 이유를 잘 보여 준다. 이야기는 시작부터 결말까지 차곡차곡 쌓이는 형식으로 이루어진다. 이야기는 이전 사건을 배경으로 삼아 이어질 때 줄거리가 만들어진다. 마찬가지로 하나님의 이야기 마지막 내용은 이전 내용을 계속 돌아보게 한다.

이러한 이야기의 속성은 이야기가 명제 체계보다 비체계적이라는 뜻이다. 사실 삶은 논리적으로 연결된 개념들을 질서정연하게 모아놓은 것이 아니다. 구원받은 삶을 비롯하여 모든 삶은 혼란스럽다. 기독교는 이것이 2막－타락－이 그 영향력을 발휘하기 때문이라고 말한다. 심지어 구원받고 나서 성숙해진 사람들의 행동, 가치관, 태도조차도 여전히 하나님의 이상을 매우 불완전하게 드러낼 뿐이다. 구원은 이미 시작되었고 믿음을 가진 사람들에게는 현실이지만, 타락은 여전히 창조세계에 긴 그림자를 드리운다. 우리에 대한 죄의 영향력은 파괴되었지만 타락의 영향은 아직도 우리 삶에 깊숙이 퍼져 있다.

2막—타락—이 여전히 한 요소로 남아 있지 않다면, 구원이 불순종의 모든 결과를 즉시 제거했다면, 그리스도인들은 자신의 믿음이 낯선 세계관에 의해 탈취당할 수 있다는 경고를 받을 필요가 없을 것이다. 그러나 타락 상태에 있는 우리는 삶의 다양한 영역에 대한 자기 통제력을 확보하려고 노력한다. 그리스도인들이 하나님 창조세계의 주인이심을 인정하지 않을 때, 그들의 경제생활은 여전히 하나님에 대한 불순종 상태에 있다. 결과적으로 많은 그리스도인이 하나님과 돈을 함께 숭배하려고 시도한다. 이와 마찬가지로, 국가주의는 하나님의 사역이 국가의 이상이나 생존 없이는 진행될 수 없다고 생각하도록 우리의 믿음을 왜곡한다. 달리 말하면, 하나님의 백성으로서의 시민권을 유지하기 위해서는 국가 시민권을 이차적인 것으로 보아야 한다는 것을 인식하지 못한다. 무의식중에 우리의 "부족" 전통이나 관습을 하나님 나라와 거의 동일시하기 때문에 기독교와 부족주의를 혼합하는 문화적 우상숭배에 빠진다. 간단히 말하면, 타락한 상태에 놓인 우리는 삶의 다양한 부분에서 하나님을 회피하려는 유혹에 끊임없이 직면한다. 더 정확히 말하면, 하나님을 회피하려는 경향은 현재의 구원 상태에서는 어쩔 수 없다.

타락이 구원의 완성을 계속 방해하지만, 다행스러운 점은 이것이 끝이 아니라는 것이다. 2막 후에 이어지는 3막에서 우리는 자기 백성과의 관계를 재정립하시려는 하나님의 바람을 본다. 4막에서 예수님의 무죄한 삶은 우리 자신의 완전한 구원 가능성을 보여 준다. 예수님의 부활은 죄의 모든 영향이 우리에게서 궁극적으로 사라질 것이라는 약속으로 제시된다. 따라서 아직 5막이 끝난 것이 아니다. 구원은 아직 완성되지 않았다. 언약, 성육신, 부활은 타락이 완전히 회복되는 5장의 클라이맥스를 예고한다. 그때 우리는

"사망을 삼키고 [이길 것이다]"(고전 15:54). 그리고 하나님은 "만유 안에 계[실 것이다]"(고전 15:28).

그런데 하나님의 이야기는 진실인가?

간단하게 정리한 기독교 이야기는 사실상 요약에 불과하다. 세부 내용을 채우기 위해 수많은 내용을 말할 수 있다. 하지만 기독교 이야기를 제법 정확하게 요약했다고 가정한다 해도, 또 다른 중요한 문제를 다루어야 한다. 즉 이 이야기가 과연 진실일까? 기독교는 현실, 하나님, 윤리, 인간 본성, 지식, 그 이외 세계관에 포함되어야 하는 모든 것들을 정확하게 설명하는가? 기독교의 핵심교리를 변호하는 것이 이 책의 주요 목적은 아니지만, 이 문제에 대해 어떻게 생각하는지 우리의 기본적인 견해를 밝히려고 한다.

소수의 그리스도인들은 "하나님은 존재하시며 우주의 창조자"라는 주장을 증명할 수 있다고 믿는다. 그러나 대부분의 그리스도인들은 하나님의 존재에 관한 확신은 증명의 문제라기보다 궁극적으로 신앙적 진술이라고 말한다. 이런 진술을 신앙적 주장이라고 말하면, 많은 비그리스도인들은 신앙이 이성과 대립한다고 가정하기 때문에 기독교를 의심한다. 이 가정에 따르면, 신앙은 비이성적이며, 하나님을 믿는 신앙을 선택한 것은 순전히 임의적이다. 이러한 신앙의 일차적인 오류는 반드시 그럴 필요가 없는 양자택일의 견해를 취한다는 것이다. 이 견해는 신앙은 이성으로 증명할 수 있어야 하거나, 아니면 신앙은 비이성적이라는 의미다. 이와 반대로, 우리는 신앙적 주장을 증명하지 못할 수도 있지만 신앙적 주장이 비이성적이지 않다는 근거를 제시할 수 있다고 주장한다. 이것이 기독교의 핵심 신앙을 지지하기 위한 최소주의적 방법(사물의 근본만 표현했을 때 사물의 진정한 실상을 나타낼 수 있다는 사상적 견해 – 역주)처럼 보인다면, 다른 세계관들 역시 증명 시험을 통과하지 못했다는 것을 기억할 필요가 있다. 지금까지 여러 번 말했듯이, 모든 세계관은 신앙 체계다. 기독교가 다른 세계관들보다 비합리적인 결론과 결과를 회피하는 데 더 낫다고 생각하게 된 것뿐이다.

하나님의 존재 문제를 첫 번째 테스트 사례로 사용하여 우리가 의미하는 바를 설명하고자 한다. 본질적으로 변화하는 물질 대상을 관찰할 때, 우리의 경험은 이 대상에는 시초가 있다고 우리에게 말한다. 우주 역시 변화하는 물질이다. 따라서 모든 개별 물질 대상이 어떤 시점에 존재하게 되었다면, 물질적 우주 자체를 창조한 존재가 있다고 믿는 것은 비합리적일까? 이와 마찬가지로, 우리의 경험은 질서와 규칙성을 보여 주는 엔진이나 연동 교통신호등 같은 사물이 지적인 존재에 의해 그런 방식으로 기능하도록 고안되었을 것이라고 말한다. 우주는 질서와 규칙성을 갖고 있지만 인간은 설계자가 아니다. 자연법칙이 현명하고 신적인 건축자에 의해 확립되었을 것이라고 믿는 것이 비합리적인가? 모든 사회의 도덕 규칙은 인간에게는 적용되지만 얼음덩어리, 달팽이, 대형 너트, 또는 인간 아닌 다른 사물에는 적용되지 않는다는 것을 관찰할 수 있다. 우리는 인간이 이 땅에서 도덕적 능력과 의무를 지닌 유일한 존재라고 가정한다. 인격적이고 도덕적이신 하나님이 우리를 창조하셨기 때문에 우리에게 보편적인 도덕적 감수성이 생겼다고 믿기 위해서는 신앙이 필요하다. 그러나 인류의 도덕적 성향의 보편성을 고려할 때 이런 결론을 임의적이라고 보기는 어렵다.

우리의 관점에서 볼 때, 앞의 내용 중 어느 것도 하나님이 존재한다는 기독교의 주장이 옳다는 것을 증명하지 않는다. 그럼에도 이것은 우주를 구성하는 물질이 영원하며, 비이성적인 물질이 우주에 규칙성, 일관성, 예측 가능성을 제공하는 법칙(이 또한 설명할 수 없기 때문에 기원을 갖고 있지 않은 것처럼 보인다)에 따라 스스로 조직되었고, 일부 물질이 특정한 생물 종으로 바뀌어 비인격적이고 비정상적인 구성요소부터 도덕적 성향과 능력을 발전시켰다는 무신론자의 주장보다 더 합리적인 것 같다. 창조자 하나님을 믿든, 무신론을 믿든 상관없이 신앙은 필요하다. 그러나 이것은 유신론과 무신론 사이의 선택이 임의적이라는 뜻이 아니다. 우리의 신앙 이해에 따르면, 우리가 유신론적 신앙을 선택한 이유는, 정확히 말하면 그것이 다른 대안보다 논리적 문제가 훨씬 더 적기 때문이다.

세계관의 신앙적 주장을 평가하는 또 다른 방법은 내적 일관성을 살펴보는 것이다. 이 문제에 대해 다른 세계관들은 기독교와 어떤 차이를 보이는가? 이 문제에 대한 우리의 평가를 위해서 앞서 언급한 두 가지 견해를 다시 살펴보자. 첫째, 모든 세계관에는 2막, 곧 타락에 관한 내용이 포함된다. 기독교와 함께 각 세계관은 우리에게 무언가 심각한 잘못이 있다고 여기고, 우리의 경험은 그런 신념 자체는 논리적이라고 확인시켜 주는 것 같다. 둘째, 모든 세계관은 구원의 가능성을 상상한다. 모든 세계관은 5막의 약속을 주장한다. 모든 세계관이 구원의 희망을 주장한다는 사실은 각 세계관이 신앙 체계임을 또다시 명백하게 보여 준다. 어떤 사람도 구원이 이미 실현되었고, 삶의 모든 구석을 괴롭히는 것들이 극복되었다고 감히 주장하지 못한다. 비기독교적 세계관들은 비록 당대에 결말을 보지 못한다 해도 자신의 구원 방법이 모든 문제를 해결할 것이라는 신앙을 갖고 있다. 문제는 이러한 구원의 희망이 세계가 현재 타락했다는 확신에 비추어 볼 때 논리적인가 하는 것이다.

기독교 경쟁자들의 문제는 상황이 더 나아질 것이라는 희망에 대한 어떤 전조도 갖고 있지 않다는 것이다.[4] 창조 이야기가 없다면, 역사는 분쟁, 전쟁, 죽음밖에 모를 것이다. 아울러 역사는 이런 세계관들이 제시한 다양한 수단에 의지하여 구원을 추구하는 사람들의 사례로 가득할 것이다. 사람들은 오랫동안 부와 그에 따른 모든 것을 축적하려고 노력했다. 이런 노력이 남긴 것은 무엇인가? 모든 시대에서 최고 부자는 항상 더 많은 것을 원하거나, 금고에 돈이 가득 쌓여 있다 해도 자신의 삶이 무언가 부족하다는 것을 깨달았다. 왜 우리는 소비주의의 미래가 이와 다를 것이라고 생각하는가? 역사는 정치적 수단을 통해 이 땅에 천국을 만들려고 했던 수많은 사람들을 보여 준다. 이것은 우리가 아직 구원을 위한 올바른 정치 방식을 찾지 못했거나, 정치적·문화적·군사적 프로그램이 본질적으로 우리가 추구하는 구원을 만들어 낼 수 없다는 것을 더 많이 보여 주지 않는가? 기독교와 경쟁하는 각 세계관에 대해 비슷한 질문을 할 수 있지만, 우리가 의도하는 바는 분명하다. 역사를 통해서 이런 세계관들은 타락이 세계가 알고 있는 유일한 단어라는 것을 인정한다. 아울러 역사 기록은 미래의 인간 활동이 이런 상황을 바꿀 것이라고 믿을 만한 아무런 근거도 제공하지 않는다. 따라서 타락이 마지막 말이 아닐 것이라는 다른 세계관들의 희망은 논리적이지 않은 것처럼 보인다.

이 장의 서두에서 우리는 기독교가 창조 이야기를 포함하는 유일한 세계관이라고 말했다. 어떤 의미에서 기독교는 창조 이야기를 포함하기 때문에 다른 세계관보다 더 많은 역사를 보여 준다. 이것은 기독교가 구원을 주장할 때 매우 중요하다. 창조는 타락 이전에 선으로 가득한 세계에 대한 비전을 갖게 하기 때문이다. 아울러 창조 당시의 선한 상태는 예수님의 삶이 완전한 인간 존재를 예시한다는 4막의 주장과 부합한다. 두 내용은 구원의 전조로서 현재 창조세계의 타락 상태가 역사에 알려진 유일한 현실이 아니라는 것을 보여 준다. 타락은 역사의 유일한 단어가 아니다.

예수님의 부활에는 추가적인 내용, 곧 구주가 포함된다. 여기에서 살펴본 다른 세계관과 달리, 기독교는 구원을 향한 인간의 순수한 노력이 실패했음을 인정한다. 기독교는 우리가 구원을 원한다면, 하나님의 도움을 통해 구원이 올 것이라고 말한다. 마지막으로 구주 사상은 기독교의 끈질긴 주제, 곧 우리의 불순종에도 불구하고 하나님은 우리를 찾으신다는 내용과 부합한다. 구원을 향한 기독교적 희망이 기독교의 다른 이야기와 일관성이 있다고 주장하지만, 이것은 기독교의 희망이 진실이라는 것을 증명하지 않는다. 그러나 전체적인 이야기의 통합성과 주요 사상의 일관성은 기독교가 일관성이 없는 세계관들보다 더 믿을 만하다는 근거를 제공한다.

결론적으로 말하자면, 우리는 덧셈 문제를 계산하거나, 물건의 무게를 재거나, 지구에서 태양까지의 거리를 측정하듯이 기독교 이야기가 참인지의 여부를 결정할 수 없다. 이런 평가 방식은 어떤 문제에서는 유효하지만, 기독교나 다른 세계관들의 진실성 문제를 판단할 수는 없다. 우리는 앞에서 나름대로 어떤 세계관이 믿을 만한 것인지를 판단할 수 있는 방법들을 제안했다.

기독교의 진실성에 관한 아주 간단하고 예비적인 조사를 통해 우리를 창조하시고 구원하시는 선한 하나님에 대한 우리의 신앙이 이성과 경험에 부합한다는 점을 주장했다. 그런 하나님이 안 계신다면, 우리는 우주가 어떻게 존재하고, 구조와 논리를 갖게 되었는지, 혹은 왜 인간이 도덕의식을 갖게 되었는지 설명하기가 무척 어려울 것이다. 그런 하나님이 안 계신다면, 세계가 더 나아질 것이라고 기대할 수 있는 이유를 이해하기 어려울 것이다. 역사는 구원의 전망을 어둡게 한다. 간단히 말하면, 기독교의 신념이 비록 성경에 그 기원을 두고 있다 해도, 성경은 기독교가 우리의 신앙이 타당한지를 평가할 때 사용하는 유일한 자료가 아니다. 성경의 가르침은 이성과 경험으로부터 지지를 얻는다(다음 장에서 이에 대해 추가로 다룬다). 기독교 이야기를 믿기 위해서는 신앙이 필요하다. 그러나 다른 대안적인 세계관을 살펴볼 때, 기독교 이야기가 가장 합리적으로 보인다.

11
기독교 세계관 개발하기

우리의 과제는 아직 끝나지 않았을 뿐 아니라 앞으로도 그럴 것이다. 세계관을 조사, 평가, 정리하는 일을 지속적인 여정이라고 생각하기 바란다. 사실 우리의 이야기—우리의 생각, 정체성, 삶—가 하나님의 이야기와 일치하지 않는 영역을 찾기 위한 저자들의 지속적인 노력이 이 책을 쓰게 된 주요 동기다. 많은 장의 이면에는 저자들의 중요한 자전적 내용이 있다. 우리는 개인주의, 소비주의, 그리고 이 책에서 소개한 다른 세계관들처럼 지금까지 받아들여 왔고, 계속 받아들이고 있는 영역을 점점 더 많이 인식하고 있다(물론 이 책에 포함되지 않은 것도 몇 가지 있다). 세계관을 형성하는 것은 하나의 과정이다. 사실 우리가 유일한 기독교 세계관을 정립하고 모든 내용을 포함했다는 확신은 모든 인간이 유한하며 죄를 범했다는 기본적인 기독교적 전제 앞에서 무너졌다.

기독교 세계관을 잘 정립하는 일은 항상 진행되어야 하는 과제라는 우리의 확신을 회의주의로 받아들여서는 안 된다. 10장에서 기독교 세계관의 주요한 특징을 제시하기 때문이다. 우리는 우리의 지식이 기독교 세계관의 주요 특징을 보여 주기에 충분하다고 확신한다. 하지만 당신은 우리가 하나님

이야기의 더 자세한 부분을 이해하는 방식에서 기독교 공동체 내에서 의견이 일치되지 않는다고 솔직히 인정한 것을 알 것이다. 그러므로 세계관에 관한 구체적 관련성, 의미, 세부내용에 대한 우리의 결론은 항상 개선과 수정의 여지가 있다.

특정한 기독교 세계관—우리 자신의 세계관이라도—을 최종적인 것으로 인정하지 않는 것은 하나님의 계시에 대한 불신을 나타내는 것이 아니다. 여기에는 두 가지 이유가 있다. 첫째, 자신을 인간에게 계시하시는 하나님의 의도가 우리를 구원하는 것이지 우리가 제기하는 모든 지적인 질문에 대답하는 것이 아니라고 보기 때문이다. 둘째, 인간은 불완전하며, 하나님의 계시를 완전히 이해할 수 있는 능력이 없다고 보기 때문이다.

마지막 장에서 우리가 다룰 과제는 세계관을 지속적으로 숙고하고 검증해야 할 필요성에 관한 것이다. 마지막 과제의 일부는 그 성격상 앞의 내용을 돌아보는 것이다. 우리가 지금까지 무엇을 했으며, 왜 그것을 했는지 돌아볼 것이다. 이 장의 두 번째 과제는 더 깊이 반성하는 것이다. 지금까지 우리는 세계관 조사에서 한 가지 방법을 사용했지만 아직 그 방법 자체를 반성하지 않았다. 세계관 정립이 지속적인 과정이라면, 이 과업에 사용된 도구를 이해하는 것이 이 과정에 필요한 방법을 제공할 것이다. 이 장의 마지막 부분은 미래를 전망하는 내용이다. 이것은 다음 두 가지 질문에 대한 해답을 기대한다. 첫째, 기독교 세계관에서 무엇을 기대할 수 있는가? 둘째, 우리가 하나님의 이야기가 말하는 이상을 향해 전진하고 있다는 것을 어떻게 아는가?

회고: 지금까지 해온 작업 돌아보기

이 책은 먼저 인간의 정신이 수많은 경험, 생각, 도덕적 주장에 질서를 부여하는 능력을 갖고 있다는 점을 언급했다. **세계관**은 이런 요소를 다소 일관된 체계로 정리하는 활동(다양한 요소를 잘 통합했는지 모를 수도 있지만)을 **나타내기 위해** 사용하는 간단한 용어다. 이런 조직적인 과정을 이해하는 것이 우리 과제의 주요 내용이었다. 실제적인 세계관은 궁극적 실재가 무엇인지, 인간의 본성이 무엇인지, 우리가 어떻게 사물을 인식하는지, 선하고 가치 있는 것이 무엇인지, 그리고 삶을 최대한 활용하는 데 필요한 것이 무엇인지에 관한 지적인 해답이다. 이러한 이해는 평가를 위한 기초가 된다.

여러 세계관의 적절성을 평가해 보면, 곧장 모든 세계관이 삶의 가장 깊은 문제에 대해 같은 해답을 제시하지 않는다는 것을 분명히 알 수 있다. 일부 해답들은 정반대인 경우도 있다. 어떤 경우에는 해답은 같은데 그것에 도달하기 위해 사용하는 근거와 과정이 다르다. 그런가 하면, 세계관마다 강조하는 내용이나, 사소하거나 없는 것으로 무시하는 내용이 다르다. 그러나 핵심적인 내용은 우리의 삶이 방향조종 메커니즘을 제공하는 세계관에 의해 형성된다는 것이다. 세계관이 다르면 세계를 이해하는 방식이 다르며, 세계관은 우리의 삶을 놓고 경쟁한다. 삶이 중요하다고 가정한다면, 세계관을 선택하는 것은 우리 삶의 (유일한 과제는 아니지만) 중심적인 과제로 보아야 한다.

세계관은 살아가는 방식에 관한 이야기이기 때문에 각 장의 첫 부분은 기독교 세계관과 다른 이야기를 **이해하는** 데 초점을 두었다. 여기서 중심적인 내용은 각 세계관을 정의하는 근본적인 확신을 요약하는 것이다. 이것에 기초하여 각 세계관이 세계의 현실을 어떻게 이해하는지를 살펴보았다. 이를테면 하나님을 어떤 위치에 두는지, 무엇을 진리라고 생각하는지, 인간이 해야 하거나 피해야 할 중요한 일이 무엇인지, 구원이 무엇인지를 살펴보았다. 우리는 종종 핵심적인 요소로 인간 본성의 문제를 이용했다. 각 세계관이 주장하는 확신이 인간 본성의 어떤 측면을 강조하는지(가령, 소비주의는 물질적 차원을 강조한다), 어떤 측면을 가볍게 취급하고 혹은 아예 없는 것으로 정의하는지(종교가 된 심리 치료는 우리의 영적 본질을 거부한다)를 보여 주기 때문이다.

일단 세계관의 중심 사상을 정리하고 나면 그것**으로부터 배울** 수 있는 내용이 무엇인지 질문했다. 비기독교적 세계관을 평가할 때 우리는 그것들이 기독교 세계관이 간과할 수도 있는 중요한 사상을 일깨워 줄 수 있다는 점을 강조했다. 다른 세계관들은 우리가 맹점을 보거나 치우친 부분을 바로잡는 데 도움을 준다. 예를 들어, 세속적인 심리 치료 방법은 심리학적·사회적 치유가 인간의 온전함에 필요하며, 심리학의 도구들은 그런 치유에 도움이 된다는 점을 적절히 지적한다. 기독교적 방법이 인간 존재의 이런 차원을 간과할 때 적절하게 수정할 수 있도록 도와준다. 뉴에이지 운동은 하나님이 단순히 초월적인 존재가 아니라 세계 안에서도 적극적으로 활동하신다는 점을 일깨워 준다. 개인주의는 우리의 개인적인 시도가 하나님의 뜻에 부합한다면, 하나님이 그런 시도가 성공하기를 원하신다는 점을 올바르게 인식한다. 어떤 세계관도 핵심적 진리를 담고 있지 않다면 오래 가지 않는다. 비기독교적 관점들도 진리의 내용을 담고 있는 정도에 따라서 기독교 세계관에 정당하게 포함되어야 할 사상을 우리에게 일깨워 주는 긍정적인 역할을 수행한다.

이런 세계관들이 기독교 세계관의 경쟁자가 되는 이유는, 정확히 말하면, 그것들이 근본적으로 하나님의 이야기와 다르기 때문이라고 주장했다. 따라서 다른 세계관들을 평가할 때 그런 사상 체계에서 **피해야 할** 것이 무엇인지에 초점을 맞추었다. 개인주의는 우리의 사회적 본성에 대해 충분한 설명을 제시하지 않기 때문에 개인주의가 꿈꾸는 모든 구원은 스스로의 힘으로 이루어 내야 한다. 국가주의는 개인의 행복(가령, 구원)이 특정한 사회정치적 체제와 아주 긴밀히 연결되기 때문에 개인의 운명이 국가의 운명에 의해 결정된다. 소비주의의 주요 줄거리는 안정(가령, 구원)이 물질적 재화의 축적으로 이루어진다는 것이다. 소비주의는 인간 존재를 동물적 차원으로 축소하고 우리의 영적 차원을 무시한다. 우리는 여러 사례를 통해 기독교와 양립할 수 없는 다른 세계관들의 기본적인 신념이나 가정을 자세히 살펴보았다.

반성: 세계관을 정립하고 평가하기 위한 도구

우리의 가장 깊은 확신과 우리의 신념을 형성하는 이야기를 평가하는 것은 매우 중요하다. 그런 평가는 평가 과정을 의도적으로 수행하게 도와주는 일련의 도구 없이는 불가능하다. 세계관을 평가하는 일은 지속적인 과제이기 때문에 당신도 이런 평가 도구가 필요할 것이다. 이 책에서 우리가 제시한 내용은 단지 세계관의 일부 표본일 뿐이다. 이 책에 포함되지 않은 다른 세계관들이 당신의 신앙에 더 중요한 도전을 줄지도 모른다. 역사가 일종의 인도자라고 한다면, 이 책에서 찾아낸 세계관들은 새로운 형태로 바뀔 것이다. 미래의 그리스도인들의 마음에는 새로운 세계관들이 경쟁자로 등장할 것이다. 그래서 우리는 독자들이 앞으로 세계관을 숙고할 때 유용하게 사용할 수 있도록 우리가 평가 과정에서 사용한 도구를 소개하려고 한다. 이런 평가 도구(혹은 기준)의 일부는 우리의 세계관 평가에서 상당히 명확하게 사용되지만, 그중 두 가지는 다소 간접적으로 이용되기 때문에 좀더 직접적인 설명이 필요하다.

우리가 일관되게 사용한 해석의 틀은 다양한 명칭이 있지만 가장 일반적으로는 웨슬리 사중 방법론(Wesleyan Quadrilateral)이라고 부르는 것이다. 비록 웨슬리파들이 이 방법을 특정한 신학적 전통(존 웨슬리와 그의 신학적 후계자들의 전통)이라고 보았지만, 다양한 기독교 전통에 속한 사려 깊은 그리스도인들이 이 방법을 다양한 방식으로 사용했기에 우리는 이 방법이 모든 기독교 전통에 적합하다고 생각한다. 사중(Quadrilateral)이란 단어는 문화 이야기를 평가하는 네 가지 원천―성경, 이성, 경험, 전통―을 나타낸다.

이것들을 각각 검토하기 전에 다음 세 가지를 잠깐 언급하고자 한다. 첫째, 이 네 가지 원천이 상호 독립적인 것이 아니라 서로 연관된 것으로 보아야 한다. 둘째, 이 방법은 네 가지 기준을 사용할 때, 모두가 같은 권위를 갖지는 않는다. 성경이 일차적 권위를 갖는다. 셋째, 역사상 많은 그리스도들이 성경과 함께 이성, 경험, 전통을 이용하여 사상을 평가했지만, 그리스도인들이 이런 기준들에 부여하는 신뢰 수준은 저마다 다르다. 때로는 상당히 다르기도 하다. 실제로 지금 진행 중인 많은 기독교 내 논쟁의 배후에 이런 점이 작용한다.

성경

진리의 일차적이고 중요한 기준은 성경이다. 우리는 앞 장에서 성경에 기초하여 하나님의 창조, 타락, 성육신, 구원의 이야기를 개략적으로 제시했다. 이것이 기독교 세계관의 기초다. 하나님의 창조세계 개입에 관한 성경의 이야기는 인간의 본성, 하나님의 본성, 우리 삶(현세와 내세) 속에서의 하나님의 활동에 관한 신뢰할 만하고 근본적인 진리를 제시한다. 우리는 하나님이 창조세계에 개입하시는 핵심적인 내용으로, 온전한 인간이 되신 하나님, 곧 예수님을 발견한다. 예수님의 삶, 가르침, 죽음, 부활은 하나님과 우리 자신을 분명하게 알게 한다.

성경은 하나님이 모든 진리의 저자이시며, 자신의 진리를 지금까지 계시하시고, 그 진리는 알 수 있는 것이라고 선언하지만, **총망라한** 진리를 제시하신다고 주장하지 않는다. 성경은 내일의 날씨나 은행 금고 자물쇠를 여는 방법, 혹은 파열된 회전근개를 봉합하는 방법에 대해 말하지 않는다. 아울러 10장에서 몇 번 언급했듯이, 성경은 영적 문제에 대한 정보조차도 완전하게 제공하지 않는다. 내세에 관한 세부적인 내용도 개략적이고, 예수님의 활동과 교훈 중 상당 부분이 성경에 수록되어 있지 않다(요 21:25). 그럼에도 기독교 세계관은 성경이 하나님과 창조세계, 인간의 본성과 목적, 우리가 하나님과 관계를 맺고 성장하는 방법에 관한 참된 지식을 충분하게 제공한다고 주장한다. 요약하면, 성경은 우리가 기독교 세계관을 정립할 때 살펴보고 의지할 수 있는 첫 번째 자료이자 최후의 권위다.

이성

성경이 비록 우리에게 가르치고자 하는 부분에 관한 무오하고 충분한 진리를 제공하지만, 기독교 세계관을 발전시키려면 아울러 우리의 이성을 사용해야 한다. 많은 내용을 추가할 수도 있지만, 세계관을 정립하고 평가하는 데 사용되는 이성의 핵심적인 세 가지 기능만 언급하고자 한다. 첫째, 앞서 말했다시피, 성경은 많은 문제에 대해 침묵한다. 성경의 침묵은 유기농 채소 재배, 예술, 물리학, 중세 유럽 역사, 수많은 다른 주제들에 관한 교과서 역할을 할 의도가 없다는 것을 보여 주는 것 같다. 다방면에 걸친 내용을 포함하는 기독교 세계관이 모든 현실을 검토대상으로 삼아야 한다면, 그런 정보를 모으고 분석하기 위해 이성을 사용해야 한다. 성경은 분명히 그런 주제에 관한 정보를 어떻게 정리하고 무엇을 우선순위를 두어야 하는지에 대해 지침을 제공하지만, 정보 자체는 다른 원천에서 가져와야 한다.

이성이 수행해야 할 두 번째 역할은 성경을 해석하는 일이다. 성경이 하나님의 무오한 말씀이지만 우리는 이 말씀을 읽거나 들어야 한다. 가장 기본적인 차원에서, 읽거나 들을 때(듣는 것이 소리가 나타내는 것을 이해함을 의미한다면) 이성을 사용해야 한다. 읽기와 이해는 이성 없이는 불가능하다. 읽고 들을 때, 더불어 해석이 이루어지는데 이것이 이성의 기능이다. 우리는 이것을 피할 수 없다. 따라서 진리의 두 번째 기준인 이성은 성경의 메시지를 적절히 해석하는 데 도움을 주는 필수요소다.

성경 혹은 다른 정보 원천에 대한 모든 해석이 같지는 않다. 어떤 것은 다른 것보다 더 낫다. 좋은 해석 원리와 부적절한 해석 원리를 구별하는 문제에 관한 본격적인 토론을 하지 않는다면, 우리의 해석 원리는 일관성이 있어야 하며, 성경 전체 내용에 부합해야 한다고 말하는 것이 안전할 것이다. 일관성과 일치성은 이성적 사고의 두 가지 특징이다. 성경 해석을 위한 합리적 수단을 개발하는 것은 세계관을 정립할 때 이성이 해야 할 필수적인 일 중의 하나다.

이성의 마지막 역할은 이 책의 전반에 걸쳐 분명하게 나타나 있다. 우리는 이성을 통해 사상을 정리하고 종합하여 조리 있는 세계관으로 만든다. 이 과정의 일부로서 이성은 기독교적 관점에 도전하고 경쟁하는 다른 세계관들과 기독교가 어떤 관계가 있는지를 이해하는 방법을 제공한다. 그리스도인들은 합리적 통합을 위한 열정이 있어야 한다. 이 열정을 통해 다양한 세계관과 학문에 포함된 진리를 포용하고, 그런 진리가 기독교와 상반되는 내용을 구별할 수 있다. 기독교 사상이 성숙하기 위해서는 다양한 학문, 문화, 세계관이 제시하는 사상을 이해하고 분석해야 한다.

세계관을 개발할 때 이성을 사용해야 한다는 사실은 왜 우리의 세계관이 항상 오류가 있고 불완전한지를 잘 보여 준다. 첫째, 이성 자체에 오류가 있으며 불완전하다. 이성은 죄의 파괴적인 결과에 영향을 받는다. 둘째 문제는 첫째 문제로부터 비롯된다. 기독교 세계관의 일부 내용은 우리의 유한하고 타락한 이성이 하나님과 창조세계를 이해하는 데 얼마나 큰 역할을 감당해야 마땅한지를 보여 준다. 성숙한 그리스도인들은 이성을 무오한 권위로 신뢰해야 한다고 주장하지 않는다. 마찬가지로, 성숙한 그리스도인들은 이성을 완전히 무시할 수 있다고 주장하지 않는다. 그리스도인들은 이 양극단 사이에서 신앙생활에서 이성의 적절한 역할에 대해 폭넓게 선택할 수 있다. 따라서 기독교 세계관의 기본적 특징이 같다 해도, 기독교 세계관 내에서 이성의 구체적인 위치에 대해서는 기독교가 시작될 때부터 논란이 되어 왔다. 다음의 두 가지 권위―경험과 전통―에 대해서도 같은 말을 할 수 있다. 모든 그리스도인들은 비록 구체적으로 인식하거나 인정하지 않는다 해도 경험과 전통에 의존한다. 다만 의존하는 방식이나 정도가 다를 뿐이다.

경험

진리와 오류를 구분하는 네 가지 기준 중 세 번째 기준은 경험이다. 이 용어는 신중하게 개념을 정의할 필요가 있다. 경험은 흔히 개인적인 느낌과 같은 의미로 사용되기 때문이다. 대부분의 사람들은 어떤 것이 "나에게" 진리인지를 판단하는 데 개인적인 느낌을 일차적인 기준으로 사용한다. 이 속에 들어 있는 주관주의 때문에 많은 그리스도인이 반대 극단에 서서 경험에 권위를 부여하지 않는다.

우리가 내리는 경험에 관한 정의는 주관주의적이지 않다. 어떤 사상이 경험의 테스트를 통과하려면 그 사상의 주장이 사실, 관찰 결과, 실제적인 삶의 사건과 일치해야 한다. 따라서 경험은 성경이나 이성과 대립하지 않는다. 이 세 가지는 서로 보완적이다. 삶의 경험은 성경에 대한 우리의 이해와 이성에서 끌어낸 결론을 테스트하는 일종의 실험실이다. 달리 말하면, 우리는 성경의 진리가 우리 자신과 타인에게 행복을 주는 활동과 일치한다고 확신한다.

우리는 이 책의 몇 군데에서 경험의 테스트를 사용했다. 예를 들어, 도덕적 진리가 없다면(도덕적 상대주의), 사람은 현실에서 살 수 없다고 주장했다. 마찬가지로, 각 개인이 선의 기준이나 우주의 궁극적 실재를 제공할 충분한 원천을 갖고 있다는 개인주의의 가정에 반대했다. 이 두 주장은 경험이라는 기준을 적용한 예다.

전통

웨슬리 사중 방법론의 마지막 기준은 전통이다. 여기에서 **전통**이란 용어는 지난 2천 년 동안 교회가 성경을 해석하고 다양한 상황과 문제에 적용해 온 것을 말한다. 전통은 우리 세대가 진리의 한 모퉁이에 서 있지 않다는 것을 일깨운다. 전통은 우리가 "구름 같이 둘러싼 허다한 증인"(히 12:1)과 연결되어 있다고 말한다. 허다한 증인들의 집단적인 지혜는 우리가 기독교적 삶을 살아가는 방법을 더 잘 이해하도록 돕는다. 훨씬 더 나아가, 전통은 인간의 한계와 죄에도 불구하고 성령이 진리를 지키기 위해 하나님의 백성 안에서 역사한다는 우리의 확신을 나타낸다.

또한 전통은 하나님의 백성이 하나님과의 관계를 깊게 하고 유지하는 여러 방법들을 이해하도록 도와준다. 근본적인 변화를 위한 한 가지 방법은 진실한 기독교 공동체에 참여하는 것이다. 교회가 시작될 때부터 그리스도인들은 영적 성장을 자극하고, 사랑 안에서 진리를 말하고, 서로를 격려하고, 서로에게 죄를 고백하고, 서로를 책임지기 위해 규칙적으로 모이라는 권고를 받았다. 하나님은 특히 생각이나 삶이 성숙한 그리스도인들을 만날 수 있는 기독교 공동체 안에서 우리의 확고한 신념을 더 깊이 살펴보라고 도전하신다.

평가 기준들의 통합과 기독교 세계관의 통합

앞서 말했듯이, 그리스도인들이 저마다 네 가지 평가 기준에 부여하는 역할은 매우 다르다. 아마도 모든 평가 기준들 중에서 전통에 대한 논란이 가장 많을 것이다. 정교회와 로마 가톨릭은 교회 전통의 권위를 매우 강조한다. 하지만 개신교는 전통의 권위를 타도하는 것을 종교개혁 운동의 핵심적 내용 중 하나로 본다. 이런 긴장을 고려하면서 우리는 전통의 권위를 거부한다고 주장하는 그리스도인들조차도 실제로는 전통에 많이 의존한다는 것을 보여 주고 싶다. 이를 위해서 앞서 언급한 주요 내용을 예로 들 수 있다. 이를테면, 이 네 가지 기준은 상호 독립적이거나 순차적으로 적용되는 평가 기준이 아니라 서로 긴밀하게 관련되어 있다.

일차적인 권위를 갖는 성경은 지금 우리가 갖고 있는 완성된 형태로 하늘에서 떨어지지 않았다. 성경의 형성과정을 살펴보면, 오늘날의 신약성경에 포함된 여러 책들은 초대교회에서 한동안 각각 따로 회람되었던 것이 분명하다. 이런 책들과 함께 다른 책들이 회람되었다. 어떤 책들은 분명히 기독교적이었고, 초대교회 예배의 일부로 낭독되었다. 어떤 책들은 기독교적 사상에 기초했고, 심지어 초대교회 지도자들의 서신과 복음서로 알려졌지만 진실성에 의문이 제기되었다. 신약성경에 포함된 27권의 최초 목록은 367년에 정해졌으며, 이 목록은 그 후 수세기 동안 공식화되지 않았다. 분명히 어떤 책이 최종적인 권위를 갖는지, 어떤 책이 정경이 될 수는 없지만 그리스도인에게 유용한지, 어떤 책이 기독교적 가르침에 상반되는지에 대해 상당 기간 동안에 걸쳐 일반적인 합의가 이루어졌을 것이다. 요점은 어떤 책을 성경으로 간주해야 하는지에 관한 합의가 바로 교회를 통해서 그리고 교회 안에서 역사하시는 성령, 곧 전통의 역할이라는 것이다. 따라서 교회 전통의 권위를 거부한다고 주장하는 사람들조차도 성경의 권위를 인정할 때 사실은 교회 전통을 인정하는 것이다. 교회 전통은 성경의 경계를 결정할 때 사용했던 방법이기 때문이다.

사중 방법론에서 네 가지 기준의 상호관계성은 초대교회가 어떤 책이 권위 있는 것인지를 판단할 때 사용한 세 가지 검증기준 ― 사도성, 보편성, 정통성 ― 의 바탕에 깔려 있었다. 사도 혹은 사도와 가까운 사람들이 기록한 저작은 사도성을 갖춘 것으로 간주했다. 간단히 말해서, 신약성경은 사도들이 전수한 전통에서 비롯된 것이다. 두 번째 검증기준인 보편성은 특정 저작이 교회 전체에서 널리 사용되는지를 확인하는 것이다. 여기에서 경험에 대한 의존이 분명히 드러난다. 교회가 보편적으로 수용한다는 것은 해당 저작물이 신자와 하나님의 관계에 유익한 결과를 제공한다는 것을 보여 주는 것으로 간주했다. 마지막 검증기준인 정통성은 이성에 의존한다. 앞서 언급했듯이, 합리적 사고는 성경을 해석하고, 타당한 교훈과 잘못된 신념을 구별하고, 핵심적인 교리를 도출하고, 이 교리들을 서로 논리적으로 연결하는 데 반드시 필요했다.

웨슬리 사중 방법론의 네 가지 기준들 간의 상호관계는 환원주의에 관한 우리의 우려를 설명하는 데 도움이 된다. 이 책 전체에서 우리는 인간 본성을 하나의 차원으로 환원하는 세계관들을 비판했다. 포스트모던 부족주의는 다양한 전통의 권위를 인정하지만 인간의 합리성과 영성을 그런 권위들 안으로 흡수해 버린다. 과학적 자연주의는 이성의 긍정적인 기능을 훌륭하게 강조하지만 영적 능력을 미신이나 주관적 성향으로 평가절하한다. 뉴에이지는 모든 달걀을 경험이라는 하나의 바구니에 넣고, 성경, 이성, 다른 형태의 전통으로 경험의 진실성 혹은 권위를 확인할 여지를 제공하지 않는다.

사중 방법론의 장점은 우리 삶의 모든 측면의 타당성을 인정한다는 것이다. 전통은 인간 본성의 역사적·사회적 측면을 인정하고, 이성은 우리가 인식하는 존재임을 인정하고, 경험은 우리의 심리적·물질적 구성요소에 적절한 주의를 기울인다. 우리는 오랜 역사 속에서 사려 깊은 그리스도인들은 네 가지 권위를 사용함으로써 인간 존재를 하나의 차원으로 환원하는 것을 막았다고 주장한다. 하나님은 우리를 다차원적 존재로 창조하셨고, 우리 존재의 각 측면은 세계관을 분별하고 개발할 때 적절히 사용되어야 한다. 기독교 세계관의 목적은 하나님이 주신 이런 모든 능력을 통합하여 하나님과 다른 사람을 섬기는 것이다.

전망: 기독교 세계관에서 무엇을 얻을 수 있는가?

당신이 세계관 관련 책에 이렇게 많은 시간을 투자했다면, 당연히 이런 힘든 노력을 통해 무엇을 얻을 수 있는지를 물을 것이다. 아울러 우리의 세계관을 하나님의 이야기와 일치시키는 것이 목적이라면, 우리가 올바른 방향으로 가고 있는지 어떻게 알 수 있을까? 이에 대한 충분한 답을 제시하려면 또 다른 책이 필요할 것이기 때문에 이런 문제를 생각하기 위한 두 가지 출발점만 제시하고자 한다.

앞 장에서 우리는 구원이 교만에 수반된 여러 특성들, 곧 오만, 배은망덕, 자기중심적 사랑에서 돌아서는 것이라고 주장했다. 기독교 세계관은 우리가 하나님의 선에 다방면으로 의존한다는 점을 일깨우고, 이를 통해 겸손한 마음을 갖게 해야 한다. 겸손은 우리가 하나님의 이야기에 부합하는 방향으로 나아가는지를 보여 주는 중요한 표지다. 하나님과 다른 사람을 향한 사랑이 더 커지고, 하나님에 대한 감사가 넘치는 삶을 사는 것 역시 마찬가지다. 이 두 가지 내용은 첫째 질문―기독교 세계관에서 무엇을 얻을 수 있는가?―에 대한 부분적인 대답을 제공할 뿐 아니라, 두 번째 질문―우리가 하나님의 이야기로 대변되는 이상을 향해 성장하고 있음을 보여 주는 지표는 무엇인가?―에 대해서 적절한 응답을 제공한다.

이것은 세계관 관련 책의 말미에서 보통 기대하는 대답이 아닐지도 모른다. 많은 사람들은 바람직한 미덕이나 명제를 제시하는 대신 완벽한 통찰력으로 다른 모든 사상 체계를 지적으로 무력화시킬 수 있는 탄탄한 기독교적 사상 체계를 바랐을지도 모른다. 그러나 세계관은 **단순히** 우리의 정신으로 만드는 사상 체계가 **아니다**. 인간은 **단순히** 이성적인 존재만이 **아니기** 때문이다. 따라서 기독교 세계관은 오류가 없는 명제를 모아놓은 것이 **아니다**. 그런 기대에는 두 가지 문제점이 있다. 첫째, 우리의 세계관은 현생에서는 오류에서 자유로울 수 없다. 하나님만이 진리를 절대적으로 알고 계시기 때문이다. 뉴에이지의 주장에도 불구하고, 우리는 하나님이 아니다. 아무리 신중하게 숙고한다 해도 우리의 사상은 항상 완전하지 않다. 우리가 기대하는 지적 오류가 없는 세계관에 대한 두 번째 문제는 세계관은 단순히 사상에 관한 것이 아니라는 점이다. 세계관은 현실에 관한 믿음, 악에 대응하는 방식, 노동이나 여가의 가치를 산정하는 방식, 우리를 미워하는 사람에 대한 태도, 우리의 정체성을 이해하는 방식, 돈을 사용하는 방식에 관한 것이다. 달리 말하면, 세계관은 우리 존재의 모든 영역을 포함한다.

겸손, 사랑, 감사가 기독교 세계관의 목표이자 발전 지표라는 우리의 주장이 너무 단순한 것처럼 보인다면, 두 가지를 지적하고 싶다. 첫째, 대부분의 세계관의 확신은 그런 특성을 발전시킬 기초를 제공하지 않는다. 이 말을 믿기 어렵다면, 이 책의 세계관들을 훑어보고, 각 세계관들의 확신이 이런 특성을 북돋워 주는지 물어보기 바란다. 당신은 자신을 우주의 중심에 두는 개인주의를 통해 겸손을 최대한 발휘할 수 있는가? 포스트모던 부족주의나 국가주의는 우리를 미워하는 사람들을 사랑하라고 요구하는가? 과학적 자연주의나 소비주의에서 하나님에게 감사할 여지를 찾을 수 있는가? 현실에서 이런 세계관을 따르는 사람들이 실제로 겸손, 자비, 감사를 나타낼지도 모르지만, 그런 행동과 태도를 이해할 수 있는 지적 확신은 없다. 그렇다면 그들의 세계관은 삶의 모든 차원으로 완전히 통합된 것이 아니다.

안타깝게도, 이런 현상은 그리스도인들에게도 나타난다. 많은 그리스도인이 겸손, 자비, 감사의 삶을 살아야 한다는 것을 알고 있고 믿고 있다. 하지만 이것은 이른바 입술로 고백하는 지적 신념에 지나지 않는다. 그들은 올바른 대답을 알고 있지만 그대로 살지 않는다. 이런 고백하는 신념은 이런 미덕을 행동으로 실천하는 진실한 확신이 결코 아니다.

앞선 두 가지 예에서 우리는 통합의 실패에 대해 언급했다. 통합은 흔히 정직과 동의어로 간주되지만 기독교는 더 넓은 정의를 요구한다. 통합은 하나님이 주신 삶의 모든 측면—지적·의지적·사회적·심리적·경제적·물리적·정치적·영적 측면—을 일관성이 있는 전체로 통합하는 것이다. 통합은 우리의 고백적 신념, 확신, 도덕, 가치관, 정체성, 행동이 하나님의 이야기와 일치하는 매끄러운 이야기로 정교하게 결합하는 것이다. 이것이 구원의 중요한 부분이다. 우리의 세계관을 하나님의 이상과 더 가까이 일치시키려는 노력은 올바른 생각을 갖는 것 이상의 문제다. 올바른 생각을 갖는 것이 어렵다고 해도, 세계관을 정신의 영역으로만 한정하는 것은 아주 쉽다. 기독교 세계관의 지적 내용을 정리하는 것은 기독교적 이야기를 실제로 살아내는 것과 비교하면 어린애 장난에 불과하다. 그러나 기독교 세계관의 핵심은 풍부한 지식을 개발하는 것이 아니라(이에 대한 보상을 과소평가해서는 안 되겠지만), 풍성한 삶을 사는 것이다. 끝으로, 세계관을 정립하기 위해 노력하는 목적은 하나님이 우리 삶의 모든 측면에서 의도하신 풍성함을 경험하는 것이다.

주

1. 커피 안에 녹아 있는 세계관

1) 예를 들어, 어떤 사람들은 우리가 일상생활의 세계관의 범주에 확실히 포함되는 주요 세계종교를 다루지 않는다고 지적할지도 모른다. 우리는 두 가지 이유 때문에 세계 종교를 다루지 않았다. 첫째, 우리는 북미의 문화적 배경에 초점을 맞추고자 한다. 비록 다른 종교가 북미지역에서 영향력을 키워 가고 있지만, 우리가 선택한 내용만큼 직접적인 영향을 미치고 있다고 생각하지 않는다. 둘째, 세계 종교를 제대로 다루려면 이 책의 분량이 두 배가 될 것이다.
2) James Sire, *Naming the Elephant: Worldview as a Concept* (Downers Grove, Ill.: InterVarsity Press, 2004), p. 122.「코끼리 이름 짓기」(IVP).
3) 같은 책, p. 124.

3. 나의 소유물이 곧 나다: 소비주의

1) "A Long Way from Flower Power", *Economist* (January 17, 1998), p. 26; Tom Sine, *Mustard Seed Versus McWorld* (Grand Rapid: Baker, 1999), p. 95에서 인용.「겨자씨 VS 맥세상」(예수전도단).
2) Jacques Ellul, *Money and Power* (Downers Grove, Ill.: InterVarsity Press, 1984), p. 78.「하나님이냐 돈이냐」(대장간).

3) Richard J. Foster, *Money, Sex, and Power* (San Francisco: Harper and Row, 1985), p. 28. 「돈, 섹스, 권력」(두란노).

4. 하나님의 선택을 받은 우리나라: 국가주의

1) Allen Carder, *Puritan Theology in America: Religion and Life in Seventeenth Century Massachusetts* (Grand Rapids: Baker, 1990), pp. 29-30을 보라.

5. 나의 판단은 너의 판단과 다르다: 도덕적 상대주의

1) Allan Bloom, *The Closing of the American Mind* (New York: Simon & Schuster,1987), p. 25. 「미국 정신의 종말」(범양사).

2) Dallas Willard, *The Divine Conspiracy: Rediscovering Our Hidden Life in God* (New York: HarperOne, 1998), p. 173. 「하나님의 모략」(복있는사람).

6. 오직 물질만이 중요하다: 과학적 자연주의

1) "The Humanist Manifesto"의 초판과 최근에 발표된 두 개의 개정판 내용을 보려면, 미국 인본주의 웹사이트 ⟨www.americanhumanist.org⟩을 방문해 보라.

2) C. S. Lewis, *God in the Dock: Essays on Theology and Ethics* (Grand Rapids: Eerdmans, 1970), pp. 52-53. 「피고석의 하나님」(홍성사).

8. 나의 부족이 곧 나의 세계관이다: 포스트모던 부족주의

1) Jean-François Lyotard, "*The Postmodern Condition: A Report on Knowledge*", Geoff Bennington and Brian Massumi 역(Minneapolis: University of Minnesota Press, 1984), p. xxiv. 「포스트모던의 조건」(민음사).

9. 이보다 더 좋을 수 없다: 종교가 된 심리 치료

1) Stanton L. Jones and Richard E. Butman, *Modern Psychotherapies* (Downers

Grove, Ill.: InterVarsity Press, 1991), p. 18. 『현대 심리 치료와 기독교적 평가』(대서).

2) Edwin H. Friedman, *Generation to Generation: Family Process in Church and Synagogue* (New York: Guilford, 1985), p. 15. 『세대와 세대: 가족체계이론과 목회상담』(대한기독교서회).

10. 기독교·세계관·이야기

1) J. Richard Middleton, "The Liberating Image: Interpreting the *Imago Dei* in Context", *Christian Scholar's Review* 24, no. 1 (1994): 24.

2) 2007년 봄, Mike Platter 목사의 강의에서 인용.

3) Reinhold Niebuhr, *Man's Nature and His Communities* (New York: Scribner, 1965), p. 24.

4) 여기에서 유의해야 할 점은 기독교 자체도 흔히 창조세계와 구원 사이의 연결에 대한 이해가 빈약하다는 점이다. 이 두 가지가 단절될 때, 많은 사람들은 창조세계의 타락이 너무 심각하기 때문에 창조세계를 향한 하나님의 최종 말씀이 창조세계의 구원이 아니라 파괴라고 결론짓는다.

옮긴이 안종희는 서울대학교 지리학과와 서울대학교 환경대학원 환경계획학과(교통계획학 전공)를 졸업한 후에, 한국외국어대학교 영어평가연구원의 영어집중과정을 수료하고 코리아 헤럴드에서 번역을 공부했다. 또한 장로회신학대학교 신대원을 졸업했으며, 2007년부터는 "바른 번역 아카데미"의 바른 번역 회원으로 활동 중이다. 옮긴 책으로는 「예수 혁명」, 「삶을 위한 신학」, 「화해의 제자도」(이상 IVP), 「의료 선교사 와이스 부부의 헌신」(청년의사) 등이 있다.

은밀한 세계관

초판 발행_ 2013년 6월 12일
초판 8쇄_ 2023년 1월 5일

지은이_ 스티브 윌킨스·마크 샌포드
옮긴이_ 안종희
펴낸이_ 정모세

펴낸곳_ 한국기독학생회출판부
등록번호_ 제2001-000198호(1978.6.1)
주소_ 04031 서울시 마포구 동교로 156-10
대표 전화_ (02)337-2257 팩스_ (02)337-2258
영업 전화_ (02)338-2282 팩스_ 080-915-1515
홈페이지_ http://www.ivp.co.kr 이메일_ ivp@ivp.co.kr
ISBN 978-89-328-1297-7

ⓒ 한국기독학생회출판부 2013

책값은 뒤표지에 있습니다.
무단 전재와 복제를 금합니다.